從各國觀點出發，用地圖建構你的國際觀

最新世界情勢地圖

全新增修版

ATLAS GÉOPOLITIQUE DU MONDE GLOBAL

Pascal Boniface 帕斯卡・博尼法斯
Hubert Védrine 于貝爾・凡德林 著

前言

本書期望能以地圖、文字並陳的方式，使讀者以簡單扼要的方式認識自冷戰結束以來我們所處的全球化世界：一個充滿競爭、複雜、多樣，且在 COVID-19 疫情與俄羅斯入侵烏克蘭等情況下變得更加危險而難以預測的世界。

在製作這 100 張地圖和相應的篇章時，我們關注的重點在於提供資訊、詮釋和啟發的同時，又能夠避免使其過於沉悶、飽和或混亂，並達成不使用恫嚇的修辭而仍能給予讀者關鍵提醒的成果。

與持續將近半個世紀的冷戰時期不同，那個時期的人們對於「現實」的理解並未遭到挑戰與質疑，但在兩極對抗的世界結束近 30 年之後，我們對於今日世界的狀態仍然欠缺統一性的解釋。世界貌似已形成了一個「國際共同體」，但在這個共同體之中的所有人是否分享著相同的普世價值？或是它仍然持續或又再度分裂為彼此不同，甚至是互相敵對的價值以及信仰體系？在地緣政治、能源、生態、文化、宗教等因素的影響之下，權力的衝突是否會日益嚴重？

我們想要提供多樣化的論點，以便讓讀者能夠形成自己的看法。同樣地，我們也並未受限於過去常遭到批評的的西方或歐洲中心主義，因為這樣的觀點往往會讓人們難以認清、意識到真實世界的多樣性。儘管全球相互依存已是當代的現實，但每個國家、每個民族都有自己的世界觀。這種對自身與對他人的認識，包含風險、威脅、機會、信仰等的獨特看法，或是其心中的抱負與恐懼，乃是由其歷史所塑造，因此會很自然地將自我置於中心位置，同時也很難理解其他族群思考的方式與行動的理由。因此，我們也就上述種種面向提供了彼此不同，甚至互不一致的例證。當然，這些案例之間的不一致有可能只是當下的一個暫時現象，至於未來會如何發展，就仍待我們持續觀察。

基於這個理由，本書的架構設計為四個部分：

一、歷史上重大的轉捩點：作為總論，當中包含9張地圖和6個篇章，藉此建立本地圖集的歷史縱深。

二、關於全球化世界的各種觀點：由於缺乏一種單一而有效的解釋，本部分羅列了幾種較為重要的主張作為參考。

三、全球的各種數據：內容涉及人口、經濟、能源、戰略等各種面向。

四、從各國的角度看世界：這是最後，也是我們認為至關重要的部分。藉由超越自身所處位置（本國的、歐洲的）伴隨的觀點，我們將試圖呈現不同國家的人們眼中所見的世界。

在我們所呈現的數據與觀點中存在著一些共同點，同時也有著令人難以置信的矛盾、焦慮與或隱或顯的彼此對立，而未來數十年的世界發展趨勢，很有可能就被清楚地或幽微地刻劃在其中。這些訊息，藉由您和我們共同來解讀，以為未來做好準備。時至今日，我們已不可能忽視那些發生於本國之外的事物。若理解昨天的世界是出於一種選擇，那麼了解當代這個全球化的世界就更是基於一種必要性！

帕斯卡•博尼法斯（Pascal Boniface）
于貝爾•凡德林（Hubert Védrine）

目次

第3部
全球的各種數據

第4部
從各國角度看世界

第1部

歷史上重大的轉捩點

當今的世界起源自何處？奠定現在戰略情勢的歷史遺產為何？
過去反映現在，能夠更清楚地定位現在的問題點。
雖然本書重心不是放在「歷史」地圖，
但若我們不對過往的脈絡、因果加以認識，
你我生活的現代世界將變得難以理解。
在第1部中，本書將聚焦於六個歷史上的重要階段。

最早在地球上繁衍的人類

回顧地球的歷史，出現稱為人的物種其實是相當晚近的事。地球上最早出現的生命約誕生於38億年前，然而現代人的祖先——智人約於20-30萬年前在摩洛哥一帶出現（此處所提及的年代均為概估，目前學界仍在持續深入調查探究，故尚非定論）。

要尋找人類進化的族譜，首先應從人猿總科（Hominoidea）的靈長類分化成兩種不同的種類開始談起。至少距今800-900萬年前，人猿總科就分支為「大型類人猿」（如黑猩猩與倭黑猩猩）與人亞科。

依據今日的研究成果，屬於人亞科的南方古猿（Australopithecus），約於600萬年前誕生於非洲南部。此一兩腳直立步行的物種，約滅絕於170萬年前。

與此同時，在非洲東部，約於280萬年前出現了最早的人種，即意味著「靈巧之人」的巧人，他們已經懂得使用工具。巧人身材矮小（身高120-150公分），體重約40公斤左右，具備小腦（600立方公分）。

巧人之後誕生的人種是匠人。他們是約於170萬年前出現的「靠手工作之人」，比祖先巧人身材高（身高150-170公分），體重也更重（60公斤），頭腦更為發達，頭蓋骨的大小約900立方公分。匠人是人類歷史上，首次離開非洲大陸展開冒險之旅的人種。他們往東北方遷徙的痕跡可見於加利利湖（提比里亞〔Tiberias〕湖。位於近東地區），甚至到更北邊的高加索地區（Caucasus）。此狩獵民族約花費40萬年到達了東亞以及東南亞。距此次遷徙的30萬年後（100萬年前），匠人現蹤於地中海沿岸地區的南歐，又30萬年後（70萬年前）已遍布於寬闊的溫帶歐洲。他們能夠不費力地從一塊大陸遷移到另一塊大陸，主要是因為當時還處在冰河期，海水的水位還不是很高。由於懂得使用火（40萬年前），人類首次得以進駐歐洲的寒冷地帶、亞洲（如日本）以及美洲大陸。

另外必須留意的是：直立人（直立之人）的稱呼，有時專指匠人的後裔人種，而有時則可指稱當時所有的人屬生物。

尼安德塔人約於30萬年前出現。一些專家認為，尼安德塔人是匠人或直立人的子孫。而約在10萬年前，尼安德塔人開始有了埋葬死者的習俗。他們在和智人共存約數百萬年後，於3萬年前因不明原因而滅種。目前我們僅能得知這兩個人種，約於3萬6千到6萬年前在中東地區有過互相交配的現象。

推測約於20至30萬年前（此一年代推定在近年又大幅提前），可能

最早在地球上繁衍的人類

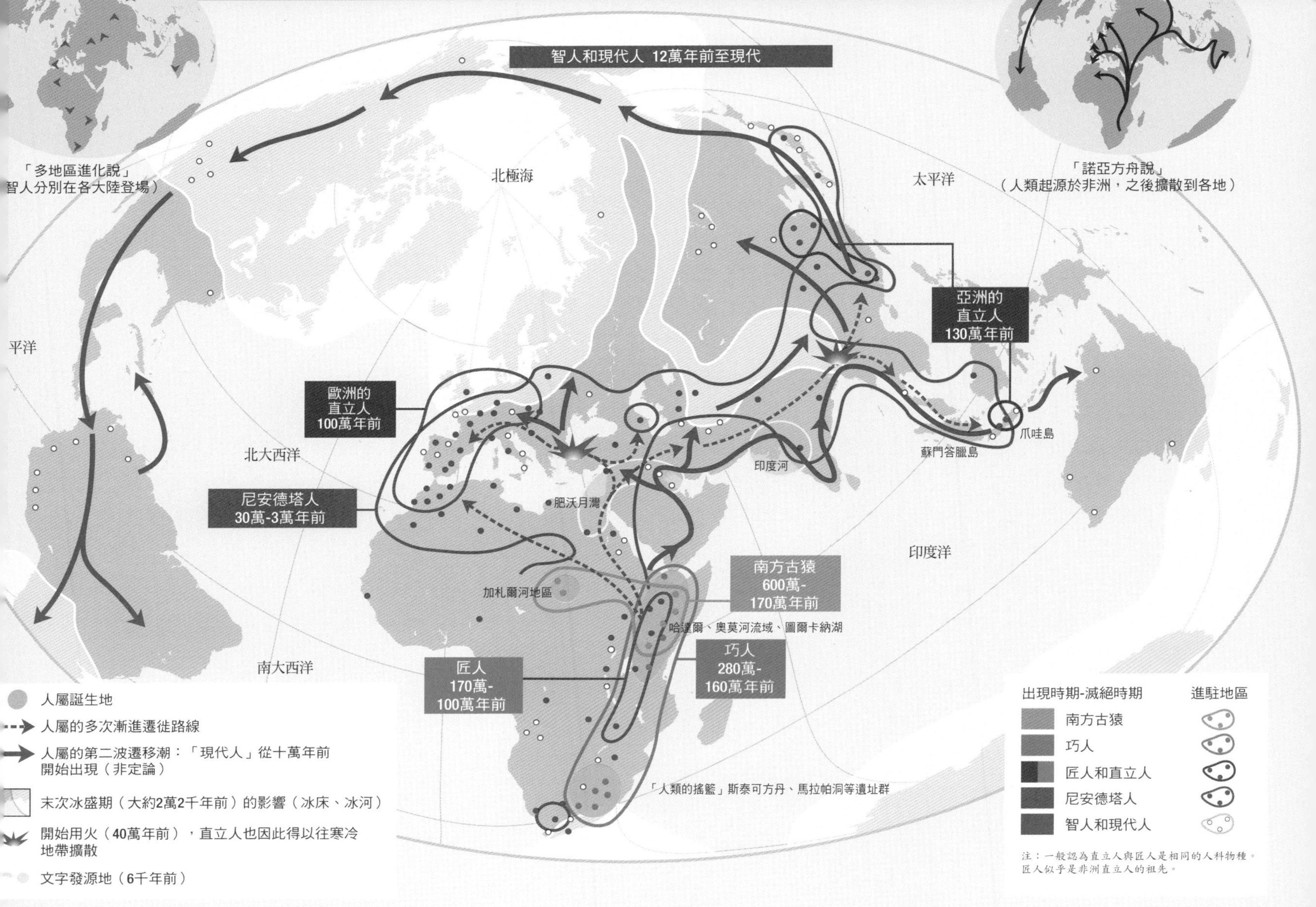

智人和現代人 12萬年前至現代
「多地區進化說」
智人分別在各大陸登場）
「諾亞方舟說」
（人類起源於非洲，之後擴散到各地）
北極海
太平洋
平洋
北大西洋
南大西洋
印度洋
歐洲的
直立人
100萬年前
尼安德塔人
30萬-3萬年前
亞洲的
直立人
130萬年前
爪哇島
蘇門答臘島
印度河
肥沃月灣
加札爾河地區
南方古猿
600萬-
170萬年前
哈達爾、奧莫河流域、圖爾卡納湖
巧人
280萬-
160萬年前
匠人
170萬-
100萬年前
「人類的搖籃」斯泰可方丹、馬拉帕洞等遺址群
人屬誕生地
人屬的多次漸進遷徙路線
人屬的第二波遷移潮：「現代人」從十萬年前開始出現（非定論）
末次冰盛期（大約2萬2千年前）的影響（冰床、冰河）
開始用火（40萬年前），直立人也因此得以往寒冷地帶擴散
文字發源地（6千年前）
出現時期-滅絕時期
進駐地區
南方古猿
巧人
匠人和直立人
尼安德塔人
智人和現代人
注：一般認為直立人與匠人是相同的人科物種。
匠人似乎是非洲直立人的祖先。

是匠人以及非洲直立人系子孫的智人（「有智慧之人」），挾帶大容量的頭腦（1450 立方公分）於非洲登場。而距今約 4 萬 5 千年前，智人在歐洲定居下來。

關於人類起源的問題，科學上諸多學說相互對立。根據「多地區進化說」，現代人係由歐洲智人及亞洲直立人的後裔經歷突變與演化而來。而「諾亞方舟說」則主張非洲是現代人的唯一發源地，並隨著他們逐步地向外遷徙而在世界各地繁衍。同時，根據後者的說法，智人以數千人的群體規模，在不到 10 萬年的時間中，殖民了近東與中東（12 萬年前）、歐洲（推測曾與尼安德塔人發生衝突），乃至亞洲，並且和直立人的子孫在當地共存（6 萬年前），最終抵達北美洲（4 萬年前）。與此同時，留在非洲的智人後代則約在 8 萬年前殖民了整片大陸。以上論述是依據目前所發現的人類活動遺存所推測而得知，但相關學說仍在持續討論與修正，因此尚未有科學上的定論。

「新石器革命」戲劇性的登場則是相當晚近的事情，大致不早於 9 千年前（發生於近東地區），其成果逐步向外擴散，並在約 5 千到 6 千年時出現在西歐地區。

而我們現在稱為「歷史」的時期，必須等到大約 6 千年前或 5 千年前文字發明以後才算開始。文字誕生於美索不達米亞「肥沃月灣」的各城邦國家、尼羅河谷與印度河流域。

人科開始利用火，已經過了 40 萬年，從最初的葬禮儀式至今也已經過了 10 萬年。從 3 萬年前開始，人類開始使用工具，並生產出了衣物、武器，甚至繪製了壁畫（如今日在法國、西班牙所見的洞窟岩畫）與製作竹筏。就算我們沒有特別意識到遠古祖先的存在，我們所承繼的遺產，實際上也可追溯到遠比蘇美文化及埃及法老時代更久遠的往昔。

引發考古人類學界及史前史學界的爭論繁不勝數。一旦在新的地區發現遺跡，或是借助遺傳學的進步針對這些不同的人科物種進行調查後，其起源、遷徙路徑、彼此的關聯性，以及年代推估就可能會有所修正。但是我們仍舊面臨一個相當大的疑問：作為人科中唯一存活下來、自詡擁有「智慧」的現代人如我們，真的能靠智力解決人類發展上所發生的重大問題嗎？按照推算，人類的數量將在 2050 年達到 95 億，我們將擁有一套前所未有的高效率且具掠奪性的生產模式，地球有限的資源是否真能支持這樣的生活型態？

新石器時代的革命——最早的幾處定居地

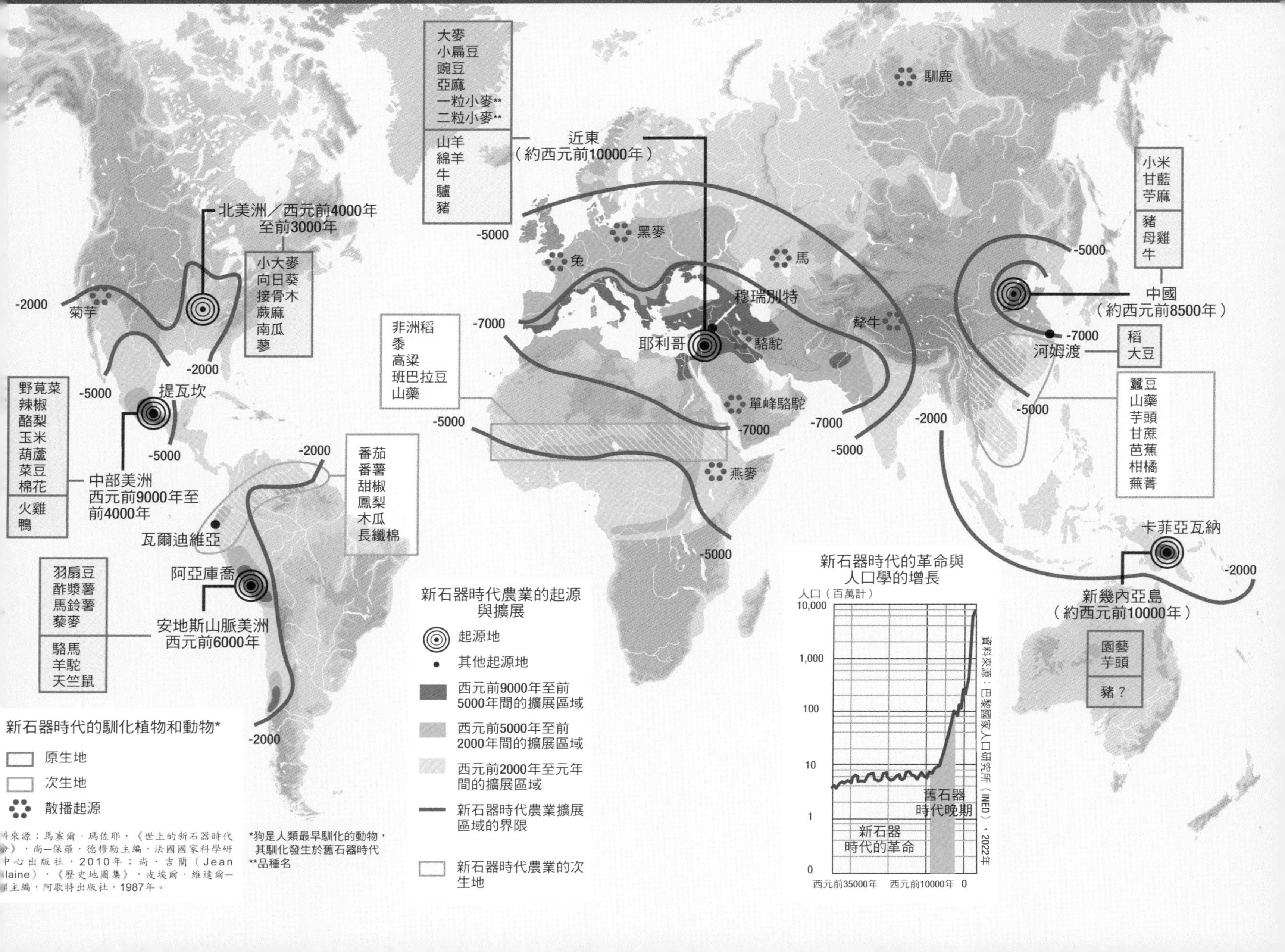

近東
（約西元前10000年）
大麥
小扁豆
豌豆
亞麻
一粒小麥**
二粒小麥**
山羊
綿羊
牛
驢
豬
中國
（約西元前8500年）
小米
甘藍
苧麻
豬
母雞
牛
河姆渡
稻
大豆
蠶豆
山藥
芋頭
甘蔗
芭蕉
柑橘
蕪菁
卡菲亞瓦納
新幾內亞島
（約西元前10000年）
園藝
芋頭
豬？
北美洲／西元前4000年至前3000年
小大麥
向日葵
接骨木
蕨麻
南瓜
蓼
中部美洲
西元前9000年至前4000年
野莧菜
辣椒
酪梨
玉米
葫蘆
菜豆
棉花
火雞
鴨
提瓦坎
菊芋
瓦爾迪維亞
阿亞庫喬
安地斯山脈美洲
西元前6000年
羽扇豆
酢漿薯
馬鈴薯
藜麥
駱馬
羊駝
天竺鼠
番茄
番薯
甜椒
鳳梨
木瓜
長纖棉
非洲稻
黍
高粱
班巴拉豆
山藥
耶利哥
穆瑞別特
駱駝
單峰駱駝
燕麥
黑麥
兔
馬
犛牛
馴鹿
-2000
-5000
-7000
新石器時代的馴化植物和動物*
原生地
次生地
散播起源
新石器時代農業的起源與擴展
起源地
其他起源地
西元前9000年至前5000年間的擴展區域
西元前5000年至前2000年間的擴展區域
西元前2000年至元年間的擴展區域
新石器時代農業擴展區域的界限
新石器時代農業的次生地
新石器時代的革命與人口學的增長
人口（百萬計）
10,000
1,000
100
10
1
0
舊石器時代晚期
新石器時代的革命
西元前35000年
西元前10000年
0
資料來源：巴黎國家人口研究所（INED），2022年
*狗是人類最早馴化的動物，其馴化發生於舊石器時代
**品種名
料來源：馬塞爾．瑪佐耶，《世上的新石器時代
》，尚—保羅．德穆勒主編，法國國家科學研
中心出版社，2010年；尚．吉蘭（Jean
laine），《歷史地圖集》，皮埃爾．維達爾—
主編，阿歇特出版社，1987年。

歐洲的全盛時期

西元 5 到 10 世紀，歐洲是從東方及北方湧入的大量移民的遷入地或中途點（這一現象在往昔常被稱為「大侵略」，但此概念在今日已經受到多方檢討，或許應將其視為在凱爾特人主體時期的上古歐洲所發生的大規模移民浪潮）。其後，隨著 8 次的十字軍東征，歐洲人於 1095-1291 年間首度擴張至東方。

然而，直到「地理大發現」時期的偉大探險家們（如達伽瑪、哥倫布、麥哲倫）頻繁進行海外活動，才是歐洲在世界上擴展影響力的開始。首先由葡萄牙人及西班牙人發端，緊接著是荷蘭人、英國人與法國人（前往亞洲與美洲大陸），他們之間彼此的競爭較量開闢了一條通往殖民帝國的大路。就這樣，非洲被葡萄牙、英國、法國、西班牙，以及後來的比利時、德國與義大利分食，最後 19 世紀由法國及英國站上世界殖民帝國的頂端。

另一方面，由於歐洲艦隊的威脅，中國與日本也在歐洲所決定的條件下，不得不開放市場。

第一次世界大戰前夕，歐洲各國幾乎瓜分並主導了整個世界。雖然歐洲各國彼此之間也相互競爭，然而各國皆高度強調他們所肩負的「文明使命」。

雖然美國於 18 世紀、拉丁美洲各國於 19 世紀紛紛脫離殖民母國獨立，同時俄國也將控制範圍推展到高加索與太平洋沿岸地區，不過此時首度掀起的全球化浪潮（國境開放、金本位制的導入）仍是深受英國的影響，這也讓此時的全球化實際上呈現出「歐洲化」的特質。

隨後，英國與德國海軍的競爭進一步延伸到經濟對抗與殖民地競逐等場域，並成為 1914 至 1918 年第一次世界大戰的原因之一。

雖然這場戰爭與其說是一場「世界大戰」，倒不如說是「歐洲內戰」，導致這場大規模衝突的種種問題在戰爭期間並未獲得解決，其後不但依然衝突不斷，且其連鎖效應更進而導致了第二次世界大戰的爆發。

自 1945 年二戰結束後的 30 年間，歐洲經歷了毀滅，遭到超越，並成為受美國保護的對象；同時，歐洲還有一半的區域被蘇聯所統治。歐洲的地位，從原本的世界權力中樞，變成美、蘇全球角力的中心點。這一情形也一直持續到歐洲開始嘗試自力更生、走出自己道路的時代來臨。

歐洲列強及其殖民地（18世紀至第一次世界大戰）

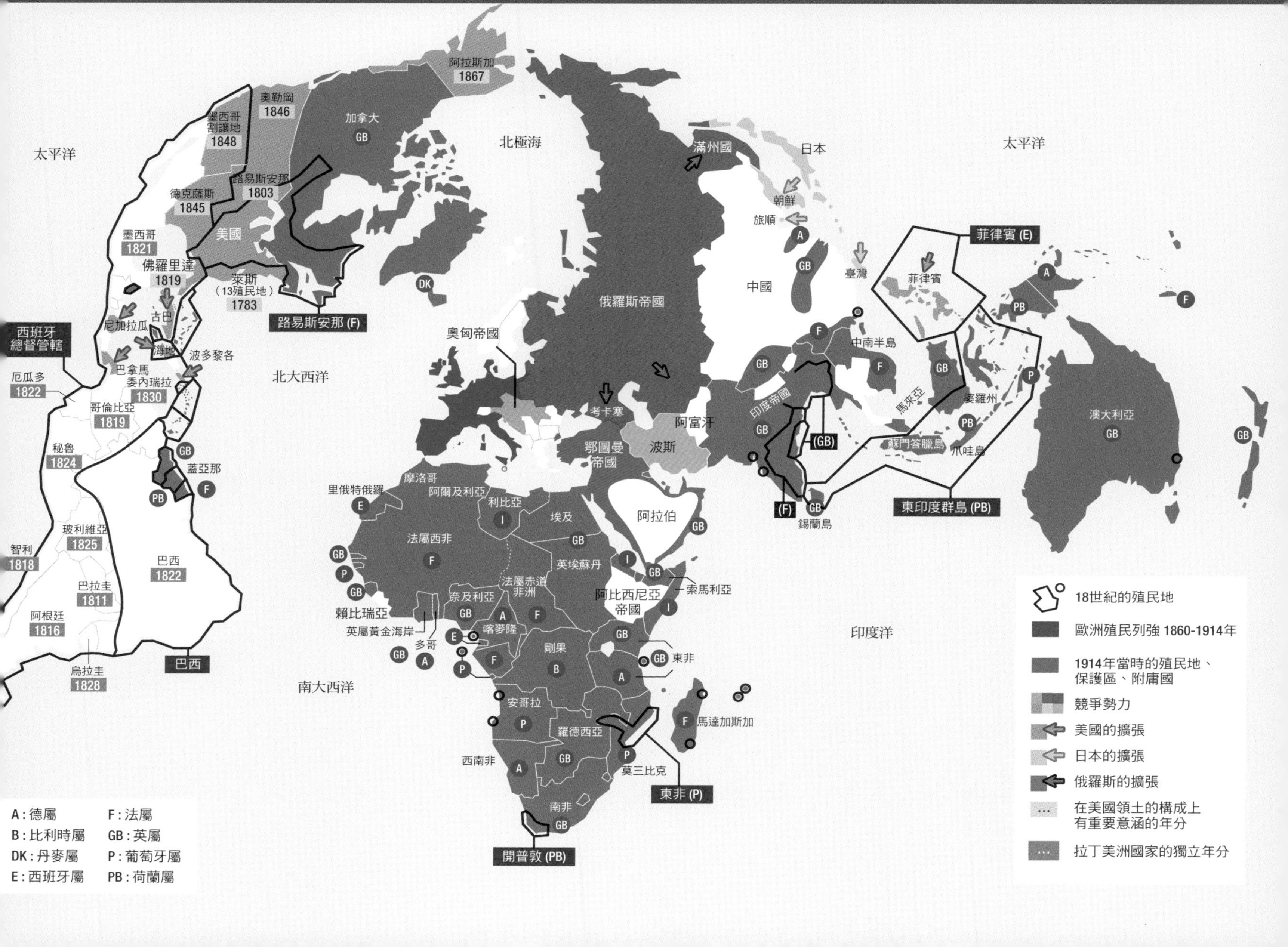

帝國的解體及其長遠影響

殖民帝國長久以來經常利用殖民地內部的種族矛盾來分化其所統治的對象，並藉此防範民族意識的抬頭。而殖民帝國的解體使許多這些衝突浮上檯面，其中有些地區甚至到現在仍然紛紛擾擾。如果我們想要理解今日種種危機的根源，對於這些危機的譜系（如國族心態）實有必要詳加探究。

以美國來說，雖然從宗主國英國成功獨立並建立了美利堅合眾國，但為了守住獨立，到 1917 年，甚至可說到 1941 年為止，長期維持著孤立主義的傳統。

而拉丁美洲各國之間，於 19 世紀前葉紛紛企圖脫離西班牙殖民統治，在個別發動獨立戰爭的過程中也彼此產生了爭端。當時緊繃的關係，至今仍深植在國民的情感中。

在歐洲與中東地區，第一次世界大戰，導致德意志帝國、奧匈帝國、鄂圖曼帝國瓦解。原本的俄羅斯帝國則經歷共產革命，轉變成蘇維埃社會主義共和國聯邦（即蘇聯）。

以德國來說，在凡爾賽條約（1919 年 6 月 29 日）中不得不承認一戰戰敗、帝國解體與領土的喪失，讓德國人深感恥辱。這種屈辱感成為日後希特勒藉由充滿報復性、侵略性的民族主義崛起的重要原因，並導致了第二次世界大戰的爆發。納粹戰敗後，德國再次裂解，並於冷戰期間進入東西德分立的狀態，直到蘇聯勢力衰退後才歸於統一（1990 年）。換句話說，德國的自我認同從解體到再建構共花了 72 年的時間（1919-1991 年）。

一戰中與德意志帝國結盟的奧匈帝國，是這波浪潮中第二個瓦解的強大帝國。戰後所簽訂的對奧聖日爾曼昂萊條約（Treaty of Saint-Germain-en-Laye, 1919 年 9 月 10 日）與對匈特里亞農條約（Treaty of Trianon, 1920 年 6 月 4 日）分離了奧地利與匈牙利兩國，並創造出捷克斯洛伐克及南斯拉夫等由數個彼此衝突、互不退讓的少數民族結合而成的新國家，一開始就扛著無可避免的種族衝突問題，也因此造成了國家情勢的不穩定。這也是其中部分民族在 1930 年代對希特勒的路線抱持好感的理由。

第二次世界大戰後，由於冷戰的關係，民族問題曾一度被「凍結」（如在狄托〔Josip Broz Tito〕鐵腕鎮壓下的南斯拉夫），但在 1989-1990 年共產主義體制接連瓦解後，問題再度浮上檯面。

大部分的時候，情況都還能控制得住。這主要是由於德國東邊的國境，在與波蘭重新協商下，確定以奧德河與奈塞河（Oder-Neisse line）為界；以及在「穩定協議」的支援下，中歐各國之間的和談逐步進展，加入歐盟（EU）的可能性大增的緣故。這股動向，讓 12 個國家新加入歐盟，並參與了北大西洋公約組織（NATO）——這一舉動引起了俄羅斯的怒火。

與此相較，南斯拉夫在狄托過世後的 1980 年代初就開始瓦解。無論是南斯拉夫政府、歐洲或聯合國安全理事會都無法控制住狀況。這個過程的

第一次世界大戰後帝國解體所產生的新國家

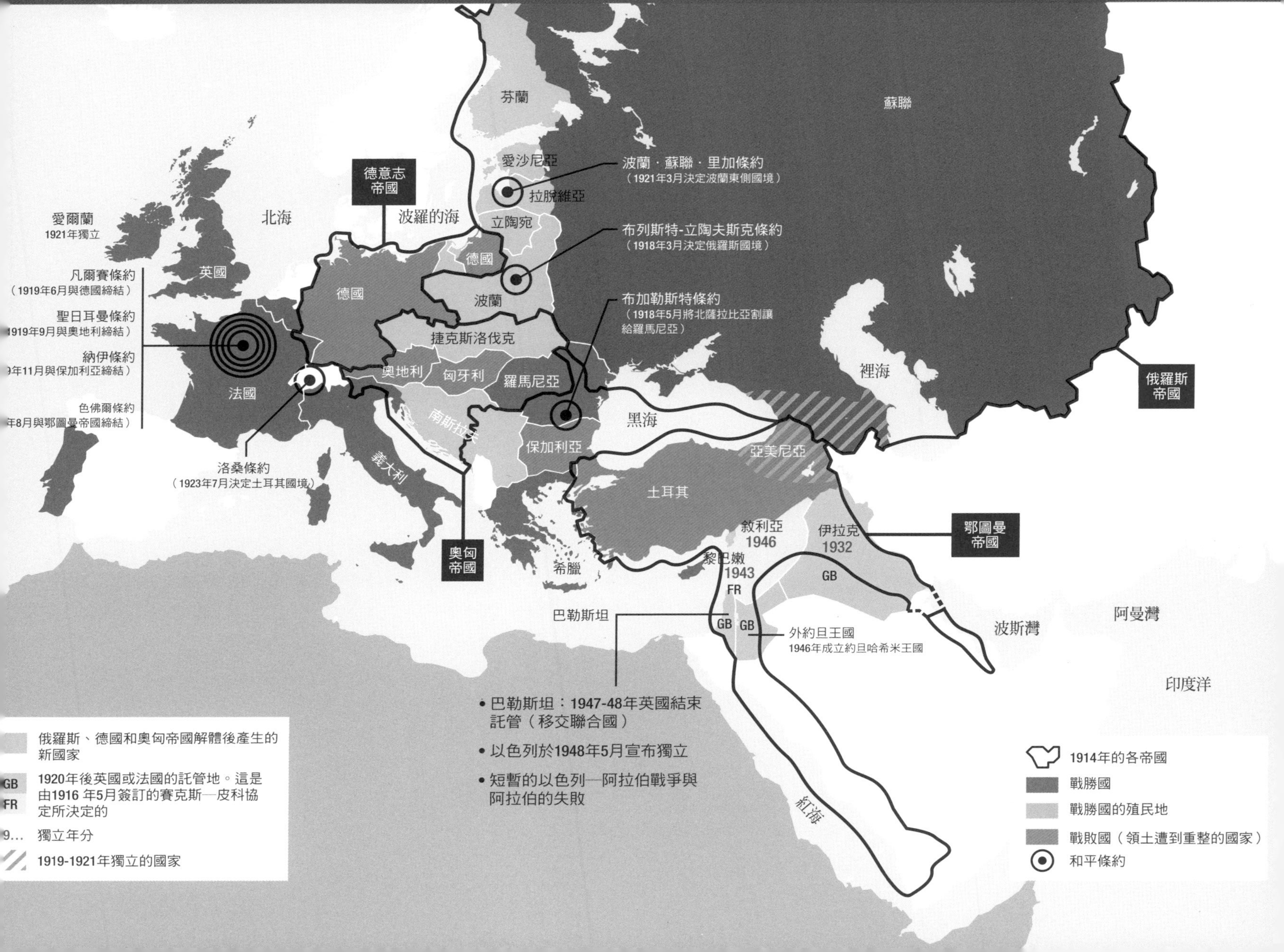

蘇聯
芬蘭
愛沙尼亞
拉脫維亞
立陶宛
德國
波蘭
捷克斯洛伐克
奧地利
匈牙利
羅馬尼亞
南斯拉夫
保加利亞
義大利
法國
英國
愛爾蘭
1921年獨立
北海
波羅的海
德意志帝國
奧匈帝國
俄羅斯帝國
鄂圖曼帝國
波蘭・蘇聯・里加條約
（1921年3月決定波蘭東側國境）
布列斯特-立陶夫斯克條約
（1918年3月決定俄羅斯國境）
布加勒斯特條約
（1918年5月將北薩拉比亞割讓給羅馬尼亞）
凡爾賽條約
（1919年6月與德國締結）
聖日耳曼條約
1919年9月與奧地利締結）
納伊條約
9年11月與保加利亞締結）
色佛爾條約
年8月與鄂圖曼帝國締結）
洛桑條約
（1923年7月決定土耳其國境）
黑海
裡海
亞美尼亞
土耳其
希臘
敘利亞
1946
黎巴嫩
1943
伊拉克
1932
GB
FR
GB GB
巴勒斯坦
外約旦王國
1946年成立約旦哈希米王國
波斯灣
阿曼灣
印度洋
紅海
• 巴勒斯坦：1947-48年英國結束託管（移交聯合國）
• 以色列於1948年5月宣布獨立
• 短暫的以色列—阿拉伯戰爭與阿拉伯的失敗
俄羅斯、德國和奧匈帝國解體後產生的新國家
GB FR 1920年後英國或法國的託管地。這是由1916 年5月簽訂的賽克斯—皮科協定所決定的
9… 獨立年分
1919-1921年獨立的國家
1914年的各帝國
戰勝國
戰勝國的殖民地
戰敗國（領土遭到重整的國家）
和平條約

進展極為暴烈，期間發生了克羅埃西亞戰爭及波士尼亞戰爭（1991-1992年）、科索沃戰爭（1999年）。即使到了2023年，波士尼亞與科索沃的局勢仍未完全穩定。

巴爾幹半島所發生的種種，可說是鄂圖曼帝國時期曾一度凍結，卻因帝國的崩潰而再度表面化的民族—宗教緊張關係，在南斯拉夫這個國家框架下所湧現的結果。在中東，鄂圖曼帝國解體時，一戰的協約國曾含糊允諾協助庫德人建國，但結果卻未能實現，現在則成為戰爭的導火線。而英國託管下的原鄂圖曼帝國的三個州郡則遭到任意合併組成伊拉克，往後不得不經歷動亂不斷的悲劇性歷史。另外敘利亞、黎巴嫩、外約旦（之後的約旦）以及以色列，從1948年至今從未享有過真正的和平與安穩。雖然在伊朗的威脅下，以色列與阿拉伯國家近年結成「亞伯拉罕聯盟」，但過去一個世紀的歷史仍持續滋養著人群之間的恐懼及怨恨。

非洲及亞洲的殖民地於1950-1960年代紛紛獨立，並因而誕生了數十個新國家，然而各個「撤退」的原宗主國（葡萄牙、西班牙、比利時、荷蘭、法國、英國），卻在當地留下了「定時炸彈」。諸如讓印度次大陸的巴基斯坦和印度分別獨立、巴基斯坦與孟加拉分裂、以阿衝突、東帝汶問題、香港的定位等。不過其中獨立不久的「稚嫩非洲」算是相當聰明，即便當初是人為操縱下劃分的國境，為了讓歷史問題不再重演，對殖民地時代的區域劃分基本上採取了適應策略與尊重現狀的態度。

蘇伊士運河的東側，因英國的撤退導致波斯灣沿岸地區獨立了十幾個酋長國。作為其中一國的科威特，其後與伊拉克之間發生領土紛爭（1991年波斯灣戰爭）。

這些新獨立國彼此之間的關係，或是他們與其他國家的關係，仍深刻籠罩在殖民地時代的陰影下。例如，即便在國際化的潮流下，使得新獨立國在施政上有更寬廣的空間與更多的可能性，它們卻仍因語言上的連結而受到殖民歷史與前宗主國的種種影響（這也讓他們更容易成為大國對抗局面中的犧牲者）。

太平洋上的許多小國，雖然曾是各國的託管地，不過在1980-1990年代也分別獨立。

最後一個消亡的「帝國」是蘇聯。1991年底，波羅的海三小國、烏克蘭（俄羅斯發源地）、亞美尼亞、喬治亞、亞塞拜然、中亞各國陸續獨立，這股浪潮也成為了日後嚴重的民族衝突起源，此一問題在高加索地區尤其嚴重。甚至俄羅斯本身可能也將成為未來的一大問題。

現在世界上只剩下殖民時代的「碎片」。然而非洲、中東以及亞洲的少數民族問題卻仍令人憂心。部分專家的分析指出，在歐洲以及西方長達數個世紀的擴張之後，其消退至今尚未真正結束。未來的中國與俄羅斯也可能將面臨同樣的挑戰，以及其所引發的種種反應。

第一次世界大戰後拆解了鄂圖曼帝國的戰勝國，曾考慮讓安那托利亞半島脫離土耳其，將其轉交給當地占少數的基督徒。此等做法，造成了20世紀不穩的局勢，以及猶太民族國家的爭論。時至21世紀，敘利亞和伊拉克面臨解體危機，也是受此影響（1920年的色佛爾條約、1923年的洛桑條約）。

這樣的歷史還將繼續下去。

帝國解體後所產生的新興國家（1918－1991年）

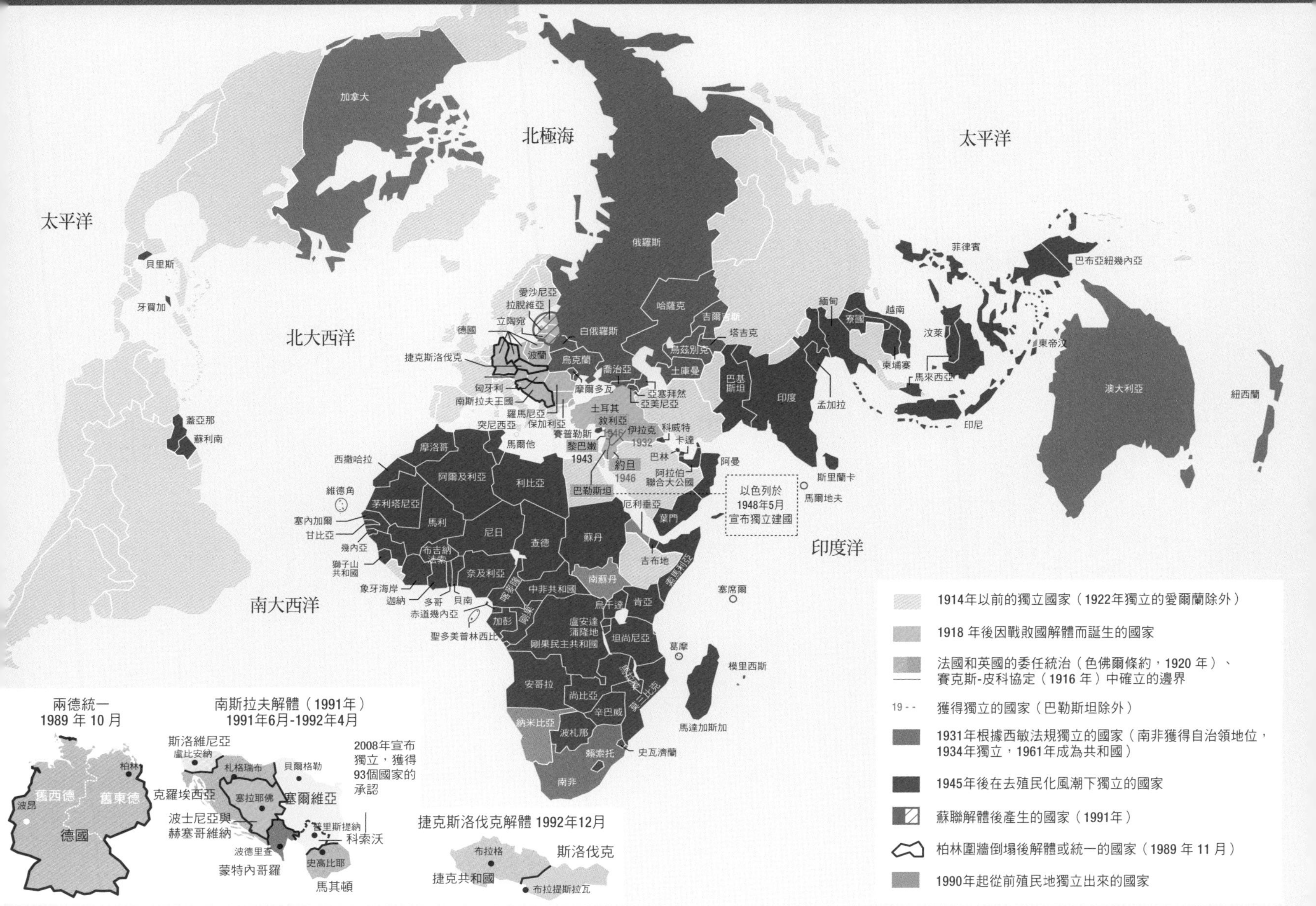

北極海
太平洋
北大西洋
南大西洋
印度洋
加拿大
貝里斯
牙買加
蓋亞那
蘇利南
俄羅斯
哈薩克
吉爾吉斯
塔吉克
烏茲別克
土庫曼
白俄羅斯
愛沙尼亞
拉脫維亞
立陶宛
德國
捷克斯洛伐克
波蘭
烏克蘭
匈牙利
南斯拉夫王國
羅馬尼亞
保加利亞
摩爾多瓦
喬治亞
亞塞拜然
亞美尼亞
土耳其
敘利亞
1946
伊拉克
1932
科威特
卡達
巴林
阿拉伯聯合大公國
阿曼
葉門
賽普勒斯
黎巴嫩
1943
約旦
1946
巴勒斯坦
以色列於1948年5月宣布獨立建國
突尼西亞
馬爾他
摩洛哥
西撒哈拉
阿爾及利亞
利比亞
埃及
茅利塔尼亞
維德角
塞內加爾
甘比亞
幾內亞
獅子山共和國
馬利
尼日
布吉納法索
象牙海岸
迦納
多哥
貝南
奈及利亞
赤道幾內亞
聖多美普林西比
查德
蘇丹
南蘇丹
厄利垂亞
吉布地
索馬利亞
中非共和國
喀麥隆
剛果
加彭
盧安達
蒲隆地
剛果民主共和國
烏干達
肯亞
坦尚尼亞
塞席爾
葛摩
馬拉威
莫三比克
安哥拉
尚比亞
辛巴威
納米比亞
波札那
賴索托
史瓦濟蘭
南非
馬達加斯加
模里西斯
巴基斯坦
印度
斯里蘭卡
馬爾地夫
孟加拉
緬甸
寮國
越南
柬埔寨
汶萊
馬來西亞
菲律賓
印尼
東帝汶
巴布亞紐幾內亞
澳大利亞
紐西蘭
兩德統一
1989 年 10 月
柏林
波昂
舊西德
舊東德
德國
南斯拉夫解體（1991年）
1991年6月-1992年4月
斯洛維尼亞
盧比安納
札格瑞布
貝爾格勒
克羅埃西亞
塞拉耶佛
塞爾維亞
波士尼亞與赫塞哥維納
普里斯提納
科索沃
2008年宣布獨立，獲得93個國家的承認
波德里查
蒙特內哥羅
史高比耶
馬其頓
捷克斯洛伐克解體 1992年12月
布拉格
捷克共和國
斯洛伐克
布拉提斯拉瓦
1914年以前的獨立國家（1922年獨立的愛爾蘭除外）
1918 年後因戰敗國解體而誕生的國家
法國和英國的委任統治（色佛爾條約，1920 年）、賽克斯-皮科協定（1916 年）中確立的邊界
19 - - 獲得獨立的國家（巴勒斯坦除外）
1931年根據西敏法規獨立的國家（南非獲得自治領地位，1934年獨立，1961年成為共和國）
1945年後在去殖民化風潮下獨立的國家
蘇聯解體後產生的國家（1991年）
柏林圍牆倒塌後解體或統一的國家（1989 年 11 月）
1990年起從前殖民地獨立出來的國家

冷戰

從同盟國獲勝的 1945 年開始，到世界情勢出現轉機的 1991 年為止，國際關係一直以東西對立為基礎，也就是蘇聯與美國的敵對關係。

而美國、英國、蘇聯組成的同盟國，在德黑蘭會議、雅爾達會議、波茨坦會議所決定的各項決議，於 1990-1991 年蘇聯解體和德國再度統一後，關於歐洲及德國的部分就與現狀不再相符。另一方面，與聯合國組織相關的規定與決議（如布列敦森林會議所簽訂的協定）雖逐漸遭到質疑，但仍持續運作並發揮效力。

第二次世界大戰的戰勝國，在對希特勒及日本帝國獲得勝利不久後，關係即宣告破裂。史達林在雅爾達會議上雖然承諾羅斯福與邱吉爾將在蘇聯紅軍所解放的歐洲領土上施行自由選舉，但戰後此一承諾不但未曾實現，還在該地區建立了親蘇聯的共產主義政府（與傳聞不同，戰勝國在雅爾達會議中並未瓜分了世界，僅討論了德意志帝國的分別占領）。

1946 年邱吉爾開始提到「鐵幕」一詞，也就是從波羅的海的斯德丁（Stettin）到亞得里亞海的的里雅斯特（Trieste），將東西陣營一分為二的界線。韓戰後蘇聯對西歐的軍事威脅益發巨大（1949 年後還加上核彈的威脅），甚至讓美國為了「牽制」蘇聯，而首次接受加拿大及歐洲各國的要求與之結為一個由美國全面主導的跨大西洋聯盟。後因韓戰爆發（1950 年），此聯盟進一步組織化，此即「北大西洋公約組織」（NATO）的建立。此組織雖然是在歐美已恢復和平的背景下成立，但卻是以設想未來可能隨時爆發戰爭的狀況而誕生。

同時，美國也開始實行馬歇爾計畫，企圖重建歐洲並清除蘇聯的政治宣傳（因史達林拒絕主動終止）。從此時開始，兩大陣營之間擴大了軍備的競爭，特別是核武。因此大量的轟炸機、洲際彈道飛彈以及中程彈道飛彈開始被製造。核飛彈最初為大型的單彈頭，漸漸地朝「多彈頭」發展，多彈頭又比單彈頭性能佳、準確率高，更使得緊繃的情勢常態化。

1948 年西方陣營成功阻擋了蘇聯主導的柏林封鎖。蘇聯則於 1953 年壓制了東柏林的反抗運動，並在 1955 年設立華沙公約組織。此後蘇方在 1956 年鎮壓了布達佩斯起義與 1968 年布拉格起義。而在西歐，戴高樂對於遲遲不見改革的北大西洋公約組織感到灰心，雖然未脫離同盟，但於 1966 年自統一軍司令部撤走法國軍隊。

這種「冷戰」——或稱之為「恐怖平衡」的狀態——並沒有停止兩個超級大國之間的彼此對抗與競爭，而第三世界國家則往往以同盟或附庸的形態涉入其中。一如法國社會學家雷蒙・阿宏（Raymond Aron）所言，只要兩個價值體系與戰略上的利害關係無法相容，「就不會有和平的一天」。話雖如此，阿隆附帶說明，由於核武的

冷戰（1947年3月至1991年12月）：美國面對蘇聯

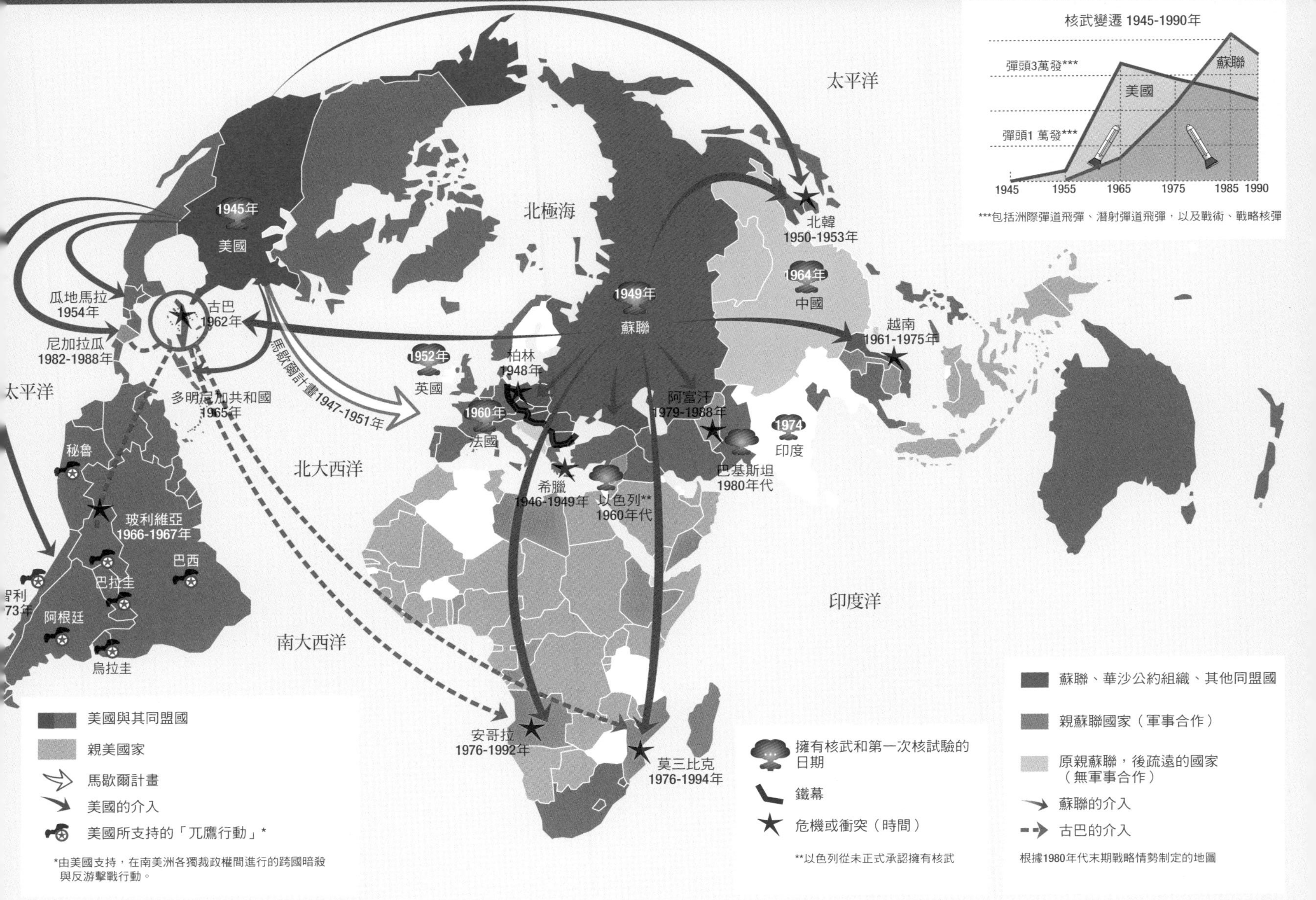
核武變遷 1945-1990年
彈頭3萬發***
彈頭1 萬發***
美國
蘇聯
1945
1955
1965
1975
1985
1990
***包括洲際彈道飛彈、潛射彈道飛彈，以及戰術、戰略核彈
太平洋
北極海
北大西洋
南大西洋
印度洋
1945年
美國
1949年
蘇聯
1964年
中國
1952年
英國
1960年
法國
1974
印度
北韓
1950-1953年
越南
1961-1975年
柏林
1948年
阿富汗
1979-1988年
希臘
1946-1949年
以色列**
1960年代
巴基斯坦
1980年代
古巴
1962年
瓜地馬拉
1954年
尼加拉瓜
1982-1988年
多明尼加共和國
1965年
馬歇爾計畫1947-1951年
秘魯
玻利維亞
1966-1967年
巴西
巴拉圭
阿根廷
烏拉圭
安哥拉
1976-1992年
莫三比克
1976-1994年
美國與其同盟國
親美國家
馬歇爾計畫
美國的介入
美國所支持的「兀鷹行動」*
*由美國支持，在南美洲各獨裁政權間進行的跨國暗殺與反游擊戰行動。
擁有核武和第一次核試驗的日期
鐵幕
危機或衝突（時間）
**以色列從未正式承認擁有核武
蘇聯、華沙公約組織、其他同盟國
親蘇聯國家（軍事合作）
原親蘇聯，後疏遠的國家（無軍事合作）
蘇聯的介入
古巴的介入
根據1980年代末期戰略情勢制定的地圖

威懾力如此巨大，「戰爭也同樣不會發生」。且因為發生如1962年古巴飛彈危機那樣堪慮的事件，「和平共存」的主張也浮上檯面。這一主張的具體實踐包括白宮與克林姆林宮之間的緊急直通電話——「熱線」的開通，以及在1972年戰略武器限制條約（SALT）的締結。該條約限制了核導彈及反彈道飛彈系統的數量上限，並在維繫核威懾效果的前提下對雙方軍備競賽進行監管。隨後，在1980年代初也訂立削減戰略武器條約（START）。

蘇聯於1979年為了挽救阿富汗的親共產黨體制而介入當地政局，然而明顯地陷入膠著狀態。1980年代初期，美國總統雷根發表了不切實際且代價高昂的「星戰計畫」（Strategic Defense Initiative，戰略防禦計畫），企圖將蘇聯捲入其中以消耗其國力。警覺到蘇聯逐步失利的戈巴契夫，從1985年開始為改革路線鋪路（開放政策、經濟改革），試圖挽救共產主義體制，但有些措施為時已晚。戈巴契夫簽署了新的裁軍協議並從阿富汗撤軍，特別是決定不再為了維持中歐及東歐的「人民民主主義」政權而動用武力。自此，失去後盾的當地政府，在因長久壓抑而積疲已久的社會中成為眾矢之的，1989-1990年所有這些原本即缺乏社會基礎的政權皆告瓦解（德國即在此潮流中獲得統一）。

1990年11月，戈巴契夫雖同意蘇聯依據聯合國憲章第七章的授權，以武力制裁其同盟國伊拉克使用武力侵犯科威特的行為。但由於美國在1991年7月於倫敦舉行的七大工業國組織高峰會（G7）中拒絕對蘇聯進行經濟援助，同年年底蘇聯即自內部崩解。冷戰沒有轉向「熱戰」，而是在持續45年後宣告結束。接下來則是「全球化」的世界新時代。

然而，普丁（Vladimir Putin）統治下的俄羅斯與西方之間緊張關係的升高、2022年爆發的俄烏戰爭，以及美中對抗等，又拋出了世界是否進入「新冷戰」的當代問題。

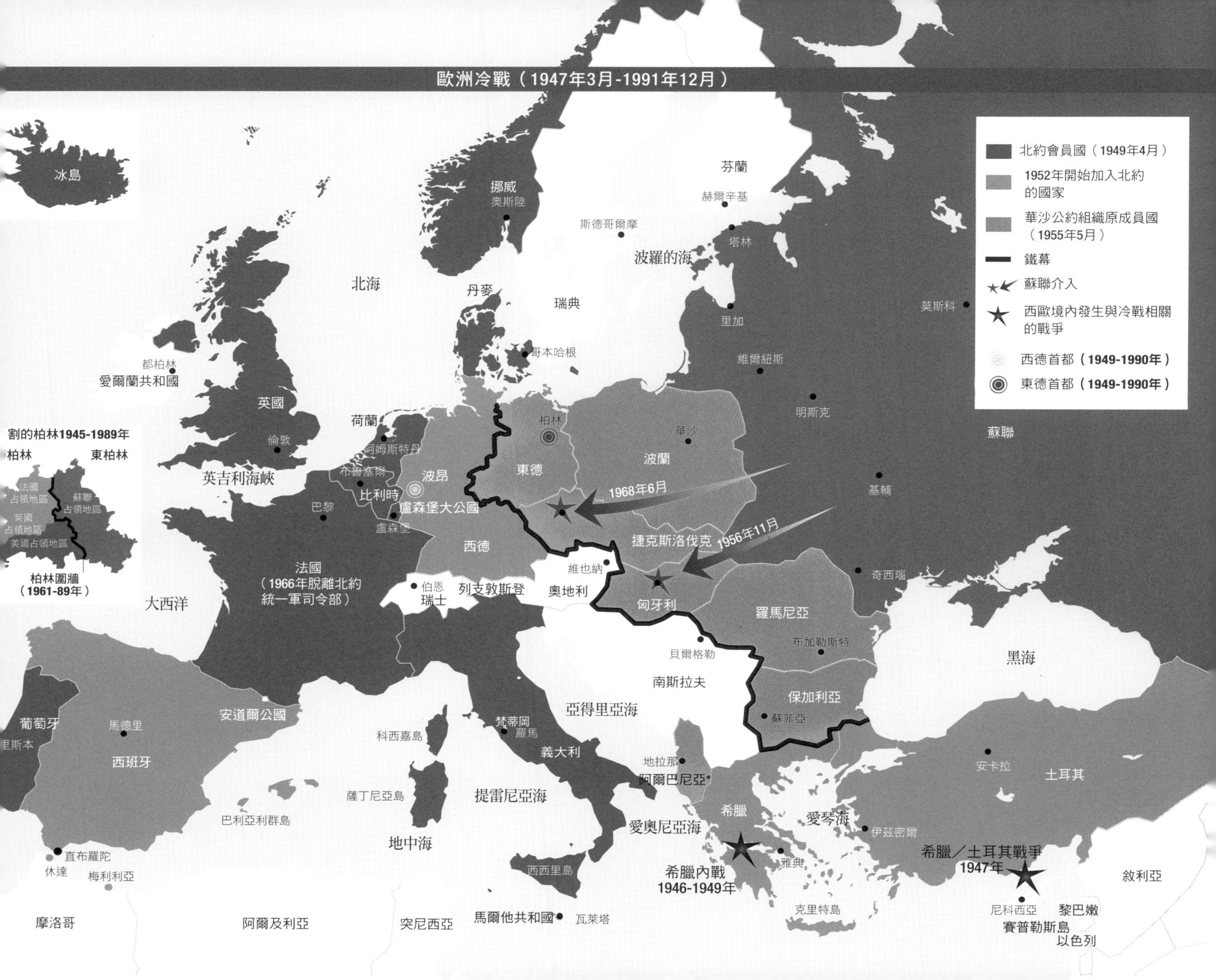
歐洲冷戰（1947年3月-1991年12月）
北約會員國（1949年4月）
1952年開始加入北約的國家
華沙公約組織原成員國（1955年5月）
鐵幕
蘇聯介入
西歐境內發生與冷戰相關的戰爭
西德首都（1949-1990年）
東德首都（1949-1990年）
冰島
挪威
奧斯陸
芬蘭
赫爾辛基
斯德哥爾摩
塔林
波羅的海
北海
丹麥
瑞典
莫斯科
里加
哥本哈根
維爾紐斯
都柏林
愛爾蘭共和國
英國
明斯克
荷蘭
柏林
華沙
倫敦
阿姆斯特丹
蘇聯
波蘭
東德
波昂
布魯塞爾
英吉利海峽
基輔
比利時
1968年6月
巴黎
盧森堡大公國
盧森堡
捷克斯洛伐克
西德
1956年11月
維也納
奇西瑙
法國
（1966年脫離北約統一軍司令部）
伯恩
瑞士
列支敦斯登
奧地利
匈牙利
大西洋
羅馬尼亞
布加勒斯特
貝爾格勒
黑海
南斯拉夫
保加利亞
安道爾公國
亞得里亞海
葡萄牙
馬德里
梵蒂岡
羅馬
蘇菲亞
科西嘉島
里斯本
西班牙
義大利
地拉那
安卡拉
土耳其
阿爾巴尼亞*
薩丁尼亞島
提雷尼亞海
巴利亞利群島
希臘
愛琴海
愛奧尼亞海
伊茲密爾
地中海
直布羅陀
希臘／土耳其戰爭
1947年
雅典
希臘內戰
1946-1949年
休達
西西里島
敘利亞
梅利利亞
克里特島
尼科西亞
黎巴嫩
摩洛哥
阿爾及利亞
突尼西亞
馬爾他共和國
瓦萊塔
賽普勒斯島
以色列
割的柏林1945-1989年
柏林
東柏林
法國占領地區
蘇聯占領地區
英國占領地區
美國占領地區
柏林圍牆
（1961-89年）

從第三世界到新興國家

1945年後，國際關係一方面以東西陣營的競爭為中心展開，另一方面剛獨立的許多國家，希望從這個世界兩極化的體制中逃脫，以保護自己的身分認同。

所謂「第三世界」這個名詞，是1952年法國經濟學者阿爾弗列德・索維（Alfred Sauvy），從1789年法國大革命時三級會議中的「第三等級」得到靈感所創造出來的。

這些「第三世界」國家幾乎都位於南半球，對他們來說，南北半球無法填補的裂痕，比起東西之間的對立來得關鍵。北半球的國家在意識形態上，可大致分為東邊共產主義國家與西邊資本主義國家，但不管哪一邊都與南半球的國家不同，皆屬於先進國家。另一方面，「南方各國」雖面臨這樣的事實，又必須確保自身的認同。也就是說，重要的是，在終結非殖民地化的同時，南方各國也試圖在美國、蘇聯的主導權之爭中保持獨立，並且想辦法發展經濟。

1955年4月，第三世界各國群聚一堂，於印尼萬隆首次召開大會。參加會議的29個國家，即使占了全球人口的一半，占全球國民生產毛額（GNP）的比率卻僅有8%。1960年聯合國大會，通過宣誓殖民地有權「即時、無條件」獨立的第1541號（XV）決議，並譴責殖民主義，認為其違反世界和平與聯合國憲章。

另外，南方各國也譴責「不公平交易」：即第三世界廉價輸出原料，卻必須高價購買北方各國工業產品的關係。1974年，聯合國大會宣布基於公正與主權的對等，樹立「新國際經濟秩序」。第三世界各國組成G77（77國集團），宣布對本國天然資源的永久性主權。而這項宣言對於這些國家來說，也意味著主張不可或缺的經濟性主權。經濟性主權有別於政治性主權，至今仍尚未完全實現。迄今，北方各國依舊在剝削南方國家的行為上飽受批評。

但是1970年代一過去，第三世界原本的團結也四分五裂。從政治性的觀點來看，實行非同盟主義政策的國家本來就是少數，其餘多數國家基於戰略性的考量，仍與美國或蘇聯結盟。過去的第三世界各國，於今日的世界可說已找不到任何共通點。當中某些國家的發展在全球展露頭角，譬如地緣政治巨頭（中國、印度）；達成工業化、被稱為「亞洲四小龍」的各國；受惠於石油資源的產油國；以及經濟狀況愈趨惡化的最低度開發國家（LDCs）。第三世界的概念不但瓦解，其自身也走向消失。

到了1980年代初，「新興市場／新興國家」一詞開始出現，用以指涉那些經濟增長強勁、中產階級增加，具備吸引外資條件的國家。

2001年，高盛集團的吉姆・奧尼爾創造了「金磚四國」(BRIC，巴西、俄羅斯、印度、中國四國名稱首字母之組合）這個概念，這些是具有強大增長潛力和巨量人口的大陸型國家。從2011年開始，金磚四國正式合作並加入了新成員南非（BRICS）。整體上，「新興國家」一詞包括了全球約60個能夠適應市場經濟，並因全球化而獲得成長的國家。這些新興國家與全球其他國家一樣，在2008年經濟危機後也經歷了經濟放緩的問題，從而標誌著經濟成長率高達兩位數的黃金時代面臨終結。

新興國家的崛起，象徵著西方單獨支配世界秩序之時代的終結。由G7/G8到G20（首次於2008年在美國舉行，後來成為年度盛會）的角色與地位轉變正是這一趨勢的表徵。即使已開發國家在人均富裕程度方面仍然遙遙領先，但它們已經失去了對世界財富和權力的壟斷地位。全球重要事務已不再能缺少新興國家的參與。西方國家可能尚未承認或未意識到這一點。然而，在全球疫情、中美對抗、俄烏戰爭等事件的影響下，某種不結盟姿態的再度出現，正在持續塑造一個全新的世界圖景。

第三世界的誕生到衰退

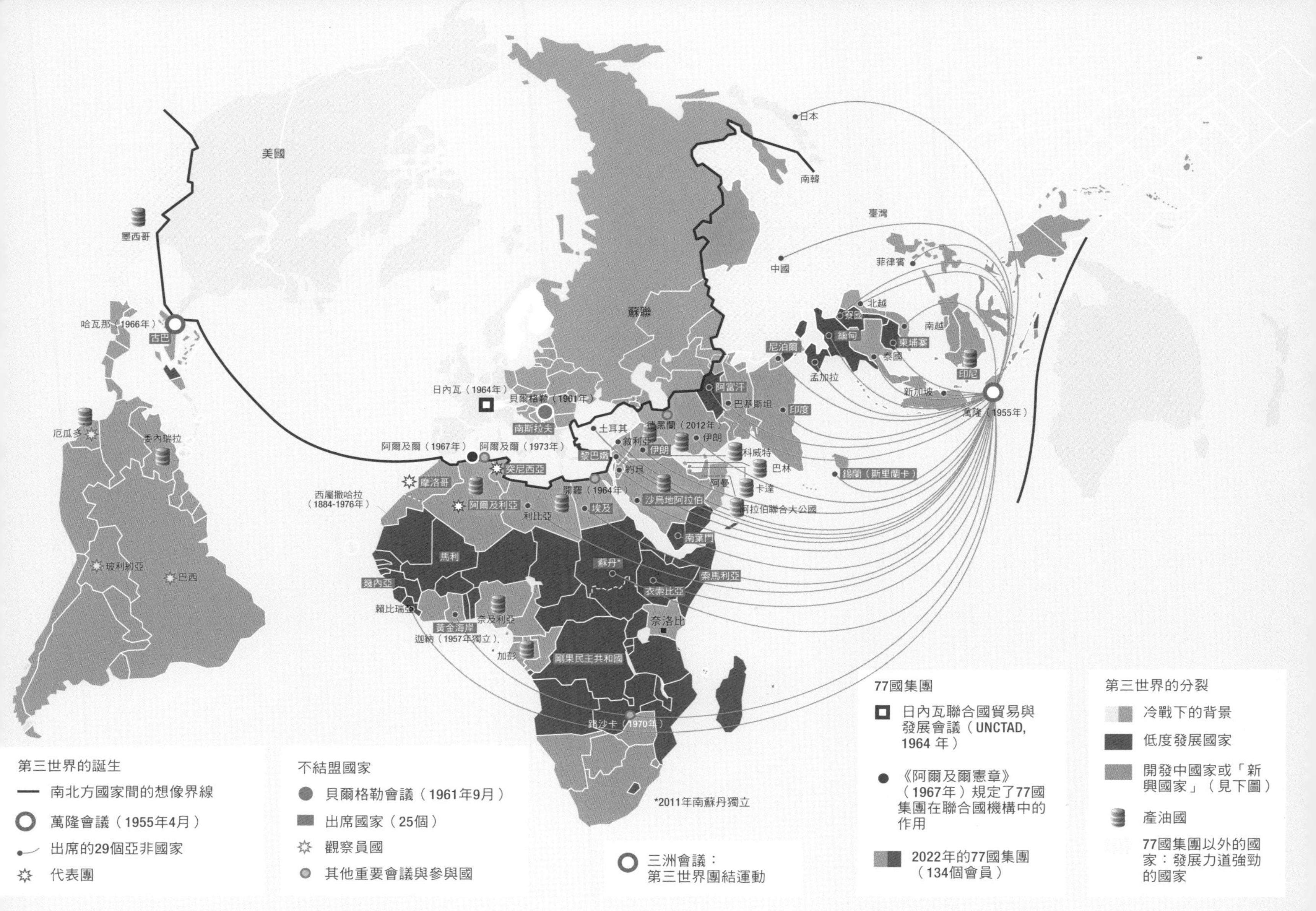

美國
墨西哥
哈瓦那（1966年）
古巴
厄瓜多
委內瑞拉
玻利維亞
巴西
蘇聯
日本
南韓
臺灣
中國
菲律賓
北越
寮國
緬甸
南越
柬埔寨
泰國
尼泊爾
孟加拉
印尼
新加坡
萬隆（1955年）
阿富汗
巴基斯坦
印度
錫蘭（斯里蘭卡）
日內瓦（1964年）
貝爾格勒（1961年）
南斯拉夫
土耳其
德黑蘭（2012年）
敘利亞
伊朗
伊朗
科威特
巴林
黎巴嫩
約旦
阿曼
卡達
阿爾及爾（1967年）
阿爾及爾（1973年）
突尼西亞
摩洛哥
開羅（1964年）
沙烏地阿拉伯
阿拉伯聯合大公國
西屬撒哈拉
（1884-1976年）
阿爾及利亞
利比亞
埃及
南葉門
馬利
蘇丹*
索馬利亞
幾內亞
衣索比亞
賴比瑞亞
奈及利亞
奈洛比
黃金海岸
迦納（1957年獨立）
加彭
剛果民主共和國
路沙卡（1970年）
*2011年南蘇丹獨立
第三世界的誕生
南北方國家間的想像界線
萬隆會議（1955年4月）
出席的29個亞非國家
代表團
不結盟國家
貝爾格勒會議（1961年9月）
出席國家（25個）
觀察員國
其他重要會議與參與國
三洲會議：
第三世界團結運動
77國集團
日內瓦聯合國貿易與發展會議（UNCTAD, 1964 年）
《阿爾及爾憲章》（1967年）規定了77國集團在聯合國機構中的作用
2022年的77國集團（134個會員）
第三世界的分裂
冷戰下的背景
低度發展國家
開發中國家或「新興國家」（見下圖）
產油國
77國集團以外的國家：發展力道強勁的國家

西方單極世界的終結

對於西方世界來說，由冷戰的結束、蘇聯集團崩潰帶來的東西對峙格局瓦解，以及蘇聯自身政權的垮臺揭開序幕的 1990 年代，可說是一個充滿希望的時刻。長年生活在蘇聯威脅陰影之下並因此焦慮無比的西方國家，終於得以擺脫這個作祟了四十餘年的鬼魂。此時，柏林圍牆剛剛倒塌、東西德統一，歐洲的整合也正在進行，人們已經開始想像法蘭西斯．福山（Francis Fukuyama）所謂的「歷史的終結」，以及在對自由市場和民主制度的質疑與挑戰已被掃除的情況下，西方價值將迎來的全面勝利。

同一時期，伊拉克於 1990 年入侵科威特的行為，雖然挑戰了西方國家對世界秩序的主導地位，但在蘇聯領導者戈巴契夫同意聯合國軍事介入的條件下，以美軍為中心的多國部隊很快地便以武力驅逐、打擊了違反國際法的伊拉克軍隊。

此時的東方沒有威脅存在，南方也沒有足以撼動大局的事件發生——似乎沒有任何事物能夠阻止西方的勝利。而蘇聯的消失似乎只會導致單極化的世界出現——至少美國人是如此認為。或許由於成為無可匹敵的超級強權，且有可能的競爭對手俱以衰落，站在全球權力體系頂點的美國，在此時並未留意到在世界其他地方出現新興強權的可能性。然而，這個自 1492 年因第一次全球化浪潮而賦予西方世界（先是歐洲，二戰後由美國繼承）長達 5 個世紀的支配性地位，終於在此時走到終點。雖然這並非意指西方從此失去權力與財富，而是他們不再擁有單獨壟斷全球的絕對力量。此後的世界，有數十個國家從全球化中受益，不但在經濟上取得發展，當中一部分國家更成功提升了國際地位。而中國，正是最先獲得這一波全球化紅利的國家，習近平的掌權則讓中國走向更具攻擊性、對抗性的路線。

冷戰後的世界，透過全球化浪潮所推崇、提倡的種種方式，包括美國、歐洲，與世界貿易組織（WTO）等，皆大力推行開放邊境、吸引外資、發展市場經濟等策略。勞力市場也不再受限於個別國家的疆界範圍，在全球化的格局下產生跨域流動。同時，受惠於跨國運輸成本（海運，甚至包括空運）的大幅降低，西方國家的資本大量流向人力成本低廉的國家。在此一趨勢的推動下，這些國家的經濟獲得發展、令其擺脫了第三世界的地位，甚而成為所謂的「新興國家」。

在 20 世紀晚期的這一波全球化浪潮中，大幅度的時空收縮現象是一個重要的特徵——「天涯若比鄰」不再是一個遙不可及的想像。與此對比，過去幾個世紀間發生的第一波全球化，是源於以西方中心視角命名的「地理大發現」，實際上其結果乃是全球的「歐洲化」，並使西方國家建立起長達 5 個世紀的全球支配性地位。時至今日，西方已不再能獨斷地決定國際事務議程，並強加其所訂下的規則於其他國家之上。但 2022 年爆發的俄烏戰爭，將美國再次推回到強勢的國際關係位置上，同時間美中對抗的結果，則尚未有明確結果，後續發展仍有待觀察。

世界七大工業國（G7）* 國內生產毛額（GDP）在全球所占比例之演變（單位：10 億美元）

	G7 國家 GDP	全球 GDP	G7 國家 GDP 於全球 GDP 中之占比
1980	6966	11243	62%
1990	14994	22656	66%
2000	21942	33588	65%
2010	32900	66051	50%

*自 1975 年成立以來，G7 由美國、德國、英國、法國、義大利、日本和加拿大組成。1997 -2014 年間，俄羅斯被納入 G8。

新興國家及其在世界國內生產毛額（GDP）中的排名（前30名）

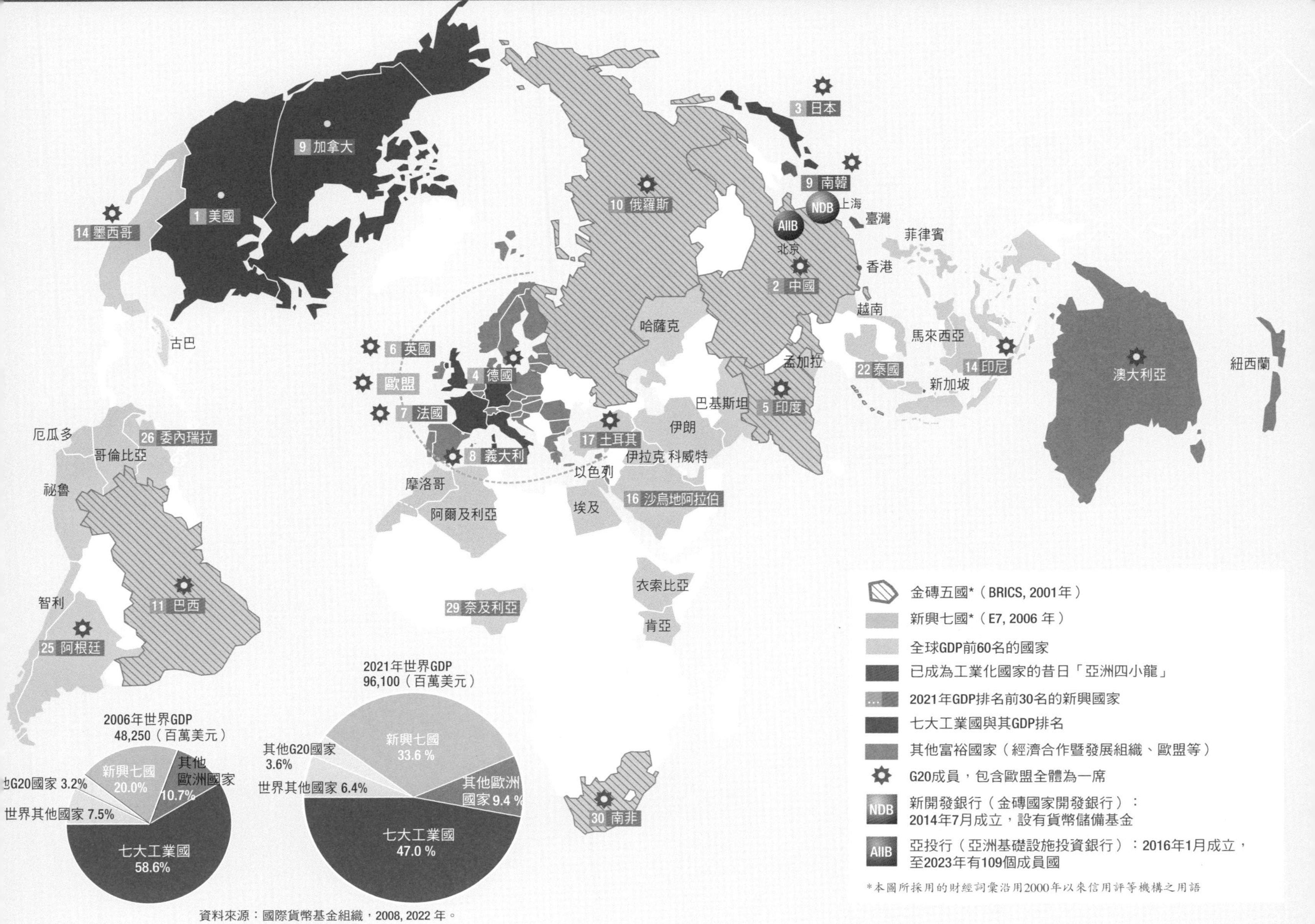

9 加拿大
1 美國
14 墨西哥
古巴
厄瓜多
哥倫比亞
26 委內瑞拉
祕魯
11 巴西
智利
25 阿根廷
6 英國
歐盟
7 法國
4 德國
8 義大利
摩洛哥
阿爾及利亞
29 奈及利亞
10 俄羅斯
哈薩克
17 土耳其
以色列
埃及
伊拉克
科威特
伊朗
16 沙烏地阿拉伯
衣索比亞
肯亞
30 南非
巴基斯坦
5 印度
孟加拉
2 中國
北京
AIIB
NDB
上海
9 南韓
3 日本
臺灣
香港
越南
菲律賓
22 泰國
馬來西亞
新加坡
14 印尼
澳大利亞
紐西蘭
2006年世界GDP
48,250（百萬美元）
新興七國 20.0%
其他歐洲國家 10.7%
其他G20國家 3.2%
世界其他國家 7.5%
七大工業國 58.6%
2021年世界GDP
96,100（百萬美元）
新興七國 33.6 %
其他歐洲國家 9.4 %
其他G20國家 3.6%
世界其他國家 6.4%
七大工業國 47.0 %
金磚五國*（BRICS, 2001年）
新興七國*（E7, 2006 年）
全球GDP前60名的國家
已成為工業化國家的昔日「亞洲四小龍」
2021年GDP排名前30名的新興國家
七大工業國與其GDP排名
其他富裕國家（經濟合作暨發展組織、歐盟等）
G20成員，包含歐盟全體為一席
NDB 新開發銀行（金磚國家開發銀行）：2014年7月成立，設有貨幣儲備基金
AIIB 亞投行（亞洲基礎設施投資銀行）：2016年1月成立，至2023年有109個成員國
*本圖所採用的財經詞彙沿用2000年以來信用評等機構之用語

資料來源：國際貨幣基金組織，2008, 2022 年。

第2部

關於全球化世界的各種觀點

自蘇聯解體以來，在被稱為「全球」的世界體系中，存在著多種彼此不同、互相對立，甚至衝突的世界觀，當中包括：以西方普世價值為基礎並推及全世界的、民主且和諧的「國際共同體」觀；以美國為首，透過共同價值主張而聚合，並在有必要時能夠承擔大國碰撞風險的「文明衝突」觀；相對地，亦有主張「不結盟」觀點，甚至更激進的「後西方」觀點。

這些路線彼此間是否如同在俄烏戰爭中所表現出來的，只有相互對立或拮抗？抑或是他們之間有可能反而成為彼此補充、互為替代的概念呢？

在不採取特定立場的前提下，第2部將介紹這些內涵各有差異的理解框架及其互相矛盾的觀點。至於事實如何，則交由讀者自行解讀與判斷。

國際共同體

「國際共同體」一詞，自聯合國成立、聯合國憲章序文起草以來即已被大量使用，而隨著蘇聯在 1991 年解體，其概念又變得更為普及。就詞源而論，這個語彙主要誕生於西方世界，特別是源自啟蒙時期的普世主義思想，或康德哲學的內容。這個概念帶著一種較為輕度而軟性的西方中心主義：它預設人類社會終將歸於自由民主與市場經濟的體制之下。這個進程中，雖然難免有些「需要教育」或「欠缺教訓」的頑固「反動分子」，但他們終究無法扭轉歷史朝向自由民主制度發展的既定方向。人類間的鬥爭既已止息，歷史也於焉終結。此乃政治學者法蘭西斯・福山在其發表於 1992 年的知名論文《歷史的終結》當中所提出的論點，而此後他也大致上維持了這一主張。

此觀點在歐洲視為全球化「美好時期」的 1990 年代相當普遍，甚而在嚴格意義上的西方世界以外的區域，也有許多政經領袖、媒體、各類型團體與非政府組織接受了該論述。而當時對此一「國際共同體」的設想，乃是所謂的「多邊主義」原則，亦即聯合國運作上極為重要的理念基礎：聯合國將近 200 個會員國，不論其規模大小，彼此間擁有同樣的發聲權利，且所有問題應該都能夠藉由協商的方式來解決。尤其在涉及氣候變遷或生物多樣性等議題相關公約的締約國大會（COP）上，「國際共同體」的概念往往特別受到重視與援用。在歐洲與南方國家，這樣的修辭更是在媒體中反覆不斷出現。然而，到了 2020 年代，此概念卻飽受現實世界局勢的考驗：一方面，美國對於非由其所領導的「國際共同體」無意承認；另一方面，非西方國家又將此種共同體的想像視為超越過去西方霸權的一種形式，其中更有部分國家聲稱他們的行動旨在創造一個「後西方」的世界。這也反映出了各方對「國際共同體」概念的相異詮釋。

全球化世界：聯合國、世界貿易組織、G7、G20等

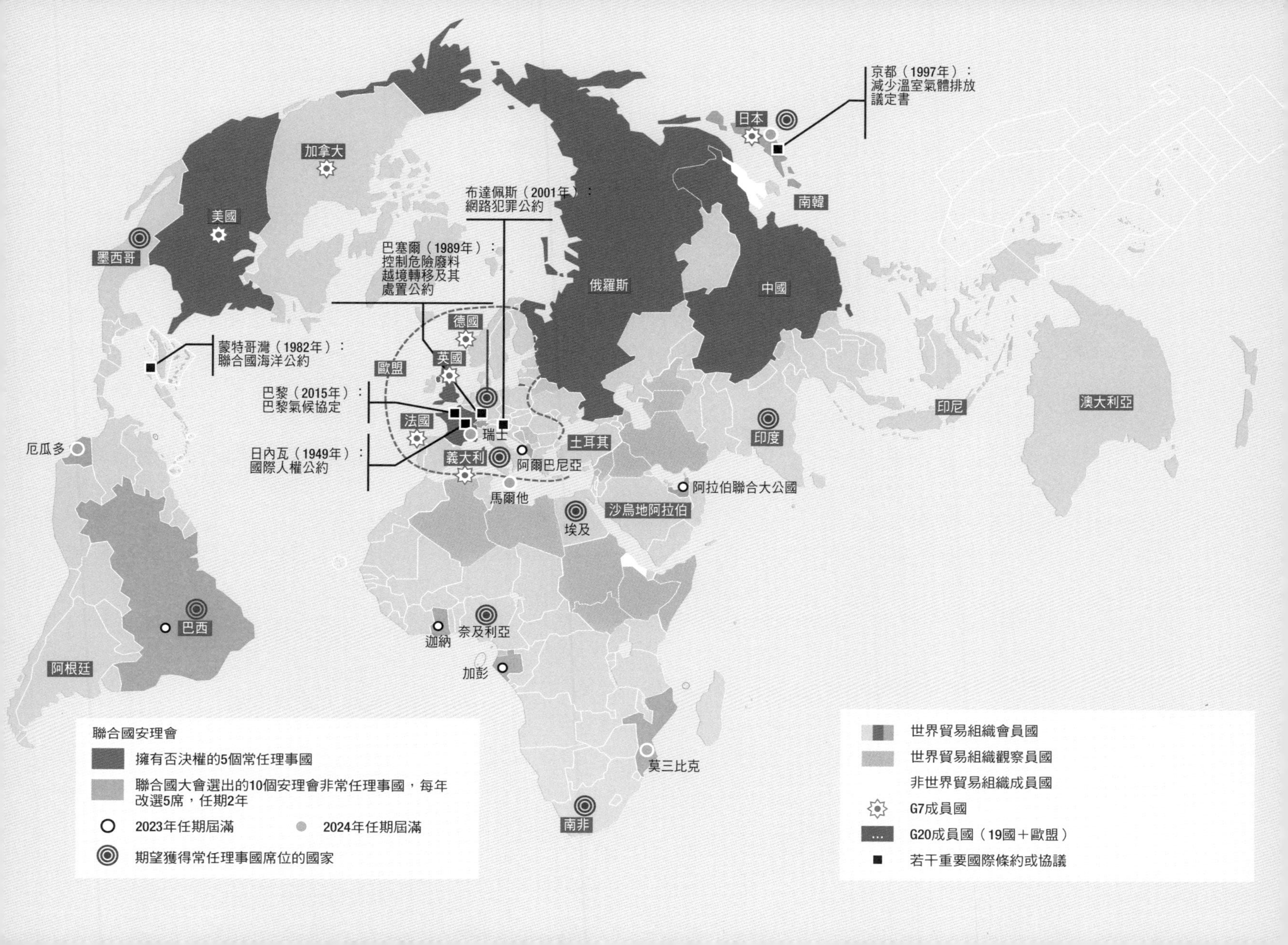

京都（1997年）：
減少溫室氣體排放
議定書
日本
南韓
加拿大
美國
墨西哥
布達佩斯（2001年）：
網路犯罪公約
巴塞爾（1989年）：
控制危險廢料
越境轉移及其
處置公約
俄羅斯
中國
德國
英國
歐盟
蒙特哥灣（1982年）：
聯合國海洋公約
巴黎（2015年）：
巴黎氣候協定
法國
瑞士
土耳其
印度
印尼
澳大利亞
厄瓜多
日內瓦（1949年）：
國際人權公約
義大利
阿爾巴尼亞
阿拉伯聯合大公國
馬爾他
沙烏地阿拉伯
埃及
巴西
迦納
奈及利亞
加彭
阿根廷
莫三比克
南非
聯合國安理會
擁有否決權的5個常任理事國
聯合國大會選出的10個安理會非常任理事國，每年改選5席，任期2年
2023年任期屆滿
2024年任期屆滿
期望獲得常任理事國席位的國家
世界貿易組織會員國
世界貿易組織觀察員國
非世界貿易組織成員國
G7成員國
G20成員國（19國＋歐盟）
若干重要國際條約或協議

西方的勝利

在西方國家之間（特別是在美國，但北約內部亦然），存在一種可以稱之為「西方主義」的思潮。表面上與過往的西方中心主義甚為相似，但卻更為堅實。其成立基礎是做為冷戰結果的「蘇聯失敗、西方勝利」這一評價，但這個結局並不是由一個捉摸不定的「國際共同體」所貢獻，而是得利於美國（或西方）的正確領導。在此論述之下，冷戰並不是結束於蘇聯中央決定查禁共產黨和解散蘇聯體制等舉措，是西方國家「贏得」的結果。

據于貝爾・凡德林（Hubert Védrine）的說法，1990 年代是「超級強權」的時代，甚至可說是美國對外姿態日趨傲慢的時期，而這也是上一篇文中提及的西方主義最為盛行的年代。在這個單極的世界裡，美國的國際地位正如當時的國務卿瑪德琳・歐布萊特所總結，乃是一個「不可或缺的國家」。至此，美國真正實踐了自其建國以來一直懷抱的理念。最初，首任美國總統喬治・華盛頓雖對於歐洲事務採取不予介入的孤立主義姿態，但其亦聲言「美國將成為世界的立法者」。

近代以來，由於希特勒、史達林、賓拉登，以及今日的普丁、習近平、伊朗問題等緣故，美國也總是有其介入世界局勢的必要理由。對於持這種觀點的美國人來說，世界可簡單區分為美國，以及美國以外的地區兩個部分，這體現出美國人對於自身獨特性的一種想像式理解。若就兩者之間的關係而言，美國乃是全球化的推動者，其他國家則屬於全球化被推動與實踐的區域——更精確地說，這裡所說的全球化實際上是一種「美國式的全球化」。

自 1980 年代到 2000 年代，隨著全球市場益發自由化和彼此連結的強化，國家間的保護主義成為必須被移除的首要障礙。在此條件下，全球經濟實現了前所未有的高度增長，這一成果卻同時也是以日趨嚴重的社會不平等與長期被忽視的生態環境破壞作為代價交換得來。同時，在全球經濟運作中，由美式英語簡化而來的「全球語」(globish）逐漸普及，這也成為服務於美國在全球商業貿易目標的一大支持基礎。美國期望自身能夠在經濟、軍事和科技發展方面持續保持全球霸權地位。而其國防預算更是占全球國防預算的將近一半，也顯現出美方對於中國企圖與其爭霸的高度警戒姿態。

普丁在 2022 年 2 月出人意料地發兵入侵烏克蘭，以及他對美國霸權及「西方集團」的鬥爭，同樣能夠以此觀點進行理解。同時，此一態勢也重新使美國和北約成為歐洲問題的核心，並大幅度地撼動了過往的全球能源政策。

冷戰後美國的直接軍事行動（1991-2005年）

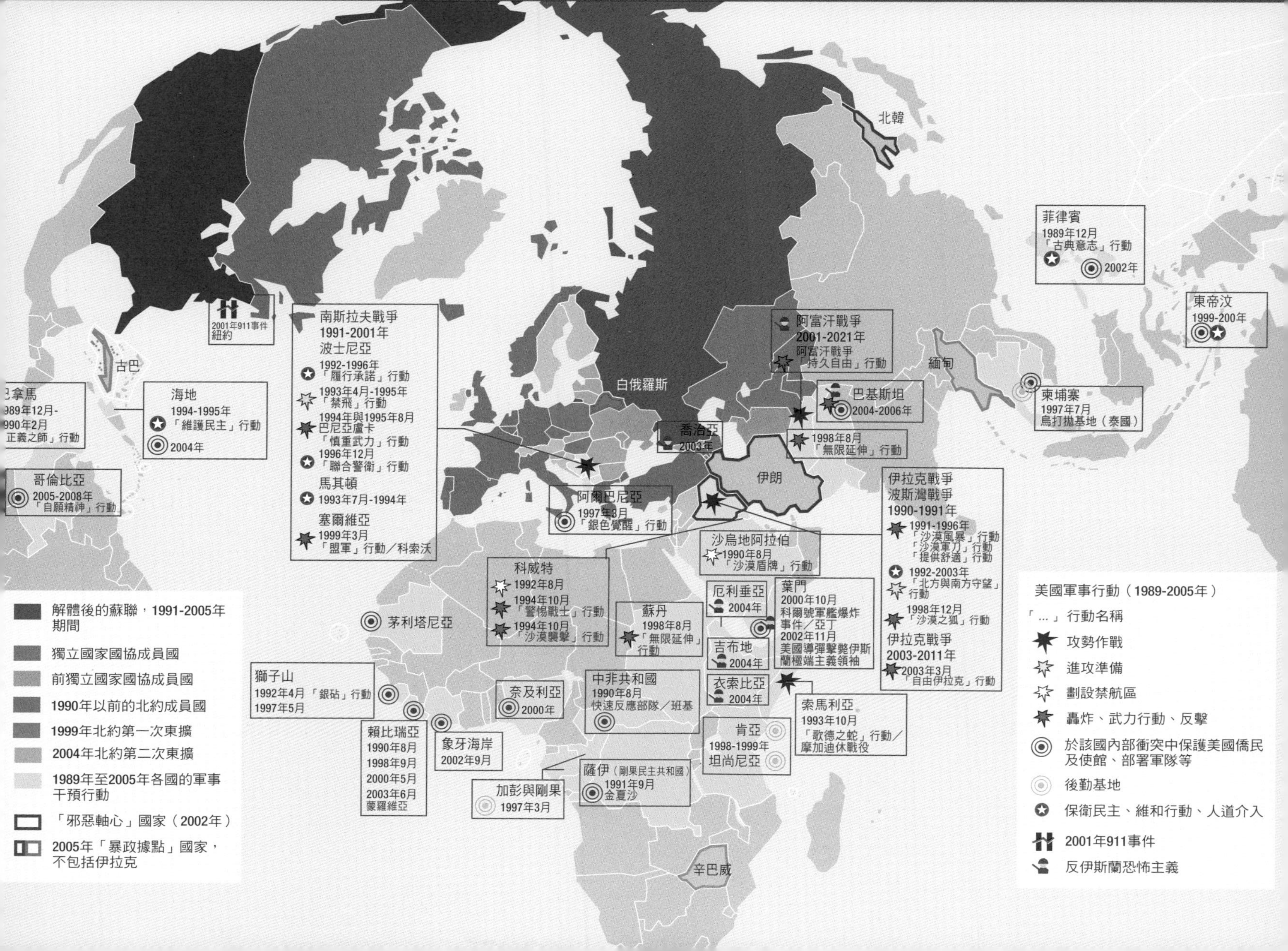

北韓
白俄羅斯
伊朗
緬甸
古巴
辛巴威
菲律賓
1989年12月
「古典意志」行動
2002年
東帝汶
1999-200年
東埔寨
1997年7月
烏打拋基地（泰國）
阿富汗戰爭
2001-2021年
阿富汗戰爭
「持久自由」行動
巴基斯坦
2004-2006年
1998年8月
「無限延伸」行動
喬治亞
2003年
2001年911事件
紐約
南斯拉夫戰爭
1991-2001年
波士尼亞
1992-1996年
「履行承諾」行動
1993年4月-1995年
「禁飛」行動
1994年與1995年8月
巴尼亞盧卡
「慎重武力」行動
1996年12月
「聯合警衛」行動
馬其頓
1993年7月-1994年
塞爾維亞
1999年3月
「盟軍」行動／科索沃
海地
1994-1995年
「維護民主」行動
2004年
巴拿馬
1989年12月-
1990年2月
「正義之師」行動
哥倫比亞
2005-2008年
「自願精神」行動
阿爾巴尼亞
1997年3月
「銀色覺醒」行動
伊拉克戰爭
波斯灣戰爭
1990-1991年
1991-1996年
「沙漠風暴」行動
「沙漠軍刀」行動
「提供舒適」行動
1992-2003年
「北方與南方守望」行動
1998年12月
「沙漠之狐」行動
伊拉克戰爭
2003-2011年
2003年3月
「自由伊拉克」行動
沙烏地阿拉伯
1990年8月
「沙漠盾牌」行動
科威特
1992年8月
1994年10月
「警惕戰士」行動
1994年10月
「沙漠襲擊」行動
蘇丹
1998年8月
「無限延伸」行動
厄利垂亞
2004年
葉門
2000年10月
科爾號軍艦爆炸事件／亞丁
2002年11月
美國導彈擊斃伊斯蘭極端主義領袖
吉布地
2004年
衣索比亞
2004年
索馬利亞
1993年10月
「歌德之蛇」行動／摩加迪休戰役
肯亞
1998-1999年
坦尚尼亞
中非共和國
1990年8月
快速反應部隊／班基
薩伊（剛果民主共和國）
1991年9月
金夏沙
加彭與剛果
1997年3月
奈及利亞
2000年
象牙海岸
2002年9月
賴比瑞亞
1990年8月
1998年9月
2000年5月
2003年6月
蒙羅維亞
獅子山
1992年4月「銀砧」行動
1997年5月
茅利塔尼亞
解體後的蘇聯，1991-2005年期間
獨立國家國協成員國
前獨立國家國協成員國
1990年以前的北約成員國
1999年北約第一次東擴
2004年北約第二次東擴
1989年至2005年各國的軍事干預行動
「邪惡軸心」國家（2002年）
2005年「暴政據點」國家，不包括伊拉克
美國軍事行動（1989-2005年）
「…」行動名稱
攻勢作戰
進攻準備
劃設禁航區
轟炸、武力行動、反擊
於該國內部衝突中保護美國僑民及使館、部署軍隊等
後勤基地
保衛民主、維和行動、人道介入
2001年911事件
反伊斯蘭恐怖主義

「軟性的」後西方世界、新的不結盟國家與「全球南方」

部分國家對於美國或西方的霸權採取質疑態度，認為那是過往歷史的結果。雖然他們基本上接受聯合國憲章所揭櫫的「國際共同體」概念，但前提是它不應該僅由西方國家（以及他們的價值觀、判斷標準、技術條件或強加的民主條件等）片面地做出決定或進行主導。

在 2022 年 3 月 2 日以及 2023 年 2 月的聯合國大會上，即便有 140 個國家對俄羅斯侵略烏克蘭的行為表達了譴責，但仍約有 40 個國家不願表態或發出譴責聲明。其出發點未必是因為他們支持普丁個人或支持這場戰爭，而是因為他們不願再被視為西方陣營的追隨者或附庸。然而，這四十個國家的人口占了全世界的三分之二，其影響力不容忽視。他們的姿態，有如萬隆大會所開啟的「不結盟運動」黃金時代之翻版——當時狄托（南斯拉夫領導人）、納瑟（埃及領導人）、蘇卡諾（印尼總統）、尼赫魯（印度總理）、周恩來（中國總理）等人同樣不願在蘇聯與美國之間選邊站。對他們而言，歷史不但並未「終結」，相反地，歷史更像是翻過了新的一頁，而在這個新時代的篇章裡，他們將會扮演重要的角色。然而，或許由於他們所處的位置使其對於穆斯林間的衝突、印度內部的宗教衝突，或是非洲地區的衝突能有較深的認識，因此他們也並未如同杭亭頓（Samuel Huntington）那般對於有可能發生的「文明衝突」發出警語。

就此點而言，此種態度或可稱為一種「軟性」的後西方主義。他們認為，世界的未來和全球問題的共同管理勢必需要與西方國家合作推動，保持與西方的緊密關係對於每個國家來說都有好處，但「西方」將不能夠再無視它們。無論如何，對於這些國家來說，西方世界現在已經喪失了過去那種可以獨斷決定世界局勢的壟斷性權力，也不應該讓他們重新回到那個地位上。在這些國家之中，有部分特別強調「全球南方」(Global South）這一概念，並據此對西方國家進行批判。雖然由西方世界的觀點出發，很容易會認為所謂的「全球南方」不過是一群各自不同的國家所組裝起來的拼裝車，但確實其中的每個國家均有不同的利益考量，而自身利益優先總是不變的前提。

除此之外，同樣也有部分國家或群體對此種相對節制、謹慎與溫和的路線並不買單。

2022年3月2日與2023年2月23日聯合國大會針對俄烏戰爭所作出的決議

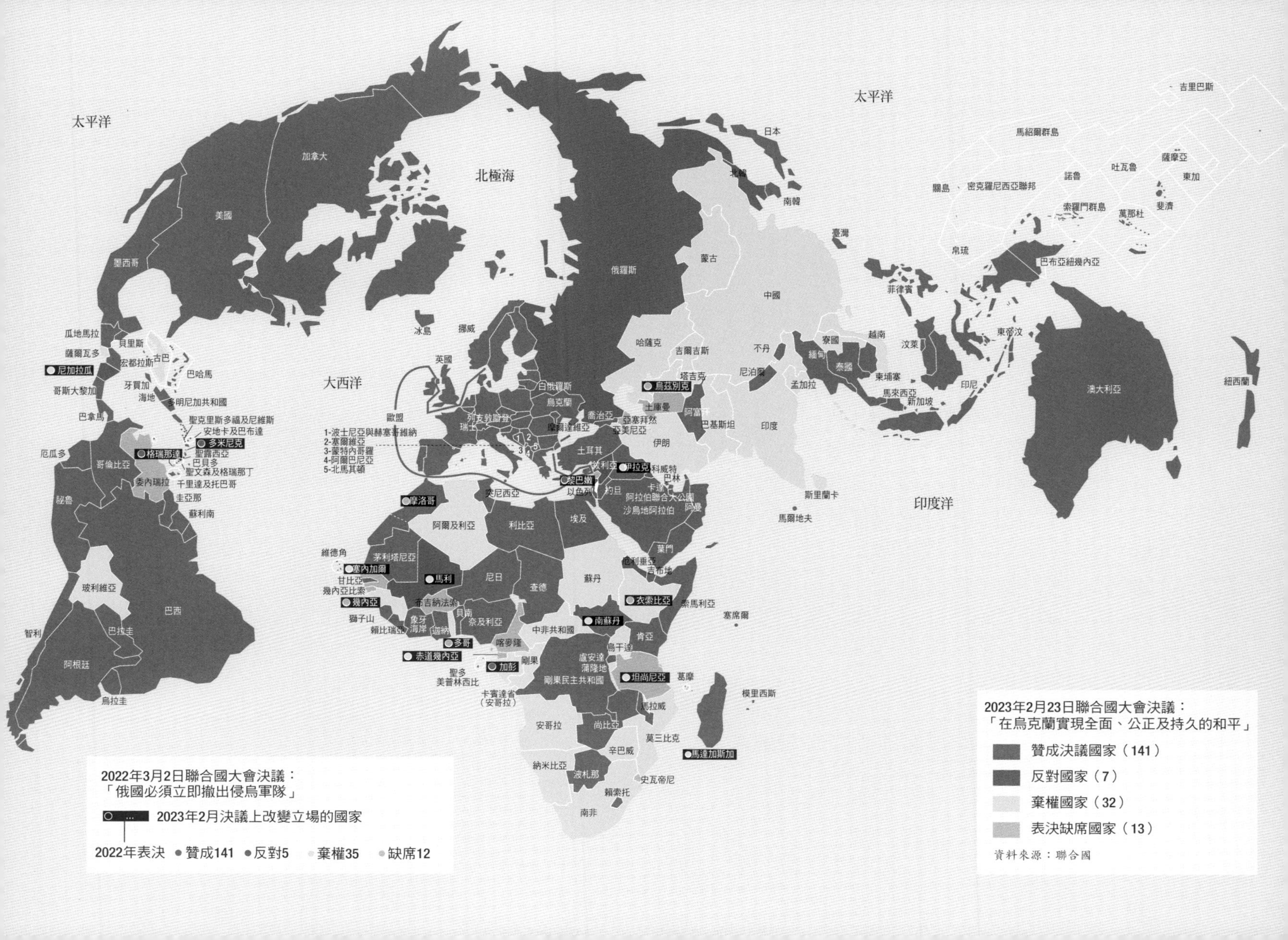

「硬派的」後西方世界

在「後西方主義」的論述中，有一種更為強硬而激進的觀點。此種觀點的主張者認為，當前的世界不應僅是西方獨大局面的結束，更應是西方時代的終結。這是新加坡外交官馬凱碩（Kishore Mahbubani）與部分中國學者的論調。這一持續了4到5個世紀的「西方時代」，其內涵表現在歐洲各個強大民族國家的形成、使他們能夠長期維繫全球優越地位與霸權的工業（與軍事）革命成果、向外傳播基督宗教的熱忱以及帝國主義意識形態等面向上。對於那些拒絕全盤西化的人來說，這樣的時代現在可說已經結束了。舉例來說，新興市場國家的中產階級可能會希望在某種程度上享受一種西方式的生活型態，但並不想受到西方國家的支配或控制。

一如我們所知，俄羅斯是一個具有「反西方」傾向，並強力譴責「西方宰制」的國家，但中國自2013年習近平接棒後，更大力宣揚、推行這種主張，並宣稱中國將在2049年（即中華人民共和國成立100周年）以前成為全球第一強國。在過去的二十年間，中國宣稱要成為全球首強的這個目標看似是非常有可能實現且勢不可擋的，但在新冠病毒疫情蔓延全球之後，此一「中國夢」開始逐漸受到了質疑與挑戰。表面上，中國宣稱正致力於與其在上海合作組織的夥伴（包括印度、俄羅斯、中亞各國等）共同實現一個「後西方」世界（一如其於2023年2月所發表的《全球安全倡議概念文件》中所表述），然而中國政權意在奪取世界領導者地位，甚至建立自身霸權的意圖卻難以掩飾。中國實踐目標的方法為何？其行動是否會促使各國建立起一個反中聯盟？中美對抗將帶來什麼結果？如果中國軍事侵略臺灣會有什麼後果？若中國失敗了又會如何？對於一個如中國這般的大國來說，每一個策略的正反兩面都會對世界帶來巨大的影響。

令人驚訝的是，在當前的印度，尤其是莫迪（Narendra Modi）和人民黨（BJP）的政治人物，也提出了類似的主張，特別是外交部長蘇傑生（Subrahmanyam Jaishankar）。他認為印度應該善加利用印度教的「軟實力」來向世界介紹印度教的思想和力量。但對於大部分的不結盟國家或新興國家而言，不論是中國的政策或印度的主張所描繪出的世界圖景，與他們所期待的那種更具互助合作氛圍的後西方世界樣貌之間，實際上存在著巨大的落差。

北大西洋公約組織（NATO） VS 上海合作組織（SCO）

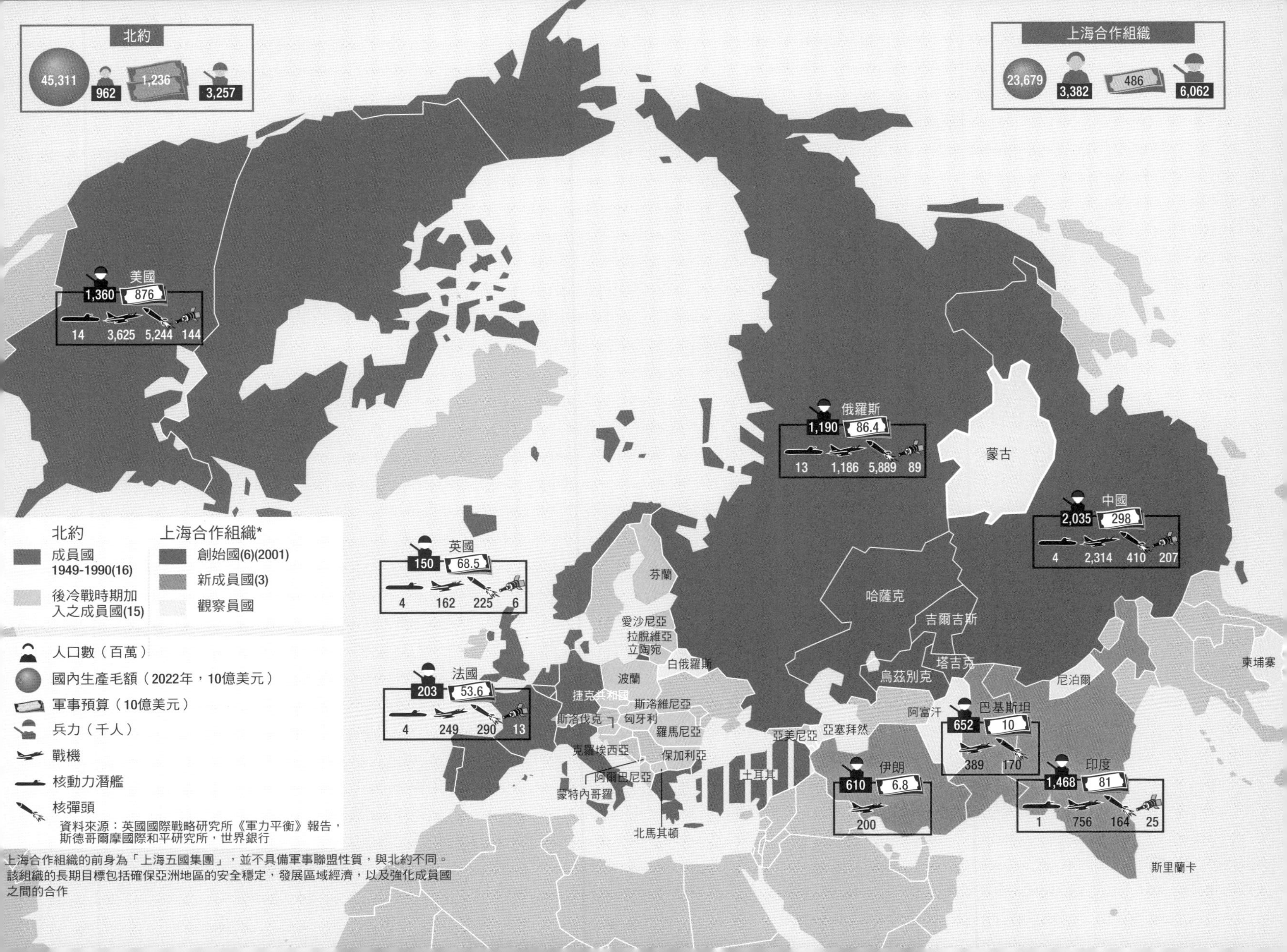
北約
45,311
962
1,236
3,257
上海合作組織
23,679
3,382
486
6,062
美國
1,360
876
14 3,625 5,244 144
俄羅斯
1,190
86.4
13 1,186 5,889 89
蒙古
中國
2,035
298
4 2,314 410 207
英國
150
68.5
4 162 225 6
法國
203
53.6
4 249 290 13
芬蘭
哈薩克
吉爾吉斯
愛沙尼亞
拉脫維亞
立陶宛
白俄羅斯
波蘭
烏茲別克
塔吉克
柬埔寨
尼泊爾
捷克共和國
斯洛維尼亞
斯洛伐克
匈牙利
羅馬尼亞
阿富汗
巴基斯坦
652
10
389 170
亞美尼亞
亞塞拜然
克羅埃西亞
保加利亞
阿爾巴尼亞
土耳其
蒙特內哥羅
伊朗
610
6.8
200
印度
1,468
81
1 756 164 25
北馬其頓
斯里蘭卡
北約
成員國
1949-1990(16)
後冷戰時期加入之成員國(15)
上海合作組織*
創始國(6)(2001)
新成員國(3)
觀察員國
人口數（百萬）
國內生產毛額（2022年，10億美元）
軍事預算（10億美元）
兵力（千人）
戰機
核動力潛艦
核彈頭
資料來源：英國國際戰略研究所《軍力平衡》報告，斯德哥爾摩國際和平研究所，世界銀行

上海合作組織的前身為「上海五國集團」，並不具備軍事聯盟性質，與北約不同。該組織的長期目標包括確保亞洲地區的安全穩定，發展區域經濟，以及強化成員國之間的合作

混沌的世界？

在當下的世界，很有可能已經沒有任何一方能夠完全將他們的觀點強加給其他國家，不論是美國、北約、歐洲、中國（或上海合作組織）、印度、阿拉伯、不結盟國家或者俄羅斯，皆是如此。整體而言，美國依然維持著世界第一強國的地位，但同時也面臨著中國的挑戰以及國內社會的撕裂問題：「覺醒」（woke）文化運動的失控挑動了美國各界的敏感神經，並在高等教育、大眾傳媒、部分企業與社群網絡上造成了破壞與傷害。

歐洲國家在時勢所逼之下，不得不開始以現實主義、地緣政治的概念框架來進行判斷與思考，但其內部對此並無共識——作為現行民主體制核心之一的代議制度遭到了質疑；此外，面對湧入的各國移民與難民，歐洲各國的應對顯現出了其在管理與庇護機制上的失靈。中國的野心依然難以忽視，但美國已成功地牽制其行動，且中國內部仍有各種複雜難解的問題需要面對。國際合作方面雖不能說毫無成果，多邊主義也依然在某種程度上有其效力，但該場域幾乎淪為權力鬥爭和影響力競逐的舞臺，各國政府在決策或構想的實踐上經常處處掣肘。對於新的不結盟國家而言，他們既不想再受西方國家支配，也不想落入中國（或俄羅斯）的控制之中，他們彼此之間的共通點，除了反西方修辭的使用之外，實際上往往存在著互相競爭的關係。若從統計數字來觀察，歐洲各國作為一個整體，依然擁有強大的力量，但其立意良善的種種構想與路線卻很難完全在現實世界中實踐。

在以上種種現象的交互作用之下，當代世界的局勢顯得不穩定且變化無常。當中，各強權國家皆試圖推銷自身的理念與遊戲規則，其目標卻難以完全實現。而在國際勢力版圖的快速變化之間，一些具備中等國力的國家則試圖在這場賽局中得利，並以機會主義者的姿態尋求達成自身目標的機會。然而，絕大多數國家都是在危機四伏的國際情勢中摸索前進，非政府組織的力量則正在逐漸增強。此外，諸如大規模傳染病的爆發、移民人口不斷擴大、難民庇護政策的舉棋不定等，也都構成當前世界的重大挑戰。儘管局面如此複雜，各種國際組織如聯合國大會、各方會議、高峰會、七大工業國組織（G7）、G20、締約國大會（COP）等機制仍在一定程度上規範與管理著各方之間的利益衝突、信仰對抗、數位化的群眾運動，以及對世界命運至關重要的生活型態、生產模式應如何進行「生態轉向」的問題。歐盟的制度設計本身即是以此為目標，並在北約的保護傘下，建立一個能夠堅持民主、安全與自由的核心。

大體而言，歐盟在這個方向上的確取得一定程度的成功，但若期望這樣的體制能夠永續發展，仍有待各國領導階層不斷地說服歐洲人民，建立他們對於歐洲價值的認知與信心方有可能達成。而這也意味著政治菁英與人民之間必須達成真正的歷史性妥協。

接踵而來的危機：傳染病、武力衝突、氣候衝擊、毒品氾濫等

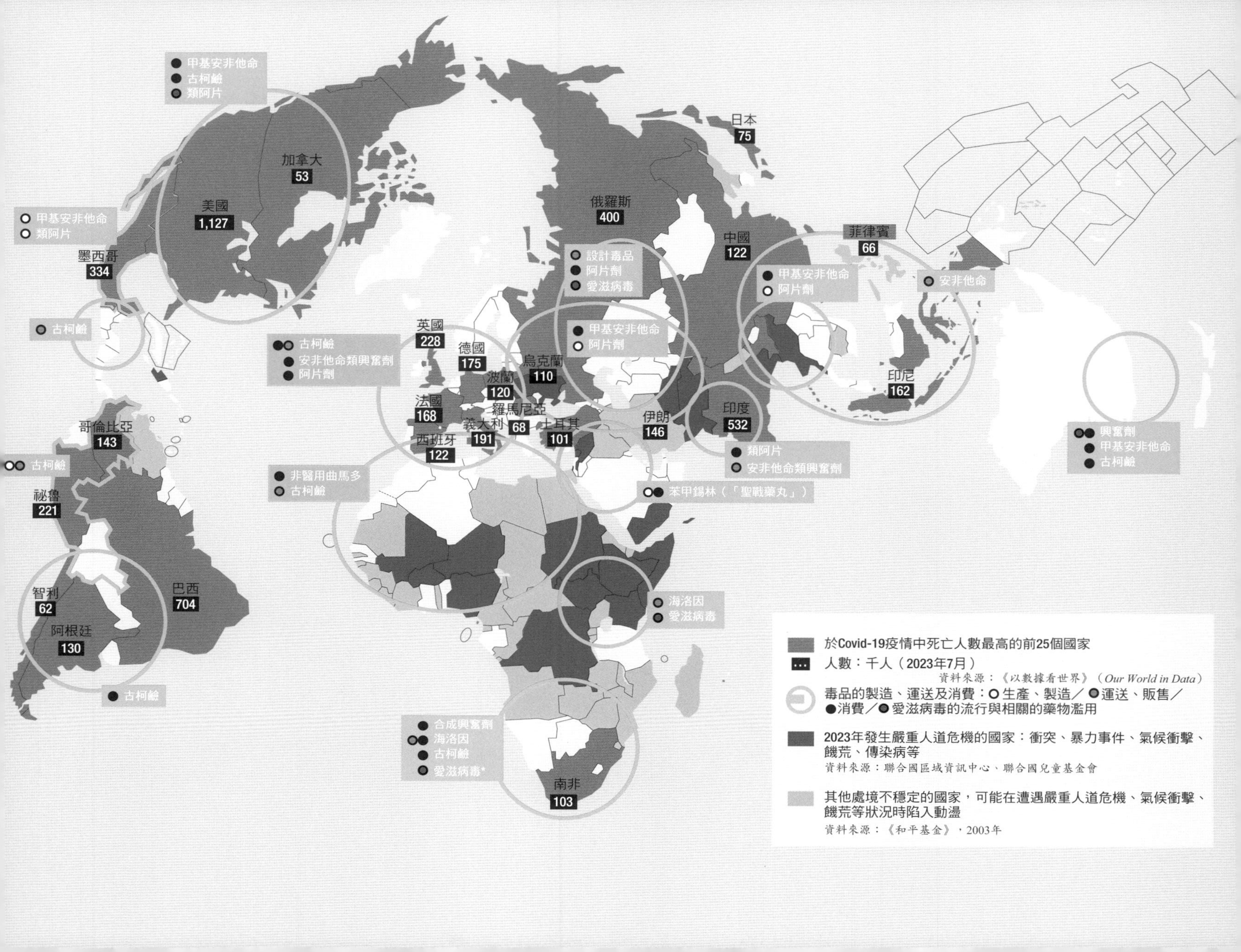
甲基安非他命
古柯鹼
類阿片
加拿大
53
美國
1,127
甲基安非他命
類阿片
墨西哥
334
古柯鹼
哥倫比亞
143
古柯鹼
祕魯
221
智利
62
阿根廷
130
巴西
704
古柯鹼
古柯鹼
安非他命類興奮劑
阿片劑
英國
228
德國
175
波蘭
120
烏克蘭
110
法國
168
羅馬尼亞
義大利
68
191
土耳其
101
西班牙
122
非醫用曲馬多
古柯鹼
俄羅斯
400
設計毒品
阿片劑
愛滋病毒
甲基安非他命
阿片劑
伊朗
146
苯甲錫林（「聖戰藥丸」）
日本
75
中國
122
菲律賓
66
甲基安非他命
阿片劑
安非他命
印尼
162
印度
532
類阿片
安非他命類興奮劑
興奮劑
甲基安非他命
古柯鹼
海洛因
愛滋病毒
合成興奮劑
海洛因
古柯鹼
愛滋病毒*
南非
103
於Covid-19疫情中死亡人數最高的前25個國家
人數：千人（2023年7月）
資料來源：《以數據看世界》（Our World in Data）
毒品的製造、運送及消費：○生產、製造／◉運送、販售／●消費／◉愛滋病毒的流行與相關的藥物濫用
2023年發生嚴重人道危機的國家：衝突、暴力事件、氣候衝擊、饑荒、傳染病等
資料來源：聯合國區域資訊中心、聯合國兒童基金會
其他處境不穩定的國家，可能在遭遇嚴重人道危機、氣候衝擊、饑荒等狀況時陷入動盪
資料來源：《和平基金》，2003年

第3部

全球的各種數據

第3部的篇章，收錄了關於世界的現狀，以及世界今後將可能以何種形態發展的客觀數據。唯有盡可能吸收正確的知識，我們才能理解當今世界所面臨的各種挑戰，並尋求最適切的方法面對。

面對接下來要列舉的這些問題，全球的未來發展將在很大程度上取決於各國回應的方式——共同或個別回應？以集體或單邊的方式進行？有無透過跨國組織行動？這些都將分別帶來不同的影響。

生態挑戰

在未來的幾年內，地球生態系統變化所發出的警訊將愈來愈不容忽視，其影響力度與範圍之大，有可能將超越今日我們所討論的種種問題或緊急事態，其中也包括了那些地緣政治衝突所引發的事件。在此情況下，即使程度不同，所有的人類經濟活動也都將無可避免地把環境生態問題納入思考範圍，也就是說，我們將必須面對當前人類生活模式「生態化」的迫切需求。

「生態學」一詞所指涉的對象，是由複雜而廣泛的物理、化學系統所構成的一個環境——即生物圈。這些系統的存在與交互作用，構成了各種有生命之物得以存活的條件。在這些生物當中，身為哺乳動物、靈長類動物、智人的現代人，不但是在演化過程中唯一繁衍至今的人科動物，更建立起凌駕其他生物的自我意識與優越地位。而對於這個養育萬物的生物圈，科學家對於其未來的發展情形有一個共通的焦慮——若他們的推論無誤，地球再經歷 3 到 4 個世代就將會面對生存環境劣化、宜居性大減的問題，從而在政治、經濟、社會與人道層面引起巨大的衝突，危機可說是已經迫在眉睫。此種威脅因其在相當程度上已超越了人類的經驗感受與認知思考範疇，因此雖然過去長期不受重視或遭到否認，但現在不論在歐洲或其他地區，已經有愈來愈多人開始意識到此一問題的嚴重性。

這個嚴峻問題的發生，是以下數個現象交互影響疊加的結果。首先是人口爆炸（西元 1800 年時地球的總人口約 10 億人，2022 年達到了 80 億人，預測 2050 年會接近 100 億人，之後才會趨於穩定或減少）。其次是工業化，這種生產模式在過去 2 到 3 個世紀之間陸續給西方國家與其他地區帶來高速的發展，但也同時造成了大量的環境汙染（例如超量的碳排放）。再次是近現代時期才形成的西方都市生活型態（全球將近 50% 的人口屬於此生活形態，並快速增加當中），維繫這樣的生活方式需要大量消費化石燃料、礦產，同時製造出極大量的垃圾。另外，大幅提升產量的工業化農業，雖然養活了世界的無數人口，但也以直接或間接的方式破壞了環境（特別是透過伐林來取得耕地最為嚴重）。同樣的，對於動物性蛋白質（魚及肉類）的大量消費也造成了林地的大規模縮減。不可忽視的還有全球數十億人口的常態性流動（包括旅遊、商務等行為）對環境造成的衝擊。最後，都市的擴張、基礎建設的營造，也讓自然環境快速被人工環境取代，造成重大影響。以上諸點在過去曾經長期以「進步」之名，被世人推崇與吹捧，並享有正面的評價。

事實上，關切環境、自然或生態議題的訴求，在過去以大量生產、消費文化及物質主義為核心的工業資本主義經濟體系中，長期被視為一種邊緣化的、上不了檯面的、過時的，或「反動的」想法（考量到人類社會經歷過數百，甚至數千年的物質匱乏情

生物多樣性與物種危機熱點

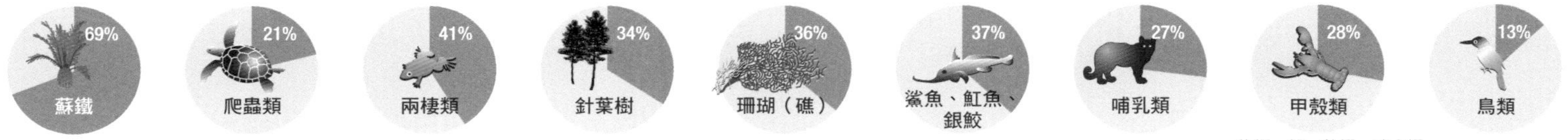

150388個已知物種中，有42108種瀕臨滅絕

資料來源：國際自然保護聯盟，2002年

資料來源：「保護國際」組織與聯合國教科文組織，2023年

境後，工業化時代初期的人們會有這樣的想法其實不足為奇）。但情況已經開始有所變化，改變首先發生在一些西歐國家，特別是在年輕世代之中。雖然 2020 年 Covid-19 大流行造成的嚴重經濟衝擊一度阻止或減緩了這一趨勢，但目前已逐漸回復。

一、自 1988 年聯合國成立了政府間氣候變化專門委員會（Intergovernmental Panel on Climate Change, IPCC）之後，過去長期未受關注的氣候變遷與全球暖化問題開始逐漸獲得各國重視。1992 年，《聯合國氣候變化綱要公約》在巴西里約簽署，其精神後由 1997 年簽訂之《京都議定書》所承繼。但該文件中所設定的目標（以 1990 年之數據為基準，減少 5% 的溫室氣體排放）始終難以落實，且以今日的角度來看，此一目標也顯得過於保守。此外，也僅有部分歐洲國家嘗試努力達成此目標。然而，於 2000 與 2010 年代，氣候的極端化與多起自然災害的發生（即便二者之間的關聯尚未有定論），讓氣候變遷議題的關注度與討論度逐步升高。

自本世紀以來，歐盟曾一度相信自身已成功號召了「國際共同體」互助合作、共同將氣候變遷問題列入世界的重要議程之中。然而，他們很快地就發現自己其實處於孤立無援的狀態——其目標招致了產油國及新興國家的反對；美國即使是由對氣候議題極為關切的歐巴馬總統執政，在國際上仍表現得十分消極；而金磚四國（巴西、南非、印度、中國）也因不願放棄本國的經濟成長而拒絕配合。儘管如此，2015 年聯合國氣候變化大會的舉辦與會後《巴黎協定》的簽署通過，仍可看作是一個值得樂觀的階段性成果。

必須留意的是，作為氣候變遷議題的重要推手，歐洲內部同樣呈現意見分歧的狀況。例如能源（核能／火力）依然是爭議問題——顯然目前的歐洲地區仍無可能在全面放棄核能的前提下，還能兼顧減少碳排與滿足能源需求的多重目標。

由於歐洲的民眾、非政府組織與政府機關相當重視聯合國政府間氣候變化專門委員會（嚴格來說是其中大部分專家）的研究報告，因此他們對於目前這樣的結果普遍感到憂心。他們認為地球暖化的現象已被證實，而該現象與工業革命以來排放至大氣中的二氧化碳——即人類活動——脫離不了關係，這個變動在未來還會持續加速，並造成更多災難性的後果，而我們正在見證這個趨勢的顯現：如海平面上升、極端化與災難性的氣候現象、難以忍受的高溫、可耕地區位置的變化，以及大規模流行病（來自人畜共通傳染病）的發生等。有部分政治勢力出於對資本主義意識形態（實際上是對於盲目的生產主義與全球經濟的金融化）的反感，在過去數年間一直嘗試提出支持改變現行經濟發展路線的證據，甚至提出激進的「促進經濟衰退」的主張。但 2020 年因 Covid-19 疫情而造成的全球經濟停滯，無疑將是人類共同的創傷經歷。

歐洲的政治生態學家在早期常表現出一種激進、咄咄逼人的姿態。至於其所批判、對抗的對象，長期著重於核能、基因改造作物與資本主義，對碳排放、生產主義等問題則相對而言未施以相同的力度。這樣的態度也限

自2020年至2022年末，全世界發生的極端氣候事件

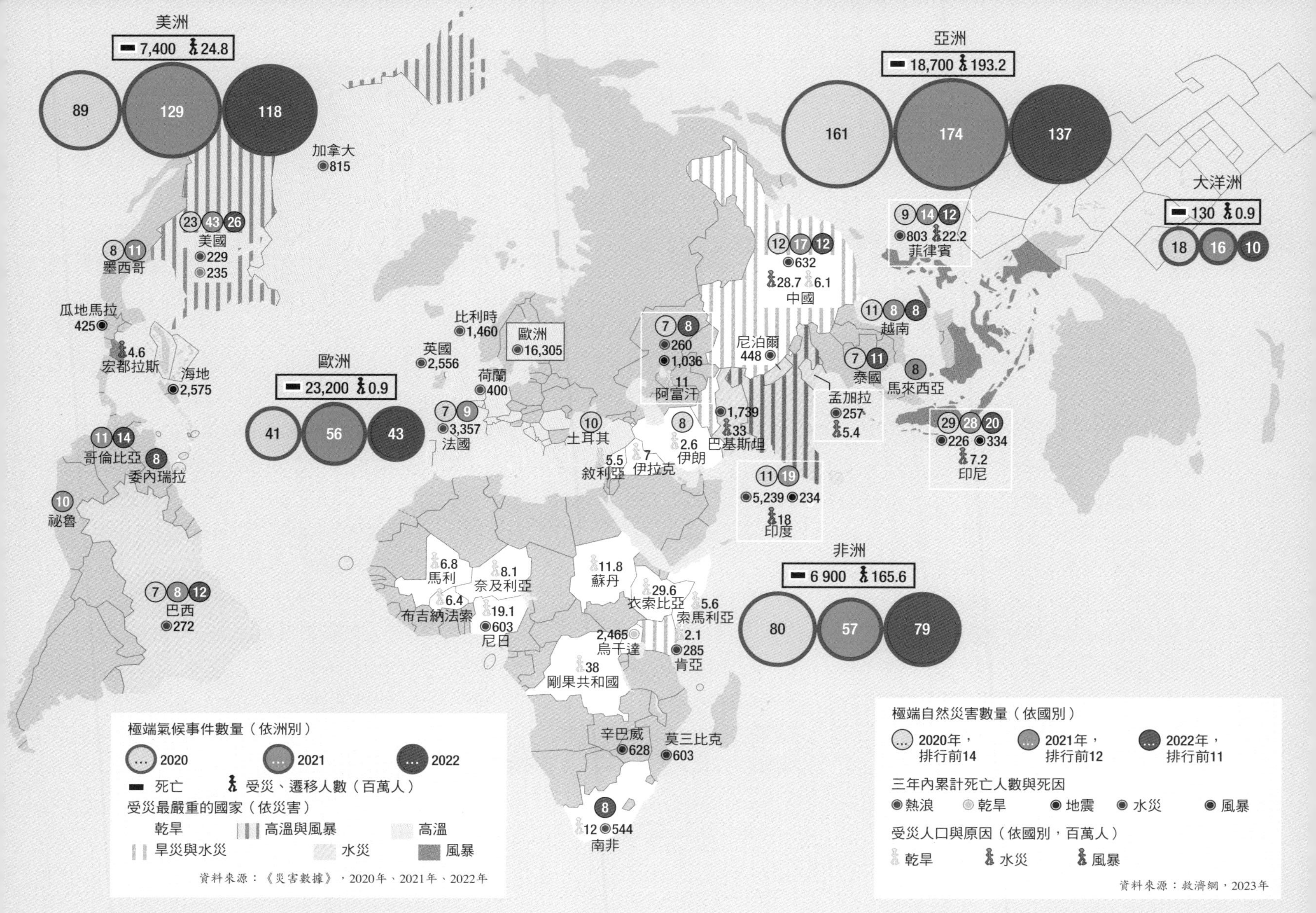
美洲
7,400 24.8
89 129 118
加拿大 815
23 43 26 美國 229 235
8 11 墨西哥
瓜地馬拉 425
4.6 宏都拉斯
海地 2,575
11 14 哥倫比亞
8 委內瑞拉
10 祕魯
7 8 12 巴西 272
歐洲
23,200 0.9
41 56 43
比利時 1,460
歐洲 16,305
英國 2,556
荷蘭 400
7 9 3,357 法國
10 土耳其
5.5 敘利亞
7 伊拉克
8 2.6 伊朗
7 8 260 1,036 11 阿富汗
1,739 33 巴基斯坦
尼泊爾 448
亞洲
18,700 193.2
161 174 137
12 17 12 632 28.7 6.1 中國
9 14 12 803 22.2 菲律賓
11 8 8 越南
7 11 泰國
8 馬來西亞
孟加拉 257 5.4
29 28 20 226 334 7.2 印尼
11 19 5,239 234 18 印度
大洋洲
130 0.9
18 16 10
非洲
6 900 165.6
80 57 79
6.8 馬利
8.1 奈及利亞
6.4 布吉納法索
19.1 603 尼日
11.8 蘇丹
29.6 衣索比亞
5.6 索馬利亞
2,465 烏干達
2.1 285 肯亞
38 剛果共和國
辛巴威 628
莫三比克 603
8 12 544 南非
極端氣候事件數量（依洲別）
2020 2021 2022
死亡 受災、遷移人數（百萬人）
受災最嚴重的國家（依災害）
乾旱 高溫與風暴 高溫
旱災與水災 水災 風暴
資料來源：《災害數據》，2020年、2021年、2022年
極端自然災害數量（依國別）
2020年，排行前14
2021年，排行前12
2022年，排行前11
三年內累計死亡人數與死因
熱浪 乾旱 地震 水災 風暴
受災人口與原因（依國別，百萬人）
乾旱 水災 風暴
資料來源：救濟網，2023年

制了他們的受眾與推展議題的能力。儘管當時歐洲民眾已經開始對生態問題、發展轉型的討論給予更多支持，然而這樣的民心變化卻未能直接轉為上述激進立場的直接助力。

同時也不應忘記，地球暖化在科學上的爭論已經持續了相當長的時間，以致於大眾對此議題往往充滿彼此矛盾、互相衝突的認知。作為少數派的氣候變遷懷疑論者認為，全球暖化的問題一直被過於誇大。這一派人士認為，計算「全球」溫度的做法本身就不切實際，以 1°C 為單位進行的精準計算，在目前的科學測量方式下更是缺乏實踐的基礎與可能性。因此，即使使用沿用至今的古老計算方式計算，得出的也不是正確數據，而以此數據進行比較也就毫無意義（即使登山家們從很久之前就已觀察到冰川消退的現象）。對他們而言，「全球性」的暖化現象是無法證實的，而就近年的氣候變遷現象來說，二氧化碳的排放也不是最主要的影響因子。當中甚而有些人強烈懷疑 IPCC 的研究基礎及可靠性，並質疑其組成與活動方式。此外，他們還宣稱海平面上升也是未獲證實的說法，並指出今日我們所觀察到的現象，是太平洋島嶼的珊瑚礁衰退減少、下沉所造成。對其而言，只有依據太陽活動的變化，才足以證明氣候變遷的真實性。

然而，在全球大範圍的研究方法論戰及大數據分析的結果面前，懷疑論者的說法並未獲得長期的優勢。在當代，該學派已近乎消失，而 IPCC 的研究成果也逐漸形塑了世界對相關議題的共識。但目前仍有部分國家的領導者（特別是產油國家、俄羅斯、沙烏地阿拉伯等）仍然堅持此一論點，而其他的新興國家則對此議題表現出曖昧不明的態度。

二、另外，專家們也擔憂化學殘留物及殺蟲劑在自然環境中的大量殘留。它們存在於土壤、地表水與地下水、生物體內、城鎮聚落的空氣中，甚或塑膠製品上，不僅威脅公眾衛生（癌症、心肺疾病、過敏），甚至危及人類的繁殖機能（「生殖毒性」物質）。

誠然，現代醫學、藥物，甚至社會各方面的發展都無法脫離化學以及其製品，但對於化學成分的監控與量測才是重點。自 2008 年開始，歐盟決定檢視正在使用中的化學物質，並視情況將可能有疑慮者進行替換（歐盟亦為目前世界唯一推動此政策的政治實體）。此政策涉及對約 10 萬種已知化學物質的檢視，當中非常清楚其對人類健康具備影響性的物質僅約 1 萬種。此政策的具體落實即體現在所謂的《關於化學品註冊、評估、許可和限制法案》（Registration, Evaluation, Authorization, and Restriction of Chemicals, REACH）的推動與頒行之上。這一政策與法令的施行固然相當可貴，但卻難以完全應對與解決今日世界所面對的挑戰。

因化學物質的累積所造成的環境汙染已經構成了相當嚴重的問題，此種情形在中國與快速發展的新興國家尤其令人擔憂。

三、由於上述的環境汙染問題及人口爆炸、都市過度集中，人類對於水的消費量大增，並從而導致了缺水危機。而冰川的消融，對亞洲農業則造

全球森林概況（2020-2021年）

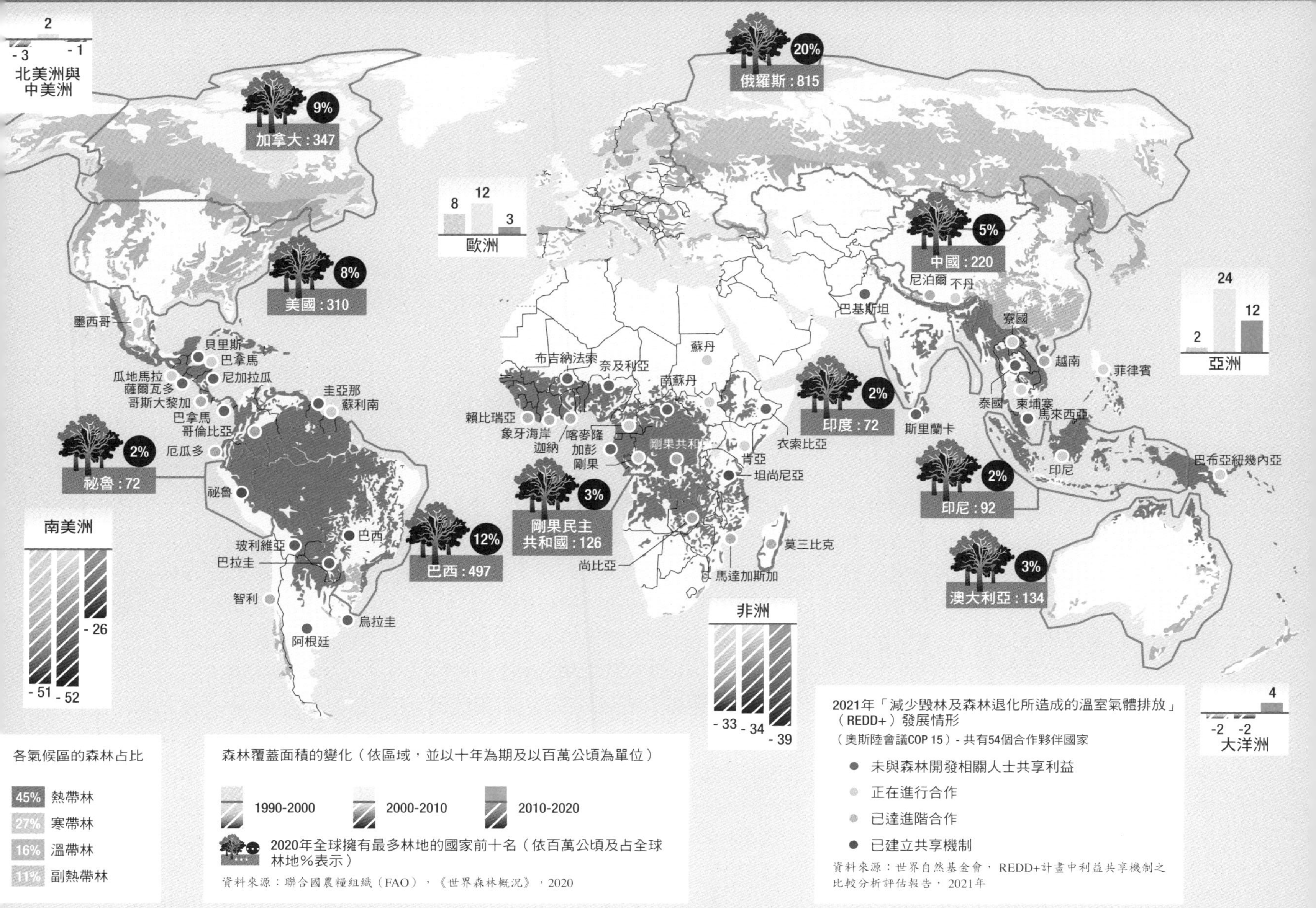
北美洲與中美洲
2
-3
-1
加拿大：347
9%
美國：310
8%
俄羅斯：815
20%
中國：220
5%
印度：72
2%
印尼：92
2%
澳大利亞：134
3%
巴西：497
12%
剛果民主共和國：126
3%
祕魯：72
2%
歐洲
8
12
3
亞洲
2
24
12
大洋洲
-2
-2
4
南美洲
-51
-52
-26
非洲
-33
-34
-39
墨西哥
貝里斯
巴拿馬
瓜地馬拉
薩爾瓦多
尼加拉瓜
哥斯大黎加
巴拿馬
哥倫比亞
厄瓜多
祕魯
圭亞那
蘇利南
玻利維亞
巴拉圭
巴西
智利
阿根廷
烏拉圭
布吉納法索
奈及利亞
蘇丹
南蘇丹
賴比瑞亞
象牙海岸
迦納
喀麥隆
加彭
剛果
剛果共和國
衣索比亞
肯亞
坦尚尼亞
尚比亞
莫三比克
馬達加斯加
巴基斯坦
尼泊爾
不丹
寮國
越南
菲律賓
泰國
柬埔寨
馬來西亞
斯里蘭卡
印尼
巴布亞紐幾內亞
各氣候區的森林占比
45% 熱帶林
27% 寒帶林
16% 溫帶林
11% 副熱帶林
森林覆蓋面積的變化（依區域，並以十年為期及以百萬公頃為單位）
1990-2000
2000-2010
2010-2020
2020年全球擁有最多林地的國家前十名（依百萬公頃及占全球林地%表示）
資料來源：聯合國農糧組織（FAO），《世界森林概況》，2020
2021年「減少毀林及森林退化所造成的溫室氣體排放」（REDD+）發展情形
（奧斯陸會議COP 15）- 共有54個合作夥伴國家
未與森林開發相關人士共享利益
正在進行合作
已達進階合作
已建立共享機制
資料來源：世界自然基金會，REDD+計畫中利益共享機制之比較分析評估報告，2021年

成了更大的威脅：該地區的農業生產十分仰賴源於喜馬拉雅山區與高原地帶的河流，而這一生產系統為數億人提供生計，在水文條件發生變化時，所造成的影響因而十分巨大。

四、至於快速消失的生物多樣性，或許由於許多人並未理解此一變化與自身未來的關聯，因此長期以來並未引發大眾的危機意識。但是這樣的狀況，其實已向人類預告著即將來臨的嚴重威脅。在西方社會中，隨著挨餓的北極熊在浮冰上漂流的影像廣泛傳布，或是蜜蜂大量消失情形的披露，這些訊息已開始讓公眾的看法有所轉變。然而現行有關限制面臨生存威脅的野生動植物進行跨國買賣的公約（華盛頓公約，1973 年），以及其後擬定的許多協議或承諾卻仍難以有效減緩現代生活威脅下物種消失的速度。

2020 年原本應在中國舉行聯合國生物多樣性大會，卻受到 Covid-19 疫情爆發的嚴重影響！許多科學家對野生動物棲息地的大規模破壞提出警告，因為大量破壞野生動物的生存環境以開發農牧或都市用地，將增加「病毒解封」的效果，並增加動物所攜帶的病毒向人類傳播的風險。尤其像是野生動物與家畜、水果和蔬菜等食材一起在欠缺環境衛生管控的市場中販售，就如同在創造一個流行病的溫床。

對環境問題憂心忡忡並且總是大聲疾呼的生態學者，有時會用較誇大的預測，或是粗略，甚至錯誤的資訊對大眾提出警告，這也常引起抱持理性想法或懷疑論觀點的人批評，並且限制了他們說服一般大眾的能力。然而，2020 年的全球疫情，給予人類社會一個更強大的改變力量——無論過往的模式已經形成多強大的慣性，人類都應該改變現有的農業及工業生產模式、過於高強度的運輸方式、建築與居住形態、金融體系、過度消費與常態性的跨境流動（包括大規模的旅遊活動），促使其進行「生態轉向」——也就是說，要從現在這種蠶食環境資源來促進經濟發展的自殺式增長模式，轉向既環保又不浪費的「綠色成長」或「永續發展」。

這樣的概念雖然在過去往往淪為口號，但時至今日已經成為對人類生存至關重要、需加以實踐的必要性。在許多領域中，這樣的轉型已經開始。要支持這樣的轉型，需要科學上的創新與進步，以及一場可能將持續數十年的工業、技術革命。日後，有關環境、生態問題的討論將不再是單純的是非題，而是將更集中於進行轉型的步調與具體手段。

就現況而言，部分國家在尋求「生態競爭力」方面走在領先位置，其他有些國家則相對落後，甚至有一些國家可能會試圖破壞或削弱這些努力（我們將之稱為「生態流氓」）。具體來說，經濟數據（如 GDP 等）應該納入長期以來被外部化的生態成本，如此一來將會改變人們對於成本、收益模式的計算方式，從而影響數十億決策者的選擇。這一「生態轉向」的影響層面將不僅僅停留在關注環境生態的政黨或西方國家，而是擴及所有人類。新興國家當中否認或質疑地球環境正在遭受威脅的聲音逐漸消退，中國也以自己的方式大力投資於這一領域。雖然到目前為止，各國的首要目標仍在降低碳排放之上，但保護生物多樣性、實現正面或循環經濟並取代短視且掠奪性的金融化經濟，將很快地獲得同樣的重要性。

2021年能源部門的二氧化碳排放以及2011-2021年間之變化

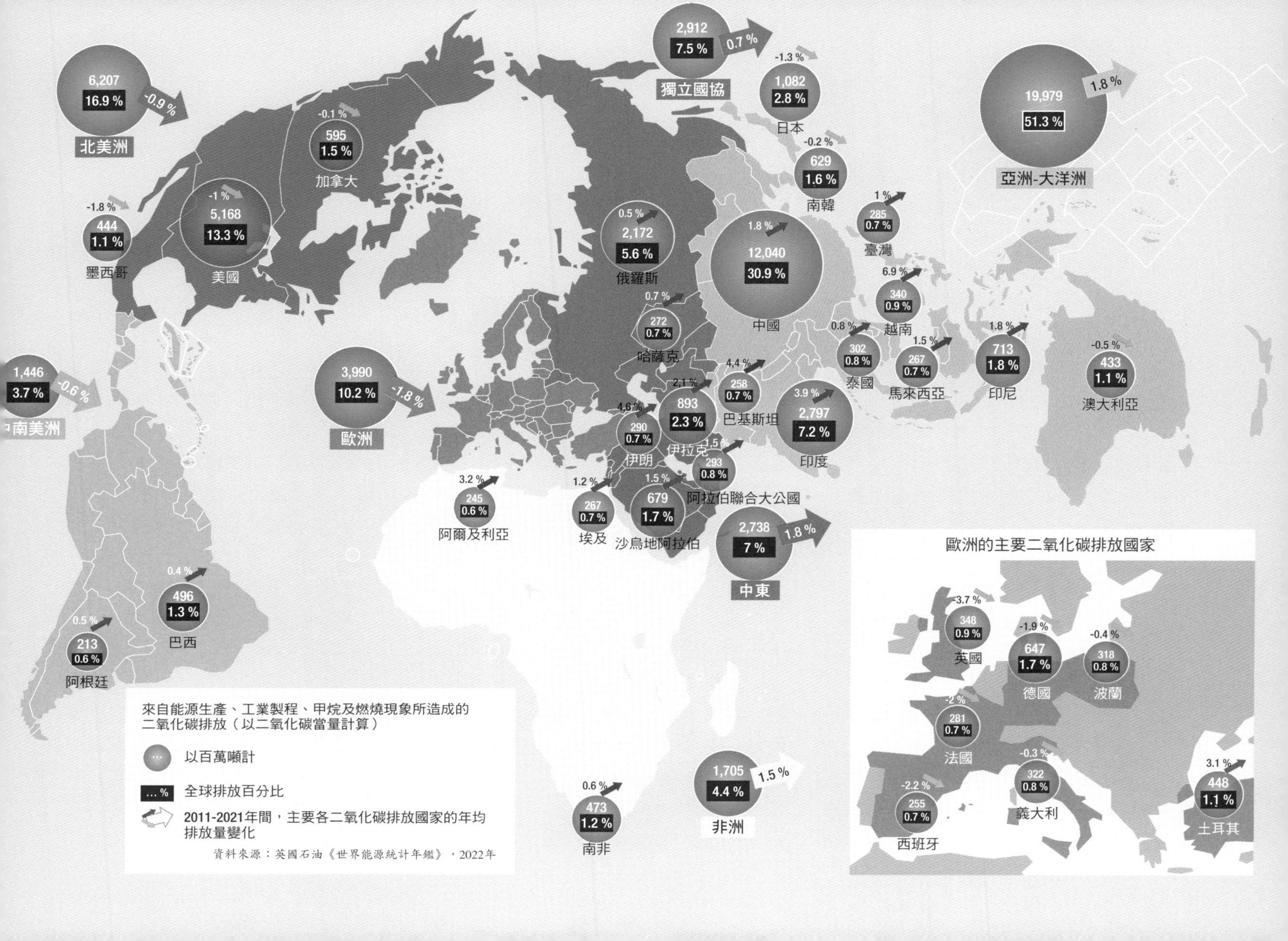
北美洲 6,207 16.9 % -0.9 %
加拿大 595 1.5 % -0.1 %
美國 5,168 13.3 % -1 %
墨西哥 444 1.1 % -1.8 %
南美洲 1,446 3.7 % -0.6 %
巴西 496 1.3 % 0.4 %
阿根廷 213 0.6 % 0.5 %
歐洲 3,990 10.2 % -1.8 %
獨立國協 2,912 7.5 % 0.7 %
俄羅斯 2,172 5.6 % 0.5 %
哈薩克 272 0.7 % 0.7 %
伊朗 290 0.7 % 4.6 %
伊拉克 893 2.3 % 2.1 %
巴基斯坦 258 0.7 % 4.4 %
阿拉伯聯合大公國 293 0.8 % 1.5 %
沙烏地阿拉伯 679 1.7 % 1.5 %
埃及 267 0.7 % 1.2 %
阿爾及利亞 245 0.6 % 3.2 %
中東 2,738 7 % 1.8 %
非洲 1,705 4.4 % 1.5 %
南非 473 1.2 % 0.6 %
亞洲-大洋洲 19,979 51.3 % 1.8 %
中國 12,040 30.9 % 1.8 %
日本 1,082 2.8 % -1.3 %
南韓 629 1.6 % -0.2 %
臺灣 285 0.7 % 1 %
越南 340 0.9 % 6.9 %
泰國 302 0.8 % 0.8 %
馬來西亞 267 0.7 % 1.5 %
印度 2,797 7.2 % 3.9 %
印尼 713 1.8 % 1.8 %
澳大利亞 433 1.1 % -0.5 %
歐洲的主要二氧化碳排放國家
英國 348 0.9 % -3.7 %
德國 647 1.7 % -1.9 %
波蘭 318 0.8 % -0.4 %
法國 281 0.7 % -2 %
義大利 322 0.8 % -0.3 %
西班牙 255 0.7 % -2.2 %
土耳其 448 1.1 % 3.1 %
來自能源生產、工業製程、甲烷及燃燒現象所造成的二氧化碳排放（以二氧化碳當量計算）
以百萬噸計
... % 全球排放百分比
2011-2021年間，主要各二氧化碳排放國家的年均排放量變化
資料來源：英國石油《世界能源統計年鑑》，2022年

水資源

淡水對我們的生活不可或缺。世界最古老的文明皆起源於大河流域，如底格里斯河、幼發拉底河、尼羅河、印度河、布拉馬普特拉河、黃河、長江沿岸。

淡水的水源並非平均分布於全球，也因此部分地區有水源不足、沙漠化、土壤鹽化等現象。這也可以說明如美索不達米亞文明等幾個古文明為什麼最後會滅亡。環顧世界整體，在地球的溫暖時期，水循環系統中的水量會比我們今日所處的寒冷期要多。這是由於儲藏於兩極冰帽與冰川的水融出，以及旺盛的蒸發作用所造成。

基於各種理由，今日水源不足的問題（具體來說是指飲用水不足），已對人類生存構成了威脅。人口增加（2022 年底約 80 億人，預計至 2050 年將達 90 至 100 億人），以及人口朝都市（人口的 50%）與沿海地帶的集中，讓水的需求（都會生活形態比農村生活形態遠遠消費更多的水）與廢棄物造成的汙染同時增加。在鄉村地區以及絕大多數的貧困國家中，水源汙染正是造成非常多疾患與嬰幼兒高死亡率的元兇。

一般來說，近代化與生活形態的西化，是造成水消費增加與水不足風險提高的主因。譬如說拉斯維加斯是從位於洛磯山脈山麓三個州的水源引水的，美國人平均每人一天消耗的水量約 600 公升；而非洲的馬利人一天卻只消耗 15 公升。

另外，由於現代人的生活過度依賴化學製品及農藥，世界上的人口密集地帶與經濟高度發展地區的水源，長期下來也不斷受到汙染。汙染的範圍從接近地表的地下水以至深層水，也因此更增加了淨化處理的成本。

熱帶非洲與中東、中亞是地球上最乾燥的地區。在水源不足的情況下，為了爭奪水源（如溪流、河川或湖泊）所有權及開發利用而發生的摩擦，就很可能導致戰爭。依目前情勢來看，有愈來愈多位處乾燥地帶的國家（如中東的波斯灣國家與澳大利亞等）不得不倚賴成本高昂、能源消耗驚人的海水淡化技術，而且利用的國家還會繼續增加。

而許多位在熱帶的貧困國家，將更飽受水資源匱乏之苦。低收入人口今後將會受到可預期的水價上漲影響而使得生活更加艱苦，即便是位處溫帶地區的大部分歐洲國家都無法避免此種衝擊。

21 世紀是否有可能因為爭奪水資源而發生戰爭？就近期以來的世界衝突情形來觀察，我們確實可以發現水資源所占的重要性日益受到關注——譬如 1967 年的六日戰爭、1989 年塞內加爾與茅利塔尼亞的邊境戰爭即是。但當時水源爭奪只是引發戰爭諸多原因的其中之一。在衣索比亞、蘇丹與埃及之間，以「衣索比亞復興大壩」（Grand Ethiopian Renaissance Dam）為核心而升高的地區緊張情勢，正是一個極具意義的案例。

飲用水資源的短缺問題，需要國際與區域之間的緊密合作，即科學化管理來解決。

全球淡水資源分布及飲用水取得狀況

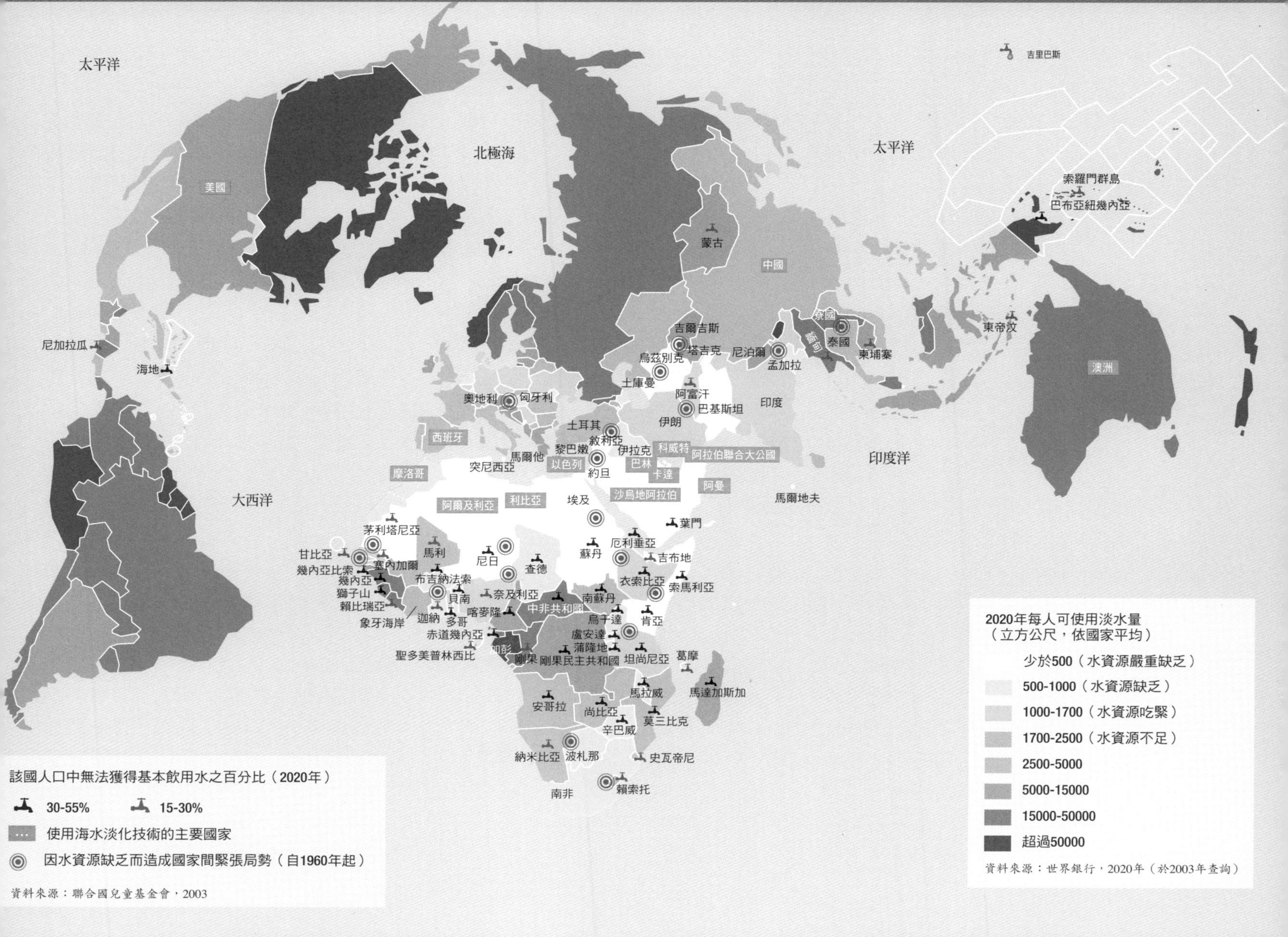
太平洋
北極海
太平洋
大西洋
印度洋
美國
中國
澳洲
蒙古
吉里巴斯
索羅門群島
巴布亞紐幾內亞
東帝汶
尼加拉瓜
海地
吉爾吉斯
塔吉克
烏茲別克
尼泊爾
孟加拉
寮國
緬甸
泰國
柬埔寨
土庫曼
阿富汗
巴基斯坦
印度
奧地利
匈牙利
土耳其
敘利亞
伊朗
西班牙
黎巴嫩
伊拉克
科威特
阿拉伯聯合大公國
馬爾他
以色列
約旦
巴林
卡達
摩洛哥
突尼西亞
阿曼
阿爾及利亞
利比亞
埃及
沙烏地阿拉伯
馬爾地夫
葉門
茅利塔尼亞
馬利
尼日
蘇丹
厄利垂亞
甘比亞
吉布地
幾內亞比索
塞內加爾
查德
布吉納法索
衣索比亞
索馬利亞
幾內亞
獅子山
貝南
奈及利亞
南蘇丹
賴比瑞亞
迦納
喀麥隆
中非共和國
象牙海岸
多哥
烏干達
肯亞
赤道幾內亞
盧安達
聖多美普林西比
加彭
蒲隆地
剛果
剛果民主共和國
坦尚尼亞
葛摩
馬拉威
馬達加斯加
安哥拉
尚比亞
莫三比克
辛巴威
納米比亞
波札那
史瓦帝尼
賴索托
南非
該國人口中無法獲得基本飲用水之百分比（2020年）
30-55%
15-30%
使用海水淡化技術的主要國家
因水資源缺乏而造成國家間緊張局勢（自1960年起）
資料來源：聯合國兒童基金會，2003
2020年每人可使用淡水量
（立方公尺，依國家平均）
少於500（水資源嚴重缺乏）
500-1000（水資源缺乏）
1000-1700（水資源吃緊）
1700-2500（水資源不足）
2500-5000
5000-15000
15000-50000
超過50000
資料來源：世界銀行，2020年（於2003年查詢）

公共衛生

根據醫學期刊《刺胳針》(*The Lancet*)指出，全球公共衛生的指標差距非常之大。不光是嬰幼兒死亡率、出生時預期壽命、健康壽命、傳染病及流行病（瘧疾、結核病、嬰幼兒腹瀉、愛滋病）等罹患機率的差異，各國公共衛生政策也有很大的不同。疾病的預防及治療、醫院及診所的區域集中程度，還有如何保護民眾遠離危險的環境汙染政策，以及大型流行病發生時的因應等，各國的差異都相當明顯。

富裕國家中，新生兒死亡率與嬰幼兒死亡率非常低，預期壽命則非常高，並且持續向上攀升。生病時獲得的治療及醫院設備品質高，因傳染病而死亡的風險則相當低。在老齡化人口當中，死亡的主因來自非傳染性疾病，如心血管疾病、癌症與退化性疾病。同時，富裕國家民眾的生活形態容易導致運動量不足，加上攝取過多對身體不好的養分（糖分、鹽分、脂肪、垃圾食物），造成體重增加及肥胖流行，這樣的趨勢在美國特別明顯，在其他先進國家及新興國家也有擴大的趨勢。

相反地，開發中國家（「開發中」一詞帶有抱持期待之意，但也會被當作一種負面修辭）的人們則承受諸多不利的條件。因為預期壽命較短，他們少有機會死於癌症及心肌梗塞等疾病，死亡原因大多是營養失調、各式各樣的傳染病、營養不良、意外事故等，且這些國家往往缺乏足夠的醫療設施與醫療人員。透過數個聯合國相關組織（如世界衛生組織、聯合國糧農組織、聯合國環境署、聯合國兒童基金會、世界糧食計劃署等），以及積極從事人道救援的非政府組織等所提供的援助，算是勉強彌補了它們不足的部分。

在定義上，「新興國家」的情況介於富裕國家與開發中國家之間，他們一方面如富裕國家般開始受非傳染性疾病的影響，另一方面也與南方國家同樣被某些傳染病所衝擊。身處富裕及貧困落差極大的兩個世界中間，即便是如愛滋病（預估在全球已造成 4000 萬人死亡）猖獗的非洲，新興國家的平均餘命和預期壽命也逐漸提高。

依人口學家目前的預測，非洲人口將繼續增加，中國人口則在減少中，而且將快速邁向高齡化。全球尚有 20 到 30 億人口需要醫療及照護。不過人類的公共衛生問題，終將與高齡化問題密切相關，即使「高齡」的門檻在不久的未來將更加提高。此外，在 2003 年的 SARS 與 2014 年的伊波拉病毒危機後，2020 年的 Covid-19 大流行，凸顯出疫病在全球化世界中的傳布風險。這場造成世界停擺數週的疫情，讓人們開始顯現出對一場無法控制的疫病大流行的恐懼，並造成了全球性的經濟危機。在那之後，全球上億的人口感染了 Covid-19，並造成數百萬人的死亡。這一數字遠遠超過先前的 SARS（約 800 人死亡）與伊波拉病毒（約 1 萬 2 千人死亡），但與 1918 至 1920 年間大流行的西班牙感冒（造成全球 5000 萬到 1 億人口死亡）或 14 世紀時造成歐洲人口減半的黑死病相比，仍有一段距離。

全球高齡人口與嬰幼兒死亡率

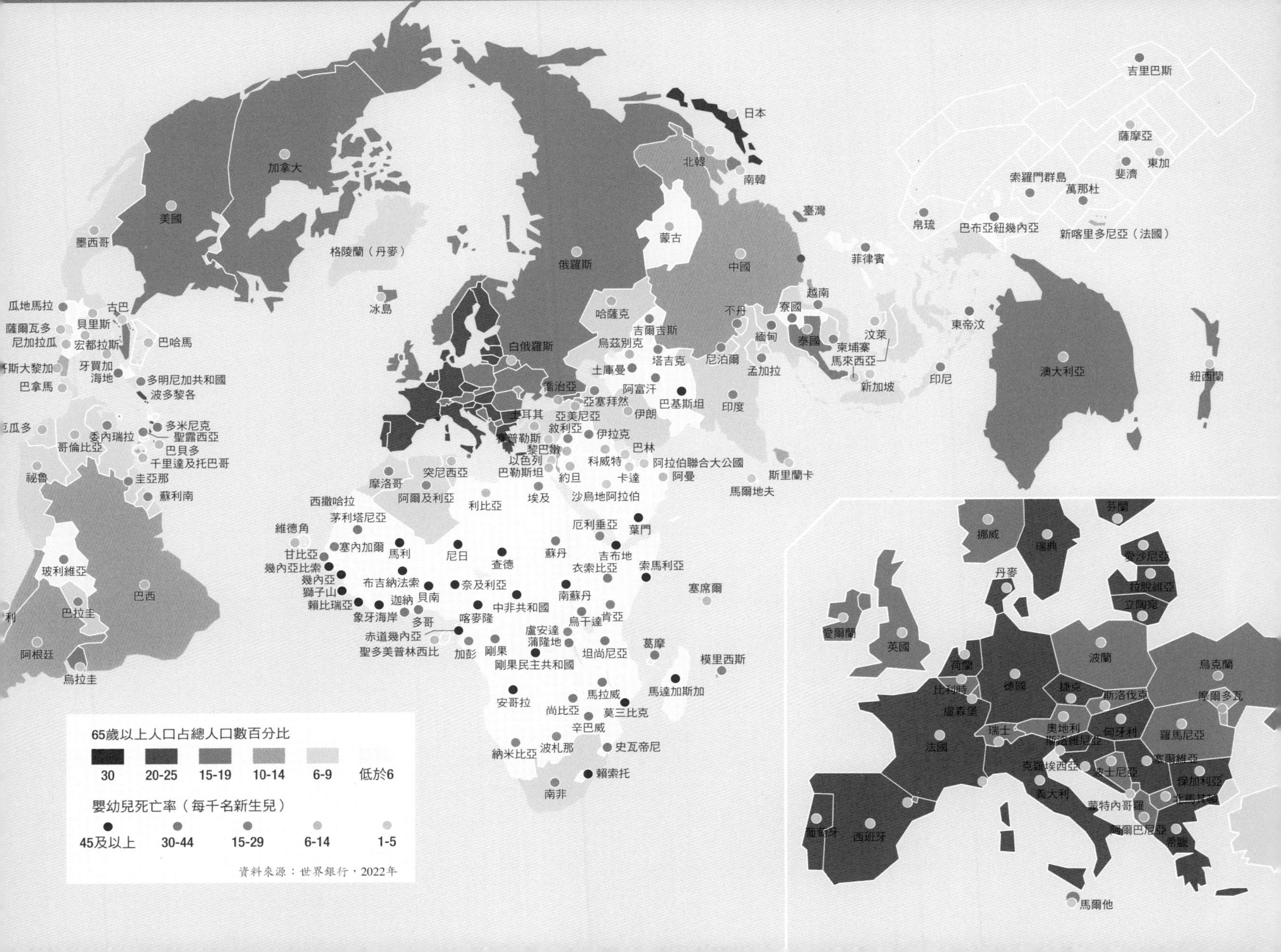
65歲以上人口占總人口數百分比
30
20-25
15-19
10-14
6-9
低於6
嬰幼兒死亡率（每千名新生兒）
45及以上
30-44
15-29
6-14
1-5
資料來源：世界銀行，2022年
加拿大
美國
墨西哥
格陵蘭（丹麥）
冰島
瓜地馬拉
薩爾瓦多
尼加拉瓜
巴拿馬
古巴
貝里斯
宏都拉斯
巴哈馬
牙買加
海地
多明尼加共和國
波多黎各
多米尼克
聖露西亞
巴貝多
千里達及托巴哥
委內瑞拉
哥倫比亞
祕魯
圭亞那
蘇利南
玻利維亞
巴西
巴拉圭
阿根廷
烏拉圭
俄羅斯
白俄羅斯
哈薩克
吉爾吉斯
烏茲別克
塔吉克
土庫曼
喬治亞
亞塞拜然
亞美尼亞
土耳其
敘利亞
黎巴嫩
以色列
巴勒斯坦
約旦
伊拉克
伊朗
阿富汗
巴基斯坦
科威特
巴林
卡達
阿拉伯聯合大公國
阿曼
沙烏地阿拉伯
葉門
蒙古
中國
北韓
南韓
日本
臺灣
不丹
尼泊爾
印度
孟加拉
緬甸
寮國
越南
泰國
柬埔寨
馬來西亞
汶萊
新加坡
菲律賓
印尼
東帝汶
斯里蘭卡
馬爾地夫
澳大利亞
紐西蘭
帛琉
巴布亞紐幾內亞
索羅門群島
萬那杜
新喀里多尼亞（法國）
斐濟
薩摩亞
東加
吉里巴斯
摩洛哥
突尼西亞
阿爾及利亞
利比亞
埃及
西撒哈拉
茅利塔尼亞
維德角
塞內加爾
甘比亞
幾內亞比索
幾內亞
獅子山
賴比瑞亞
馬利
布吉納法索
象牙海岸
迦納
多哥
貝南
尼日
奈及利亞
查德
蘇丹
南蘇丹
厄利垂亞
吉布地
衣索比亞
索馬利亞
中非共和國
喀麥隆
赤道幾內亞
聖多美普林西比
加彭
剛果
剛果民主共和國
烏干達
肯亞
盧安達
蒲隆地
坦尚尼亞
塞席爾
葛摩
馬達加斯加
模里西斯
安哥拉
尚比亞
馬拉威
莫三比克
辛巴威
納米比亞
波札那
史瓦帝尼
賴索托
南非
挪威
瑞典
芬蘭
丹麥
愛沙尼亞
拉脫維亞
立陶宛
愛爾蘭
英國
荷蘭
比利時
盧森堡
德國
波蘭
烏克蘭
捷克
斯洛伐克
摩爾多瓦
法國
瑞士
奧地利
斯洛維尼亞
匈牙利
羅馬尼亞
克羅埃西亞
波士尼亞
塞爾維亞
保加利亞
蒙特內哥羅
北馬其頓
阿爾巴尼亞
希臘
義大利
葡萄牙
西班牙
馬爾他

糧食安全

當我們以最極致的方式來理解「權利」一詞時，此概念即被賦予一種更積極性的意義，在1948年所發表的《世界人權宣言》當中，將「糧食」也視為一種需要被滿足與保障的權利。正是基於這個理由，聯合國於2015年定義的可持續發展目標之一，是在2030年消除全球饑餓問題。然而，當前的世界仍約有8億的人口受糧食不足所苦。這個數字自21世紀初期以來本已開始下降，但在Covid-19疫情的流行下，造成了全球貨運受阻，並衝擊了穀物糧食的運輸；俄烏戰爭的爆發，更是讓俄羅斯和烏克蘭這兩個重要穀物生產國的農作物出口受到衝擊。在此情況下，原先正在緩解的糧食不足問題又再度惡化。

馬爾薩斯（Thomas Malthus）在1798年發表的論文中預測，全球人口規模的成長在未來將超越地球資源的增加速度，並從而引發饑荒。然而，科學和農業的進步，提高了人類社會的生產力，並使全球大量人口的生存得到保障。在21世紀初，大眾開始逐步意識到環境生態危機可能造成的衝擊之前，天災雖然也時而造成饑荒的問題，但人禍卻往往危害更為劇烈，如：戰爭、政治動盪、生態災難與公共衛生問題等。

在戰爭時，糧食的控制經常被當作一種攻擊敵方的手段（例如用圍堵的方式截斷對方的補給，以饑饉迫使其屈服）。而20世紀下半葉，於中國、衣索比亞、柬埔寨、孟加拉、奈及利亞和北韓也都曾爆發過大規模的饑荒。以目前的情況來看，雖然世界上仍不時有因饑饉所造成的社會動盪發生，但獲取食物的難度現在已明顯降低，如上個世紀爆發大規模饑荒的年代似乎已經遠去。

2023年時，全球約有15%人口處於糧食不足狀態，相較於1960年代的30%，似乎已下降了不少，但此種統計數據只顯示出一種概略的趨勢。更仔細地來說，世界上面臨糧食不足問題的人口當中，超過一半生活在亞洲（約4.25億），而三分之一生活在非洲（約2.8億）。總體而言，世界上約有22億人處於「糧食安全未能確保」的狀態，而這種情況在各區域間的比例大致相當。

自2022年以來，俄羅斯在對烏克蘭的戰爭中以武力控制了烏國重要的農業生產地帶，並且封鎖了烏克蘭在黑海的貨運航線，這讓許多國家（特別是中東與非洲地區）擔心糧食危機即將爆發。但一方面為了穩定南方國家的社會輿論與民情，以此換取其在這場戰爭中對俄國的友好中立姿態，另一方面也是為了避免被指控為造成南方各國饑荒的禍首，莫斯科於是同意烏克蘭得以借道土耳其的方式出口其物產，而俄羅斯的農產品出口亦可免受西方制裁的影響。

目前不單是國際間的軍事衝突對世界各地的農業生產造成影響，農作的減產則又回過頭來進一步激化了各方勢力對於糧食資源的競爭。此外，氣候變遷帶來的衝擊也讓糧食安全變得更難以確保——乾旱、土地沙漠化、洪水等自然災難皆削弱了當代的農業生產能力。然而，全球十個受到氣候變遷風險影響最大的國家，本身即已有糧食安全性不足的問題，兩者加成的效果令人憂心。此外，南歐地區近年來受到的衝擊也日益嚴重。

地球人口的不斷增加與城市化現象的快速發展已經改變了人類的飲食習慣及模式，在這個條件之下，我們能夠做到在維繫糧食充足供給的同時，又能夠減緩全球暖化與重建生物多樣性嗎？就目前看來，我們或許僅能透過飲食習慣的改變、糧食生產力的全面提升、農業技術的改進、國際的互助合作，以及更為長遠的規劃來達成。同時，這個過程還需要顧及農業生產的量能及永續性，可說是一個艱鉅的挑戰！

世界糧食不足情況綜覽

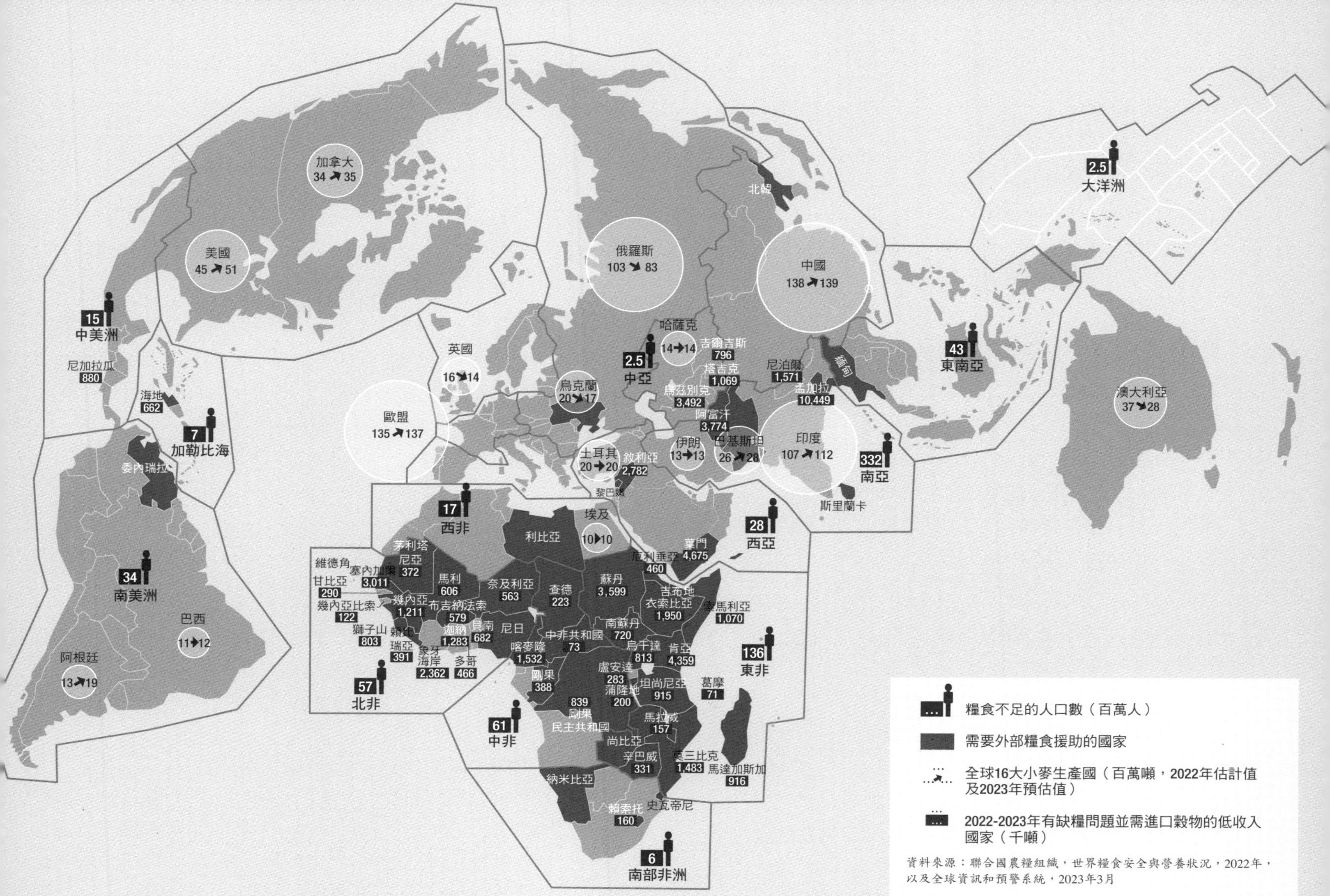

加拿大 34 ↗ 35
美國 45 ↗ 51
15 中美洲
尼加拉瓜 880
海地 662
7 加勒比海
委內瑞拉
34 南美洲
巴西 11 → 12
阿根廷 13 ↗ 19
英國 16 ↘ 14
歐盟 135 ↗ 137
烏克蘭 20 ↘ 17
俄羅斯 103 ↘ 83
北韓
中國 138 ↗ 139
哈薩克 14 → 14
2.5 中亞
吉爾吉斯 796
塔吉克 1,069
烏茲別克 3,492
阿富汗 3,774
尼泊爾 1,571
緬甸
孟加拉 10,449
伊朗 13 → 13
巴基斯坦 26 ↗ 28
印度 107 ↗ 112
332 南亞
斯里蘭卡
土耳其 20 → 20
敘利亞 2,782
黎巴嫩
43 東南亞
2.5 大洋洲
澳大利亞 37 ↘ 28
17 西非
利比亞
埃及 10 → 10
葉門 4,675
厄利垂亞 460
28 西亞
茅利塔尼亞 372
維德角
塞內加爾 3,011
甘比亞 290
幾內亞比索 122
馬利 606
幾內亞 1,211
獅子山 803
賴比瑞亞 391
象牙海岸 2,362
布吉納法索 579
迦納 1,283
多哥 466
貝南 682
尼日
奈及利亞 563
查德 223
蘇丹 3,599
吉布地
衣索比亞 1,950
索馬利亞 1,070
南蘇丹 720
中非共和國 73
喀麥隆 1,532
烏干達 813
肯亞 4,359
136 東非
57 北非
剛果 388
盧安達 283
蒲隆地 200
坦尚尼亞 915
葛摩 71
839 剛果民主共和國
61 中非
馬拉威 157
尚比亞
辛巴威 331
莫三比克 1,483
馬達加斯加 916
納米比亞
賴索托 160
史瓦帝尼
6 南部非洲

糧食不足的人口數（百萬人）

需要外部糧食援助的國家

全球16大小麥生產國（百萬噸，2022年估計值及2023年預估值）

2022-2023年有缺糧問題並需進口穀物的低收入國家（千噸）

資料來源：聯合國農糧組織，世界糧食安全與營養狀況，2022年，以及全球資訊和預警系統，2023年3月

能源挑戰

化石燃料時代

20世紀是世界在能源消耗方面出現驚人增長的年代，在技術進步的基礎上（如內燃機、工業生產模式），帶動了前所未有的經濟增長。

自此，能源供應的保障被視為維繫國家主權穩定的關鍵因素之一，而為了確保能源供應所需要掌握的天然資源，就成了各國彼此競爭，甚至爆發眾多衝突的源頭。煤炭的蘊藏量大而分布十分廣泛，但石油或天然氣則並非如此。因此，對於這些資源的穩定掌握與支配即成為一種「權力」，但同時也可能引起他國的覬覦。在20世紀，石油是世界最主要的能源與工業原料，這個時代可說是所謂的「黑金世紀」，而石油的開採與對其使用權利的掌控也是造成許多地緣政治衝突的重要原因。儘管如此，煤炭的大量開採依然持續進行，並未因此而中斷。

在20世紀最後四分之一的時期中，長期被否認或忽視的二氧化碳大量排放與氣候變遷相關議題逐漸受到討論，並引起了人們更多的擔憂。而自本世紀初以來，透過減少能源足跡、降低對於高碳能源的依賴，以及發展可再生能源以減緩全球暖化的趨勢，已經被視為延續人類文明必須的關鍵性舉措——但種種能源相關的革新又要以不妨礙經濟發展為前提——可見此議題的複雜程度。

截至2023年為止，石油和天然氣仍占全球能源生產的60%。就全球產量而言，有將近半數的石油與超過三分之一的天然氣蘊藏於中東地區，這也在一定程度上解釋了該地區為何長期有局勢不穩定的問題。俄羅斯則擁有全球30%的天然氣儲備和10%的石油蘊藏量。在西方大國中，僅有美國擁有可觀的化石能源蘊藏量。大規模頁岩氣和頁岩油蘊藏的發現，更讓美國重新成為能源的出口國。然而，因此種油氣資源的開發具有相當的環境危害性，因而也受到環保人士的抗議。同時，美國也向因俄烏戰爭而難以從俄羅斯取得天然氣的歐洲出售其所生產的液化天然氣（Liquefied Natural Gas, LNG），但此種能源所製造的碳排放又比一般的天然氣更高。

「石油租金」（譯註：石油利潤占GDP的百分比）並非總是對產油國的發展具有正面效益。相反地，坐擁石油資源除了往往伴隨地緣政治不穩定的風險外，它還可能對其他工業或農業部門造成負面影響，從而傷害國家或社會的自身經濟體系。這種看似「恩惠」的天然資源，反而經常是一種陷阱，甚至是一種詛咒。

2021年碳的生產與需求以及2050年考量全球暖化而預期的目標

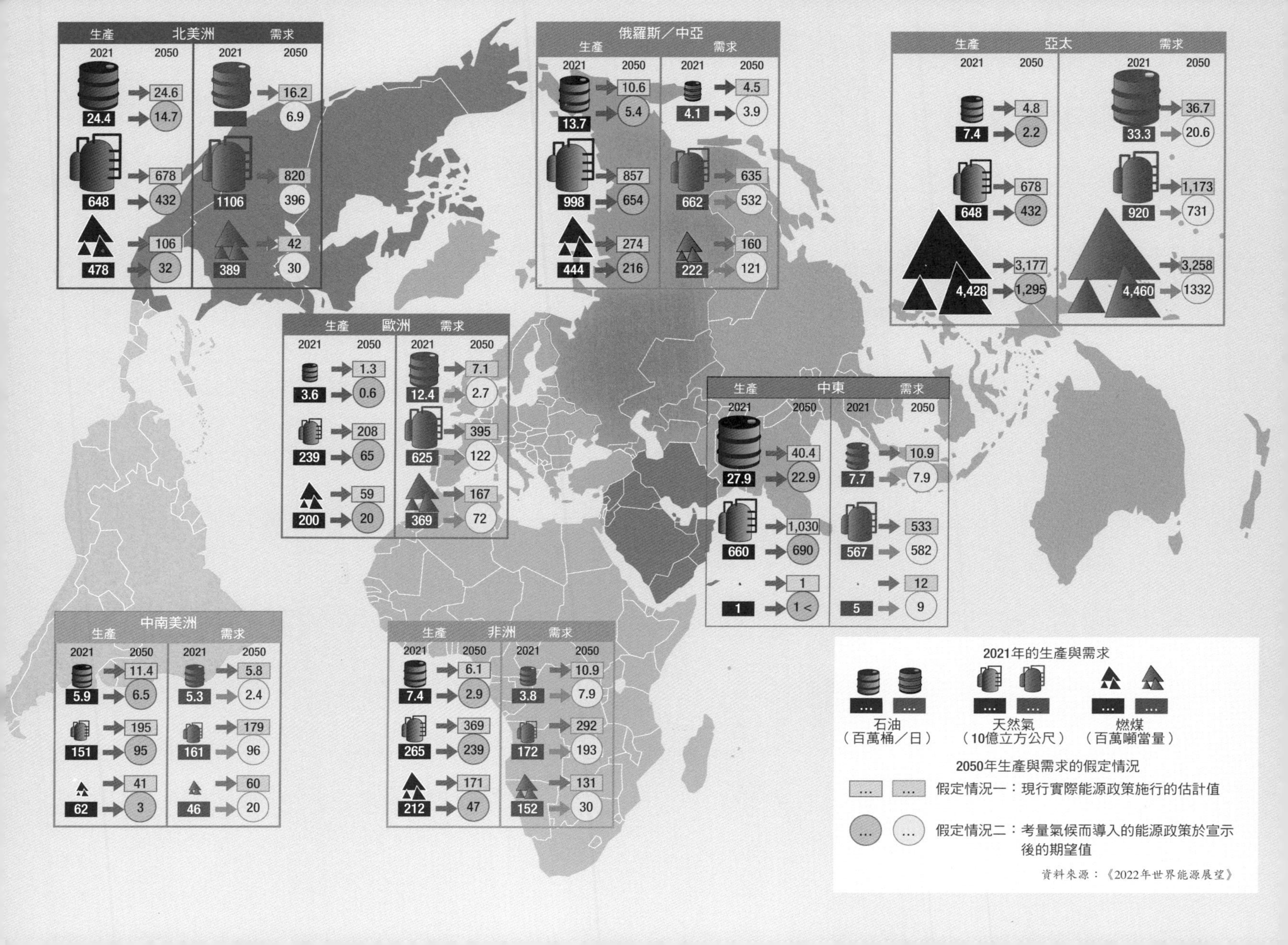
北美洲
生產 2021 2050
24.4 → 24.6 / 14.7
648 → 678 / 432
478 → 106 / 32
需求 2021 2050
→ 16.2 / 6.9
1106 → 820 / 396
389 → 42 / 30
俄羅斯／中亞
生產 2021 2050
13.7 → 10.6 / 5.4
998 → 857 / 654
444 → 274 / 216
需求 2021 2050
4.1 → 4.5 / 3.9
662 → 635 / 532
222 → 160 / 121
亞太
生產 2021 2050
7.4 → 4.8 / 2.2
648 → 678 / 432
4,428 → 3,177 / 1,295
需求 2021 2050
33.3 → 36.7 / 20.6
920 → 1,173 / 731
4,460 → 3,258 / 1332
歐洲
生產 2021 2050
3.6 → 1.3 / 0.6
239 → 208 / 65
200 → 59 / 20
需求 2021 2050
12.4 → 7.1 / 2.7
625 → 395 / 122
369 → 167 / 72
中東
生產 2021 2050
27.9 → 40.4 / 22.9
660 → 1,030 / 690
1 → 1 / 1＜
需求 2021 2050
7.7 → 10.9 / 7.9
567 → 533 / 582
5 → 12 / 9
中南美洲
生產 2021 2050
5.9 → 11.4 / 6.5
151 → 195 / 95
62 → 41 / 3
需求 2021 2050
5.3 → 5.8 / 2.4
161 → 179 / 96
46 → 60 / 20
非洲
生產 2021 2050
7.4 → 6.1 / 2.9
265 → 369 / 239
212 → 171 / 47
需求 2021 2050
3.8 → 10.9 / 7.9
172 → 292 / 193
152 → 131 / 30
2021年的生產與需求
石油（百萬桶／日）
天然氣（10億立方公尺）
燃煤（百萬噸當量）
2050年生產與需求的假定情況
假定情況一：現行實際能源政策施行的估計值
假定情況二：考量氣候而導入的能源政策於宣示後的期望值
資料來源：《2022年世界能源展望》

能源和經濟危機

全球經濟的增長帶來更高的能源消耗，當中又以成長強勁的新興國家為甚。在這種情形下，國家或地區間的衝突除了可能引發能源危機外，還會導致能源成本的大幅上升。這種震盪不但會為工業國家帶來困擾，在某些南方國家甚至有可能引起衝擊經濟與社會體系的災難性結果。

廉價的能源供應，讓歐洲國家的經濟發展大幅躍進，並成就了所謂的「輝煌 30 年」（1945-1975 年）。然而，1973 年發生於中東地區的贖罪日戰爭，加劇了阿拉伯國家與西方世界的矛盾。為了抗議西方國家（石油的主要消費國）在這場戰爭中支援以色列的立場以及國際油價的下修，以阿拉伯國家為主的產油國，將每桶原油的價格提高了四倍，引發了全球經濟的重大危機。隨後，1979 年爆發的伊朗革命，又引發了第二次石油危機。

到了本世紀，2003 年的伊拉克戰爭、2008 年的金融海嘯，也造成了相同的結果。石油從 1990 年代晚期每桶約 15 美元的價格水準，於 2008 年至 2012 年間飆升到每桶 100 美元以上！然後價格再次回落到每桶 60 美元左右，稍微緩解了生產者和消費者的壓力。至於 Covid-19 流行所引發的危機，則導致能源消耗大減，原油價格一度低至每桶約 25 美元左右。然而，俄烏戰爭的爆發迫使西方國家放棄由俄羅斯進口能源並重新組織整個能源的供應體系，引發了新一輪的危機。

再生能源（2021年產量及2011-2021年間的變化）與核能（2021年消耗情形）

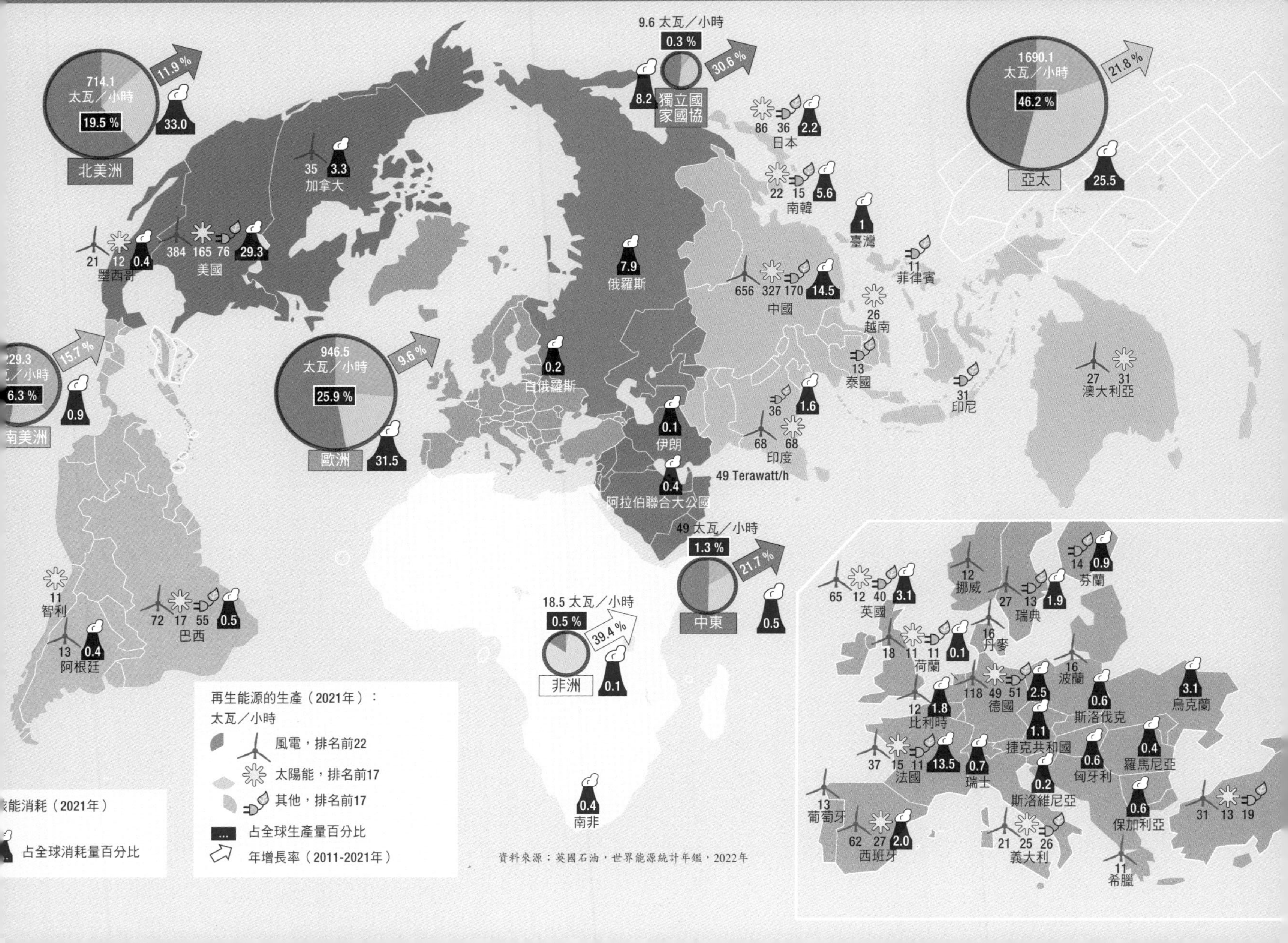

714.1 太瓦／小時
19.5 %
11.9 %
33.0
北美洲
9.6 太瓦／小時
0.3 %
30.6 %
8.2
獨立國家國協
1690.1 太瓦／小時
46.2 %
21.8 %
25.5
亞太
86 36 2.2 日本
22 15 5.6 南韓
1 臺灣
11 菲律賓
35 3.3 加拿大
21 12 0.4 墨西哥
384 165 76 29.3 美國
7.9 俄羅斯
656 327 170 14.5 中國
26 越南
13 泰國
31 印尼
27 31 澳大利亞
29.3 太瓦／小時
6.3 %
15.7 %
0.9
南美洲
946.5 太瓦／小時
25.9 %
9.6 %
31.5
歐洲
0.2 白俄羅斯
36 1.6
68 68 印度
0.1 伊朗
0.4 阿拉伯聯合大公國
49 Terawatt/h
49 太瓦／小時
1.3 %
21.7 %
0.5
中東
18.5 太瓦／小時
0.5 %
39.4 %
0.1
非洲
0.4 南非
11 智利
13 0.4 阿根廷
72 17 55 0.5 巴西
65 12 40 3.1 英國
12 挪威
27 13 1.9 瑞典
14 0.9 芬蘭
18 11 11 0.1 荷蘭
16 丹麥
16 波蘭
12 1.8 比利時
118 49 51 2.5 德國
0.6 斯洛伐克
3.1 烏克蘭
1.1 捷克共和國
37 15 11 13.5 法國
0.7 瑞士
0.6 匈牙利
0.4 羅馬尼亞
0.2 斯洛維尼亞
13 葡萄牙
62 27 2.0 西班牙
21 25 26 義大利
0.6 保加利亞
31 13 19
11 希臘
再生能源的生產（2021年）：
太瓦／小時
風電，排名前22
太陽能，排名前17
其他，排名前17
占全球生產量百分比
年增長率（2011-2021年）
核能消耗（2021年）
占全球消耗量百分比

資料來源：英國石油，世界能源統計年鑑，2022年

核能和可再生能源

核能發電具有不受地理條件限制的優勢，並且其過程不像石油、天然氣或煤炭那樣造成二氧化碳的排放。然而，強烈批評燃煤發電方式的政治生態學者，卻長期以來反對核能發電。他們所擔心的主要是核廢料處理與大規模核災害發生的風險（如蘇聯時期的車諾比事件，或因海嘯而造成的日本福島危機等）。在發達國家中，反核運動有十分強大的聲量，例如在日本（其原因顯而易見，但正在逐步減弱）與德國（核能發電使人與北約的核武器產生聯想，因而具有較負面的形象）。

目前雖然再生能源的發展已獲得廣泛的支持，但此類發電方式需使用的電池，在製造上經常需要用到以中國為主要生產國的金屬元素，因此在蓄電設備生產上仍有其問題。中國目前的「稀土」蘊藏量約占全球的35.7%，生產量則約占全球的59%，且其產量在2017年至2021年間增加了一倍。剛果民主共和國國內的東部地區雖然擁有極為豐富的礦脈，但該國政府無法真正控制這些資源，位於其領土東境的基伍地區（Kivu）因此受到鄰國（尤其是烏干達和盧安達）的騷擾與掠奪，造成了政局的動盪。此外，歐洲地區積極發展的風力發電方式，在風機設置方面也同樣面臨著強烈的阻力。

2021年全球天然能源的前五大消費國是中國，占全球消費的26.5%；其次依序是美國（15.6%）、印度（6%）、俄羅斯（5.3%）和日本（3%）。中國的能源消耗自21世紀初期以來即大幅增加，其中50%的能源仍來自燃煤發電，這也是目前最普遍、最廉價，但也排放最多二氧化碳的化石能源。不過，中國和印度都正在積極發展核能。

2021 年十大天然氣生產國
（資料來源：英國石油，2022年）

排名	國家	占全球產量比例（%）
1	美國	23.1
2	俄羅斯	17.4
3	伊朗	6.4
4	中國	5.2
5	卡達	4.4
6	加拿大	4.3
7	沙烏地阿拉伯	2.9
8	澳大利亞	3.6
9	挪威	2.8
10	阿爾及利亞	2.5

2021 年五大稀土生產國
（資料來源：英國石油，2022年）

排名	國家	生產（千噸）	占總產量比例（%）
1	中國	168	59
2	美國	43	15.1
3	澳大利亞	22.5	7.9
4	泰國	8	2.8
5	印度	5	1.8

中國能源消耗變化（太瓦）
（資料來源：數據看世界）

1970	1980	1990	2000	2010	2020
2,362	4,828	7,938	11,800	29,054	40,995

印度能源消耗變化（太瓦）
（資料來源：數據看世界）

1970	1980	1990	2000	2010	2020
764	1,219	2,301	3,729	6,269	8,942

能源的主要生產國及消費國
2021 年十大主要石油生產國
（資料來源：英國石油，2022年）

排名	國家	生產（百萬噸）	占全球產量比例（%）
1	美國	711.1	16.8
2	俄羅斯	536.4	12.7
3	沙烏地阿拉伯	515.0	12.2
4	加拿大	267.1	6.3
5	伊拉克	200.8	4.8
6	中國	198.9	4.7
7	伊朗	167.7	4
8	阿拉伯聯合大公國	164.4	3.9
9	巴西	156.8	3.7
10	科威特	131.1	3.1

經濟不平等

「第三世界」和「南北落差」的說法，已不再和30年前一樣有著全球共通的含義。在今日的術語中，這類詞彙逐漸被「西方／南方」或「西方世界／全球南方」所取代。但不變的是，世界各地間的不平等狀況在現實中依然存在。財富高度集中在某些國家、社會群體或個人的手中，而全球化更拉大了這種差距。

1970年代的人們，普遍認為南半球正在急起直追、逆轉落後的局面，不過這個判斷的標準僅單純來自逐年好轉的經濟發展數據。確實，某些南方國家在經濟發展上相當成功，也有部分國家因坐擁油田而享有「石油租金」的恩惠，然而國家之間的不平等狀況卻難以改變。

在工業革命之前，歐洲、非洲與東亞居民之間的收入差距並未超過30%。但第一次工業革命後，富裕地區與貧窮地區之間的收入差距即逐漸擴增。其比率在19世紀末葉時為1比10，現在則擴大到1比50。而教育、運輸、衛生、行政機能等基礎建設發展不健全的國家，由於缺乏經濟發展的手段，又反過來造成了對經濟發展而言不可或缺的基礎建設停滯不前，即陷入了所謂的「貧窮陷阱」(Poverty trap)。

根據世界銀行統計，2017年時，全球有將近7億人每日可支配的生活費用不足2.15美元（自2022年起列為「極端貧困」人口）。而依聯合國開發計劃署（The United Nations Development Programme, PNUD） 估算，全球在2019年約有13億人口生活在「多維貧窮」的狀態下。此處所謂的「多維貧窮」，是以金錢與購買力之外的因子所評估的一種貧窮指標，其中考量的包括嬰兒死亡率、營養不良情形、教育普及狀況、電力與飲用水相關設施之配置等共10項判準。儘管世界銀行指出，進入21世紀以來，世界的貧窮人口確實有在持續下降的趨勢，但貧富之間的不平等情形卻是持續在惡化當中。按公益性非政府組織樂施會（OXFAM）的數據，全球前1%富豪所掌握的資產總值約當全球90%人口（69億人左右）持有資產的2倍。同樣地，全球前十大富豪的身價更是超越了世界最貧窮的85個國家的國內生產毛額（GDP）總和。而他們的資產總值在2020至2022年之間增加了約5兆美元，達到13兆8千億美元之譜。雖然這些富豪的資產會隨著股市波動而有所增減，但他們的富裕程度還是超越了聯合國中三分之二的會員國。

另外，在全球成年人口中約有7.7億人為文盲，其中98%生活在南方各國。嬰兒死亡率部分，英國為0.4%，而非洲的獅子山共和國則為7.8%。這種不平等的情形也反映在疾病問題上——不但95%的愛滋病患是生活在南半球，瘧疾病患也是一樣。此種不平等的問題不只存在於國家之間，同樣也發生在國家內部，而且這種情形還在惡化當中。人類社會當中的不平等現象始終存在，但全球化所帶來的全球經濟增長也確實曾經讓部分人懷抱著可能會讓不平等問題得以逐步減少的期望。

1992年於巴西里約熱內盧舉辦的聯合國地球高峰會中決議，為解決南北落差問題，富裕國家對發展中國家提供國內生產毛額（GDP）的0.7%作為發展援助，但這樣的舉措能帶來多少效果實際上卻難以確認。2000年9月，聯合國發表了「千禧年宣言」(Millennium Declaration)，其目標包括在2015年以前達到極端貧困人口減半（於2010年達成）、幼兒死亡率降低至原先的三分之一（未達成），以及對抗愛滋病。但現實是，世界經濟不可能依循聯合國的決議發展與變化。雖然在1990-2010年間，全球生活在極度貧困狀態下的人數，從19億人減少到7.36億人，但世界人口卻也從53億增加為70億。全球化的結果雖然讓世界財富增加，但相對地所得分配不均的問題也更加嚴重，同時也有愈來愈多人已認知到這種不平等正在擴大當中。

2021年全球人均GDP——貧民窟人口比例

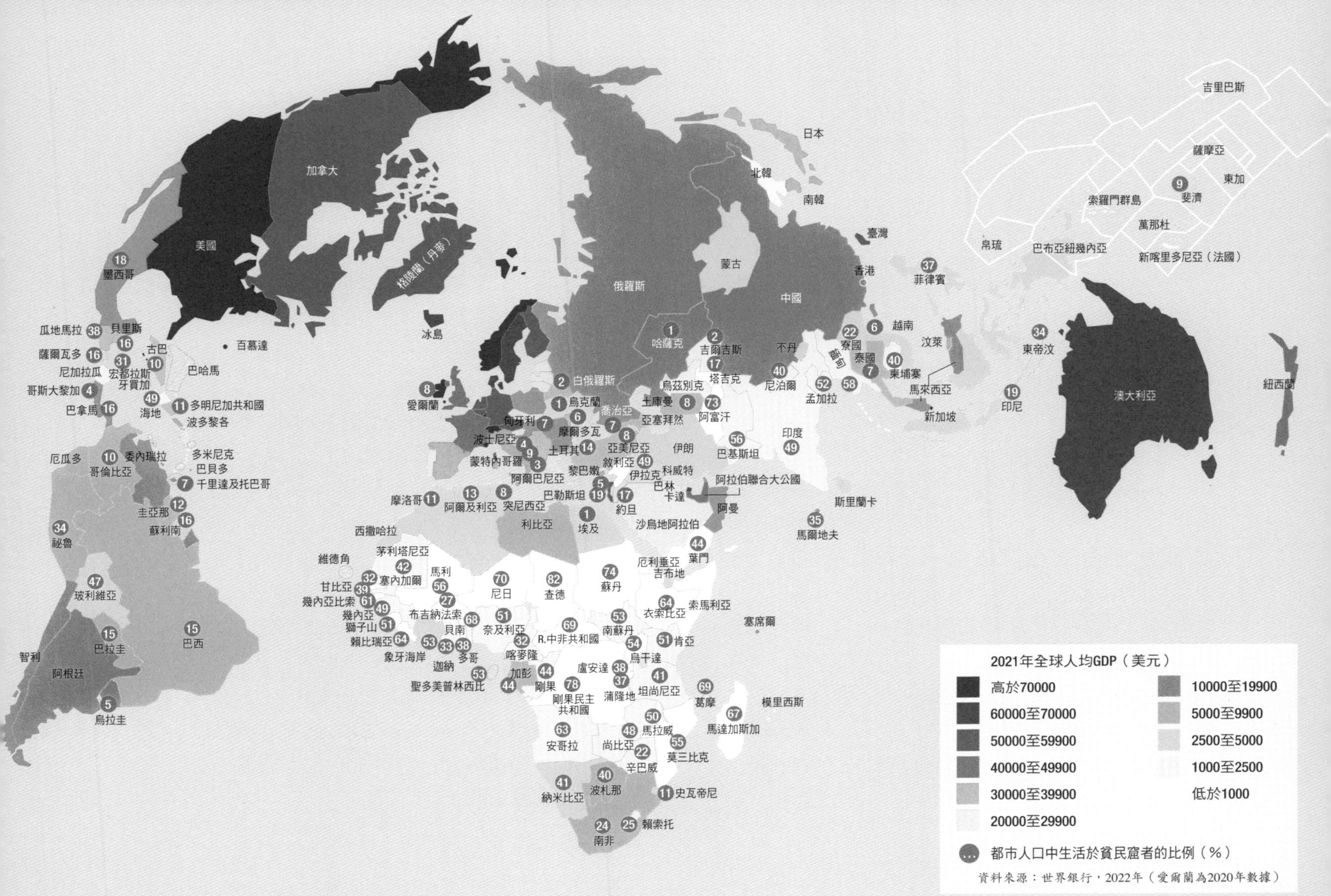

美國
加拿大
格陵蘭（丹麥）
冰島
18 墨西哥
38 瓜地馬拉
16 貝里斯
16 薩爾瓦多
16 宏都拉斯
31 尼加拉瓜
4 哥斯大黎加
16 巴拿馬
古巴
10 牙買加
巴哈馬
百慕達
49 海地
11 多明尼加共和國
波多黎各
多米尼克
巴貝多
7 千里達及托巴哥
10 哥倫比亞
委內瑞拉
厄瓜多
12 圭亞那
16 蘇利南
34 秘魯
47 玻利維亞
15 巴西
15 巴拉圭
智利
阿根廷
5 烏拉圭
8 愛爾蘭
俄羅斯
1 哈薩克
2 白俄羅斯
1 烏克蘭
6 摩爾多瓦
7 匈牙利
4 波士尼亞
9 蒙特內哥羅
3 阿爾巴尼亞
7 喬治亞
8 亞美尼亞
亞塞拜然
14 土耳其
49 敘利亞
5 黎巴嫩
19 巴勒斯坦
17 約旦
伊拉克
科威特
巴林
卡達
伊朗
8 土庫曼
烏茲別克
2 吉爾吉斯
17 塔吉克
73 阿富汗
56 巴基斯坦
阿拉伯聯合大公國
阿曼
沙烏地阿拉伯
44 葉門
11 摩洛哥
13 阿爾及利亞
8 突尼西亞
利比亞
1 埃及
西撒哈拉
42 茅利塔尼亞
維德角
56 馬利
32 塞內加爾
39 甘比亞
61 幾內亞比索
49 幾內亞
51 獅子山
64 賴比瑞亞
53 象牙海岸
27 布吉納法索
68 貝南
33 迦納
38 多哥
51 奈及利亞
70 尼日
82 查德
74 蘇丹
厄利垂亞
吉布地
64 衣索比亞
索馬利亞
53 南蘇丹
69 R.中非共和國
32 喀麥隆
44 加彭
53 聖多美普林西比
44 剛果
78 剛果民主共和國
38 盧安達
37 蒲隆地
54 烏干達
51 肯亞
41 坦尚尼亞
69 葛摩
塞席爾
模里西斯
67 馬達加斯加
63 安哥拉
48 尚比亞
50 馬拉威
55 莫三比克
22 辛巴威
41 納米比亞
40 波札那
11 史瓦帝尼
24 南非
25 賴索托
蒙古
中國
北韓
南韓
日本
臺灣
香港
40 尼泊爾
不丹
49 印度
52 孟加拉
35 馬爾地夫
斯里蘭卡
22 寮國
緬甸
7 泰國
6 越南
40 柬埔寨
58
37 菲律賓
汶萊
馬來西亞
新加坡
19 印尼
34 東帝汶
澳大利亞
紐西蘭
巴布亞紐幾內亞
索羅門群島
9 斐濟
萬那杜
新喀里多尼亞（法國）
帛琉
吉里巴斯
薩摩亞
東加
2021年全球人均GDP（美元）
高於70000
60000至70000
50000至59900
40000至49900
30000至39900
20000至29900
10000至19900
5000至9900
2500至5000
1000至2500
低於1000
… 都市人口中生活於貧民窟者的比例（%）
資料來源：世界銀行，2022年（愛爾蘭為2020年數據）

人口

世界的人口一直到西元 1000 年為止並沒有太大的變化，到 1800 年時終於來到 10 億。約莫此時，馬爾薩斯在其 1798 年出版的論文中，就已預測地球的資源將不足以應對人口的增加。

19 世紀以後，世界人口持續以指數成長：1900 年 17 億人、1925 年 20 億人、1975 年 40 億人、1999 年達到 60 億人，並在 2022 年底達到 80 億人。

根據最新的人口推測，地球的人口在 2050 年將達到 97 億人，於 2080 年時則可能會來到 104 億並達成穩定的局面。至本世紀末，人口增加的情況就會開始趨緩。但是 2000-2050 年間人口激增的 96%，則主要發生在南方國家，北半球各國若非人口停止成長，就是轉而減少。但是美國會是個例外。因為定期有移民遷入的關係，因此美國的人口仍會持續增加。

與 1960 至 1981 年時人口學家們所發表的預測相較，過去認為 2050 年的全球人口將在 25 到 50 億人之間，但以現狀看來，目前的發展趨勢與當時的預測數值可謂差距甚遠。

在 2000 到 2050 年間，非洲大陸應該是唯一一個人口比例相對增長的地方。一般認為，非洲的人口在此 50 年間將增加一倍。但西非與薩赫爾地區（譯註：Sahel，位於撒哈拉沙漠與中部蘇丹草原之間的狹長地帶）在缺少人口轉型過程作為過渡的狀況下，其經濟增長將受到衝擊。亞洲則將擁有 53 億人口，約占全球人口的 54%，並逐漸成為全球的重心。印度人口在 2050 年預計將達到 16 億，其增長也將穩定下來，應該會超過擁有 13 億人口的中國。歐洲人口的全球占比將從 2000 年的 10% 降到 7%。俄羅斯與日本則是人口萎縮的極端案例——俄國人口已從 1989 年的 1 億 4800 萬減少到 2005 年的 1 億 4300 萬人，預估到 2050 年時將降至 1 億 3300 萬人。俄羅斯在全球人口的排名也將從第 6 落到第 18。為了阻擋此種趨勢，普丁政權推動了獎勵生育政策，俄羅斯的人口在 2011 到 2018 年之間有緩步增長，新生兒出生率也從 2000 年的 1.15 攀升至目前的 1.5，但烏俄戰爭可能會再次造成俄國人口的減少。日本到 2050 年時，人口可能將會比現今減少 20%，由 1.25 億降到 1.04 億人。

薩赫爾地區以外的大多數國家在 2025 年左右的生育力指標將會跌至平均每名婦女 2.1 人（維持穩定人口結構的替代生育水準）以下，特別是在女性難以同時兼顧工作與育兒的社會中，該傾向會特別顯著。同時，對於生態環境惡化的不安、全球人口過剩的憂慮與高齡化社會即將到來的關切，乃至於對生產力人口減損的焦慮，都不斷地在累積與增長當中。

世界各大地理區的人口分布（2022年6月統計數據以及2050年預測數據）

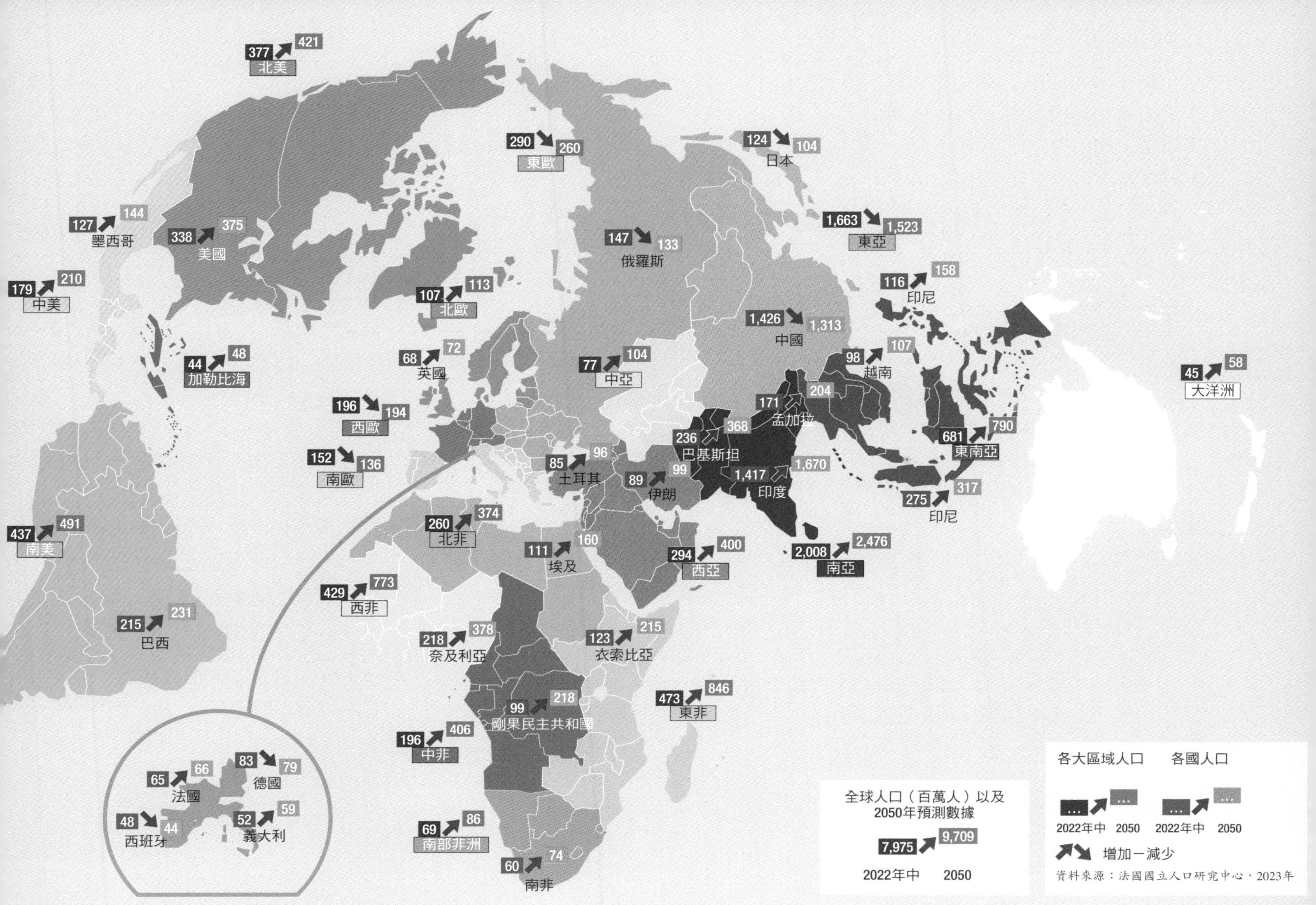
377 ↗ 421 北美
127 ↗ 144 墨西哥
338 ↗ 375 美國
179 ↗ 210 中美
44 ↗ 48 加勒比海
437 ↗ 491 南美
215 ↗ 231 巴西
290 ↘ 260 東歐
107 ↗ 113 北歐
68 ↗ 72 英國
196 ↘ 194 西歐
152 ↘ 136 南歐
147 ↘ 133 俄羅斯
77 ↗ 104 中亞
85 ↗ 96 土耳其
89 ↗ 99 伊朗
260 ↗ 374 北非
111 ↗ 160 埃及
429 ↗ 773 西非
218 ↗ 378 奈及利亞
123 ↗ 215 衣索比亞
99 ↗ 218 剛果民主共和國
473 ↗ 846 東非
196 ↗ 406 中非
69 ↗ 86 南部非洲
60 ↗ 74 南非
294 ↗ 400 西亞
124 ↘ 104 日本
1,663 ↘ 1,523 東亞
116 ↗ 158 印尼
1,426 ↘ 1,313 中國
98 ↗ 107 越南
171 ↗ 204 孟加拉
236 ↗ 368 巴基斯坦
1,417 ↗ 1,670 印度
2,008 ↗ 2,476 南亞
681 ↗ 790 東南亞
275 ↗ 317 印尼
45 ↗ 58 大洋洲
65 ↗ 66 法國
83 ↘ 79 德國
48 ↘ 44 西班牙
52 ↗ 59 義大利
全球人口（百萬人）以及
2050年預測數據
7,975 ↗ 9,709
2022年中 2050
各大區域人口 各國人口
2022年中 2050 2022年中 2050
增加－減少
資料來源：法國國立人口研究中心，2023年

跨境移民

根據聯合國的定義，移民意指到其他國家定居，並且在當地定居一年以上者。

若不計入早期中世紀（5-10 世紀）發生的「民族大遷徙」（蠻族入侵），國際間的移民行為可以分為三個重大時期。

16-17 世紀，隨著跨國貿易及歐洲海外殖民的發展，帶動了跨越國家與區域邊界的移民潮。或出於商業性的動機（前往殖民地的貿易據點），或基於宗教性的動機（進行海外傳教活動），部分歐洲人自願性地向外遷徙。同樣地，也有一些強迫性的移民，其主要原因是為了在殖民地確保足夠的人口及勞動力。

19 世紀的工業化加速了移民的流出。較以往更廉價與便利的交通運輸，也讓移動變得更加方便。當歐洲發生經濟衰退或饑荒時，就會導致相當數量的移民離開歐洲。例如在 19 世紀時約有 6 千萬歐洲人（但當中少有法國人）移往美國定居，至該世紀末，也有大量中國人移民到美國。第一次世界大戰開始時，移民約占美國人口的 5%。

此波移民的潮流在 20 世紀前半曾一度趨緩，主要是因為第一次世界大戰以及在 1929 年爆發的全球經濟大蕭條，導致了各國在經濟衰退的狀況下逐漸轉向排外，從而導致了移民難度的增加。1950 年代時，跨國移民的數量再度恢復到高水準。1965 年的移民人口為 7 千 5 百萬人，2020 年時人數更達 2.81 億，占全球人口的 3.6%。

目前所發生的跨境移民與離散現象，主要是南方各國的居民基於經濟或安全理由的考量而向海外移動。這個方向與 19-20 世紀時移民潮的流動相反——當時主要是從北半球到南半球，或是北半球國家、區域間的移動，之後則轉變成從南半球到北半球，或是在南半球範圍內移動。曾經的移民輸出國轉變為輸入國，但美國是少數的例外。至於移民的主要動機，仍是經濟上的理由——為了擺脫貧困，並追求更好的生活。但除了經濟因素之外，也有部分的移民是因為戰亂或社會動盪而向他國尋求政治庇護所造成。依聯合國的數據，2017 年時，在全球移民人口中，有 38% 的原生國與移民國皆為發展中國家（南方至南方）；35% 的原生國在南方、移民國在北方；21% 是原生國與移民國皆在北方；最後的 6% 是原生國在北方、移民國在南方。因此，南方國家彼此之間的移民流動現象是其中最為大宗而重要的一股。美國則一直是全球接納最多移民的國家。有高達 5 千萬的居民為自他國移入者，占國內總人口的 15% 以上。

因移民而衍生出的嚴重問題，可舉「知識分子外流」為例。擁有高階技能的勞動者與其停留在南方，不如去北方可獲得更多成功機會。但是這樣優質勞動力的流失，卻進一步造成南方各國在發展上的劣勢。

另外，新形態的暫時性移民增長也相當值得注目，譬如前往先進國家大學就讀的外國留學生即是一例，其流動型態則包含了「南方至北方」與「北方至北方」兩種。最後，在氣候變遷因素的影響下，往後數十年可能也將會出現環境移民或是所謂的「氣候難民」，並帶來全球性的大型人口流動。

2020年全球各大區國際移民以及前二十大主要移民國

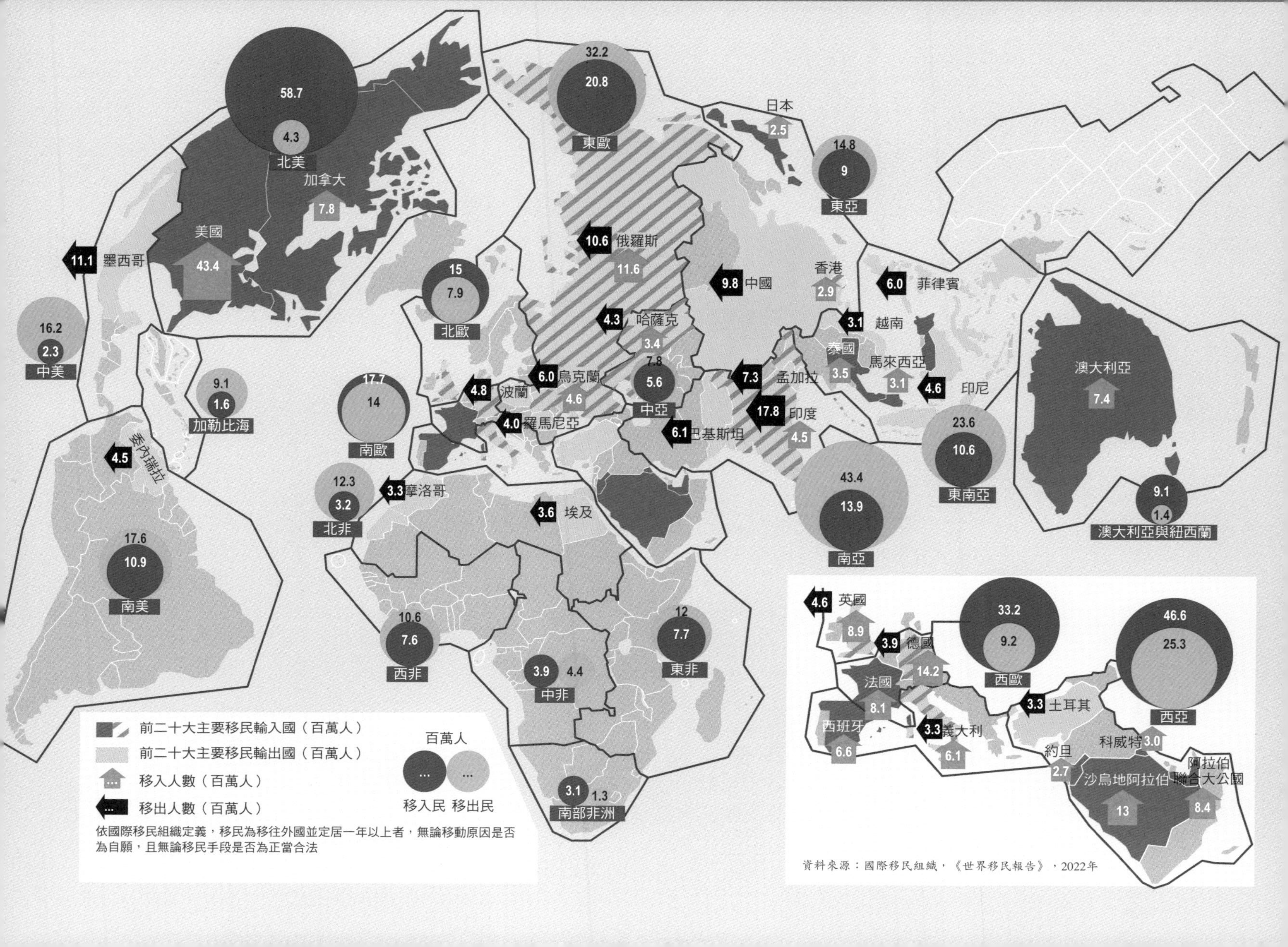

58.7
4.3
北美
加拿大
7.8
美國
43.4
11.1
墨西哥
16.2
2.3
中美
9.1
1.6
加勒比海
4.5
委內瑞拉
17.6
10.9
南美
15
7.9
北歐
17.7
14
南歐
12.3
3.2
北非
3.3
摩洛哥
32.2
20.8
東歐
10.6
俄羅斯
11.6
4.3
哈薩克
3.4
6.0
烏克蘭
4.6
4.8
波蘭
4.0
羅馬尼亞
7.8
5.6
中亞
6.1
巴基斯坦
3.6
埃及
10.6
7.6
西非
3.9
4.4
中非
12
7.7
東非
3.1
1.3
南部非洲
日本
2.5
14.8
9
東亞
9.8
中國
香港
2.9
6.0
菲律賓
3.1
越南
泰國
3.5
馬來西亞
3.1
7.3
孟加拉
17.8
印度
4.5
4.6
印尼
23.6
10.6
東南亞
43.4
13.9
南亞
澳大利亞
7.4
9.1
1.4
澳大利亞與紐西蘭
4.6
英國
8.9
3.9
德國
14.2
法國
8.1
西班牙
6.6
3.3
義大利
6.1
33.2
9.2
西歐
3.3
土耳其
46.6
25.3
西亞
科威特
3.0
約旦
2.7
沙烏地阿拉伯
13
阿拉伯聯合大公國
8.4
前二十大主要移民輸入國（百萬人）
前二十大主要移民輸出國（百萬人）
移入人數（百萬人）
移出人數（百萬人）
百萬人
移入民
移出民
依國際移民組織定義，移民為移往外國並定居一年以上者，無論移動原因是否為自願，且無論移民手段是否為正當合法

資料來源：國際移民組織，《世界移民報告》，2022年

貿易

有史以來，國家與國家之間就一直存在著貿易行為。工業革命以後，貿易的規模不斷擴大，到了最近的30至40年間，貿易更在世界經濟成長和全球化進程中占有重要的位置，而且也是此發展趨勢的主要推力之一。

18世紀之前，貿易商品僅限於貴重、稀少，被視為奢侈品的品項，香料、織品與貴金屬（如金與銀）為其代表。至18世紀，由於海上與陸上交通逐漸發達，加上19世紀工業革命的成果，使國際貿易更加暢旺。而後，蒸氣機、鐵路、電報、汽車、航空運輸，以及各種新技術的登場，皆促使全球貿易量大幅增長。從19世紀中葉以來，國際貿易的總量竟增加了140倍！

此外，「貨櫃革命」也扮演了相當重要的角色。1956年登場的貨櫃，最初是設計用來堆放於船隻上，後也通用於公路和鐵道運輸，並達成了規格的統一，縮短了裝卸貨的時間。在今日，「貨櫃化」集裝商品占了世界貨運總量的40%。在第一次世界大戰之前，國際貿易的主導者是英國，之後則由美國掌控，現在則是轉以亞洲為中心。國際貿易中的主要商品，在19世紀時是以原物料為主，之後則以工業製品為大宗，最後則轉移到商用服務與今日的高科技產品上。

「開發中國家」的貿易額在1980年占全球的30%，目前則達到44%。另一方面，已開發國家的貿易額，在這期間則從66%下滑至56%。歐亞間的貿易占全球貿易量的8.5%，亞洲和北美間之貿易占8.4%，亞洲與中東的貿易占3.4%。自2013年以來，中國的進出口總額超越美國，成為全球最大貿易國。

國際貿易規範框架的制度化是由1994年成立的世界貿易組織（WTO）所完成。這個組織繼承了1948年簽署的關稅暨貿易總協定（GATT），其誕生不但是那個時期對於「全球化」抱持樂觀態度的象徵，也是時代精神所催化出的成果。現在，世界貿易組織的會員國共計有164個。但近年來，全球規模的貿易談判已不見成果，西方國家人民之間的互信逐漸喪失，也讓世貿組織的運作變得舉步維艱。

過去的40年間，經濟界和絕大部分的國家皆認為國際貿易的自由化，乃是刺激發展的主要動力。但美國與歐洲國家相繼開始檢討與批評這樣的說法，過去的全球化與貿易自由化被指為是這些國家面臨高失業率與產業出走的主要原因。因此，部分區域間經貿協議的談判與簽署過程遭到了不同程度的阻礙。前美國總統川普更是以美中高達3500億美元的貿易逆差為由，對中國發起「貿易戰」。另一方面，提倡「另類全球化」之人士（altermondialistes，譯註：反對新自由主義全球化經濟模式，強調社會正義、環境保護、民主與人權等價值的倡議者）與工會組織認為，貿易自由化可能打擊南方諸國本已體質脆弱的經濟，因此有部分產業類別應以社會性的理由加以保護。此外，在已開發國家中，也有愈來愈多的生態學者強烈主張，貿易自由化的發展正是造成環境破壞的主要原因。

理想上，即使透過全球貿易無法自然而然地維持各國之間的和平關係，商貿活動至少也應該要成為其中的助力。然而，不管是追求經貿關係的持續發展、貿易的自由化，或是透過各種手段加以限制和控管（貨物禁運、貿易制裁等），國際貿易活動總是無可避免地受到政策和戰略選擇的影響。

全球商品與服務貿易概況

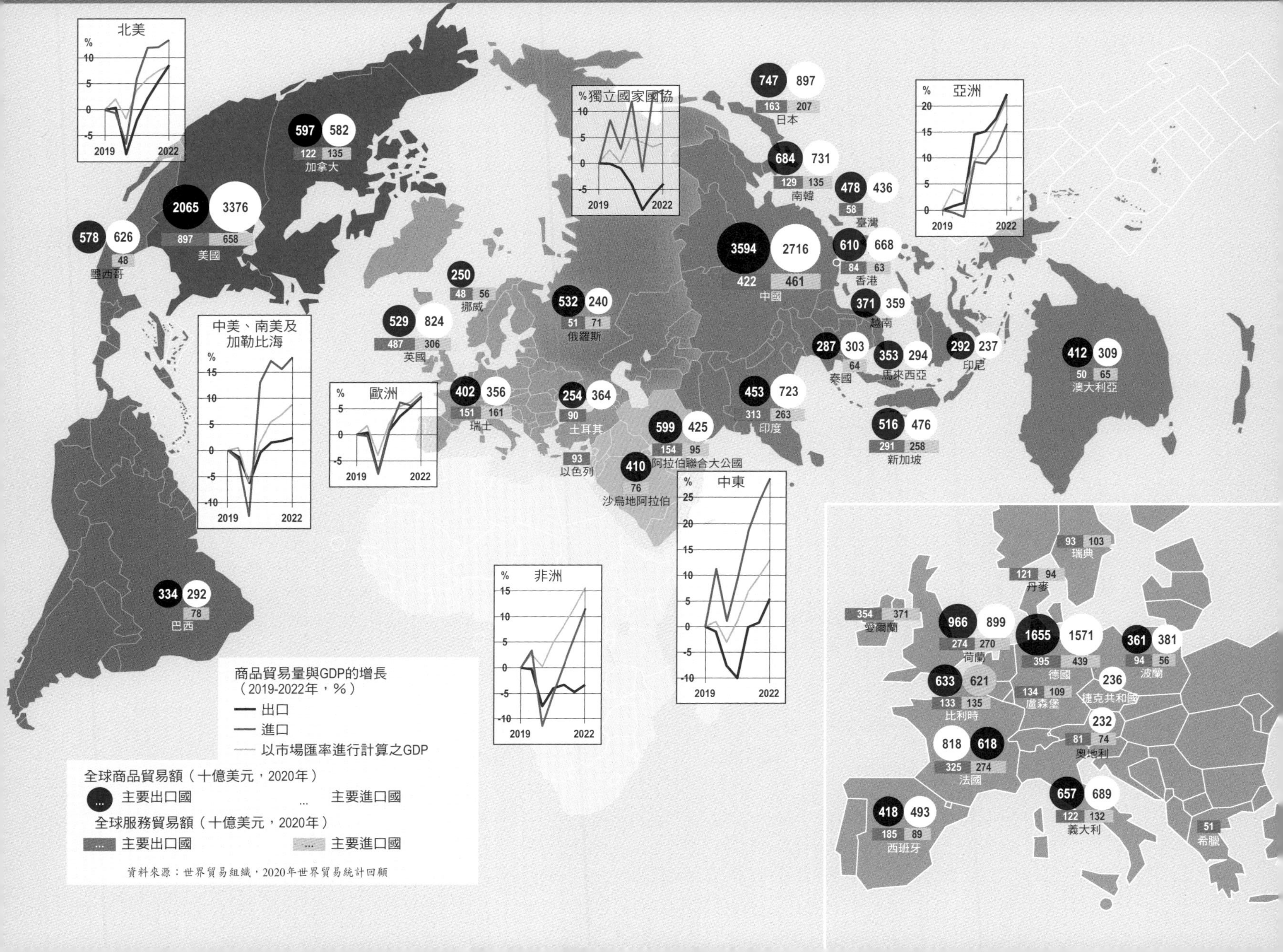

宗教

從歷史的開端，宗教就形塑了人類社會、世界觀，以及他們彼此之間的關係。宗教與人們的自我認同、文化以及文明相關的現象有著密切的關聯。而且宗教不僅在精神層次擔任要角，在政治、地緣政治上也發揮重要的影響力。不過產生的影響力是走向和平還是引發紛爭，就要看時間和地點了。

現在全世界最為普及的宗教是基督宗教（31 %）、伊斯蘭教（25 %）與印度教（15%）。以「聖典」為基礎的幾個宗教（猶太教、基督宗教、伊斯蘭教）稱為「啟示宗教」，其他則是在歷史中逐漸累積成形的宗教。

有些宗教致力於讓「異教徒」改變信仰，尤其是基督宗教（特別是福音派及部分新教的宗派）和今日的伊斯蘭教。

宗教隨著時間，也會發展成團體及國族認同上的基礎，並與文化、語言、民族、國家等面向相互交織混同。被稱為「宗教戰爭」的那些武裝衝突，當中究竟有哪些部分是因為宗教問題而引發？哪些是政治問題導致的？又或者是出於階級對抗、部族衝突、權力鬥爭？要清楚將其辨別是非常困難的。可以確定的是，宗教雖然是導致這類衝突的一項原因，但它很少是唯一的因素。另外，宗教經常並非爭端的源頭，卻經常是使其惡化的要素。這是因為在政治上遭受壓迫的群體，往往會傾向從宗教方面尋求自我認同，例如天主教在蘇聯支配下的波蘭、東正教在鄂圖曼帝國統治下的希臘及塞爾維亞、猶太教在生活於歐洲（特別是東歐）以及阿拉伯世界中的猶太社群等。當然，也有與之相反的案例，例如在蘇聯瓦解前夕，東正教再度成為形塑俄國人自我認同的主要元素。

歐洲的現代史可說是一部世俗王權企圖逃離羅馬教皇權力控制（如法國的高盧主義〔Gallicanism〕與英國的聖公宗〔Anglicanism〕），以及民間社會企圖透過「世俗性」的建立以擺脫宗教的影響，並在公共生活、私人生活兩方面獲得解放的過程。

此後，曾由基督宗教所形塑的歐洲，成為世界上宗教色彩最薄弱的一洲，其社會的宗教色彩與向來有非宗教性傾向的中國和日本相當。

相反地，在美國、拉丁美洲、非洲、印度、阿拉伯世界以及俄羅斯，宗教在生活上，甚至在政治上皆保留了強大的影響力。

依據杭亭頓的觀點，人類「文明」的分類，是以宗教作為一個主要判別標準，而這一觀點也遭到不少質疑。但對於伊斯蘭基本教義派而言，他們對西方世界、「十字軍」、以色列與猶太人，甚至是對溫和派穆斯林的憎恨，確實背後有著強烈的宗教因素。另外，雖不如伊斯蘭基本教義派般強烈，在部分西方社群裡（特別是在美國南方的某些基督新教團體中），也存在著排斥伊斯蘭原教旨主義，甚至排斥伊斯蘭教的態度。

另一方面，以色列與巴勒斯坦的紛爭，原本是典型的國族領土紛爭。然而在時間流逝、爭端始終無解的狀況下，這場原本以世俗性理由為出發點的衝突，便逐漸有了宗教性要素發酵、發揮影響力的空間：於是在巴勒斯坦人當中，伊斯蘭基本教義派就此抬頭；以色列方面，則迎來了極端主義化與國族主義化的猶太教宗派的興起。

今日，在巴爾幹、近東與中東、高加索、中亞、印度次大陸、非洲多國所爆發的衝突與危機，即有濃厚的宗教要素存在於伊斯蘭　、基督教、泛靈信仰彼此接觸、鄰接的地理界線之上。

2020年末全球主要宗教的地理分布與宗教限制情況

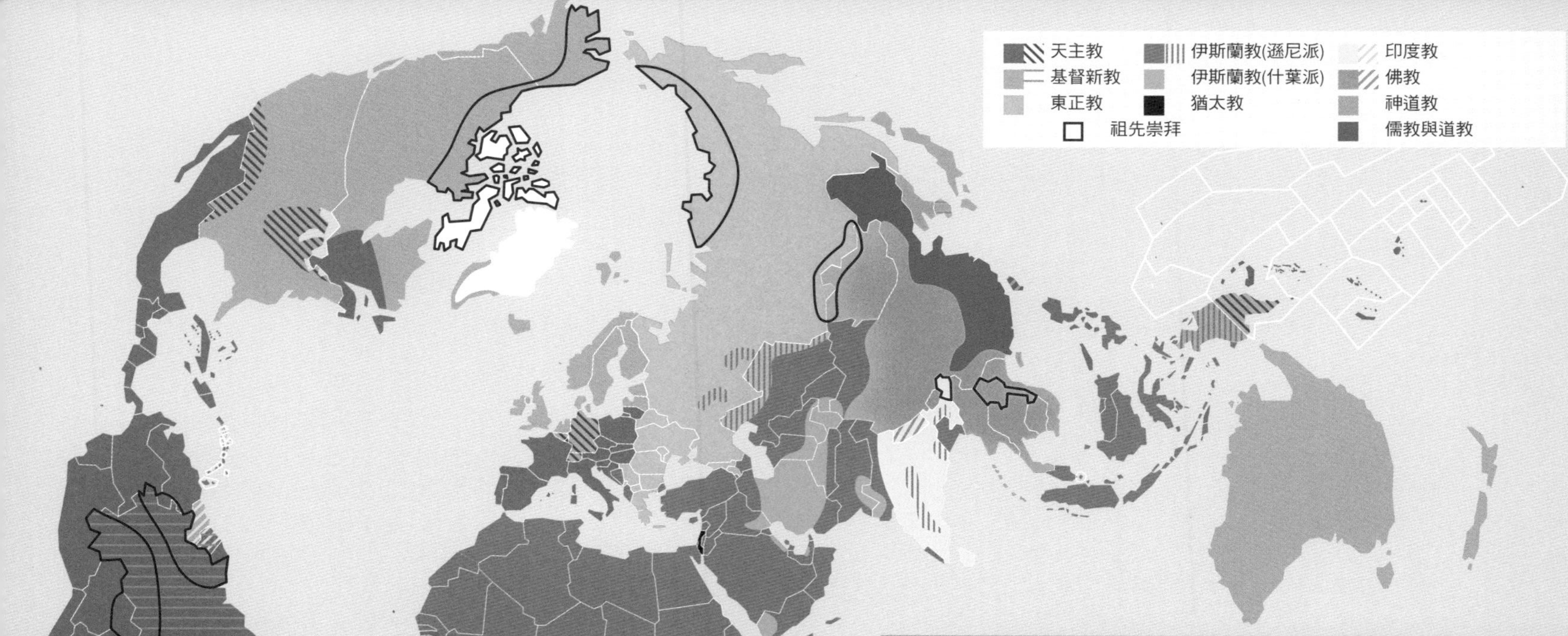

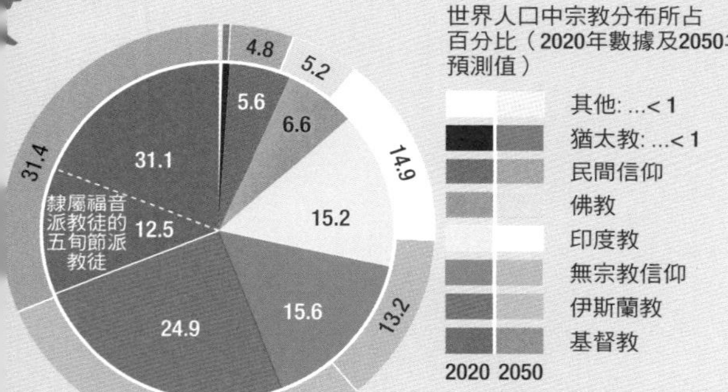

資料來源：皮尤研究中心，2023年
（世界宗教：人口成長預測，2010-2050年）

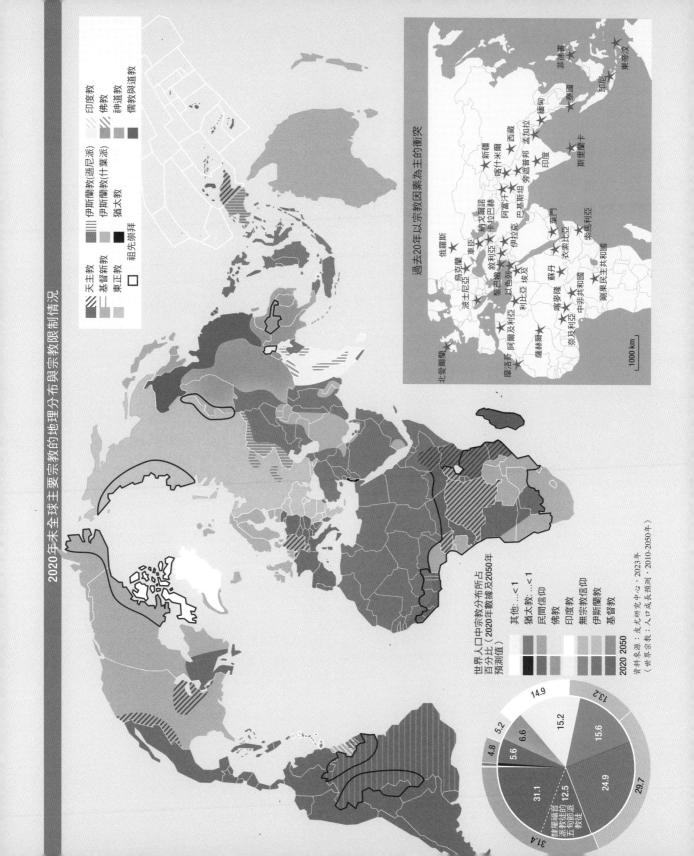

旅遊

關於跨國旅遊，世界觀光組織的定義為人們在進入外國國境後至少停留24小時，並且是因工作以外的理由而停留的所有移動行為。

自20世紀下半葉以來，觀光蓬勃發展，甚至成為大眾化的活動。由於運輸網絡的發展、交通成本的降低、休閒時間的增加、國境的開放等因素，觀光發展突飛猛進，並成為世界邁向全球化的要素之一。國際觀光客的數量於1950年為2千5百萬人、1980年2億8千萬人、1990年4億4千萬人，到今日已超過15億人。國際觀光業已超越國內觀光業，占國內生產毛額（GDP）的10%。雖然國境線的逐漸開放讓旅遊業獲得快速發展的機會，但各個地區與國家的觀光發展實際上存在著不平等的現象。歐洲目前仍是全球最大的觀光地區，在2019年有7.4億的遊客前往旅遊；亞太地區則受惠於中國的迅速發展（2018年有1.5億的中國遊客出國觀光），以3.64億人暫居第二；緊接其後的是美洲（2.2億人）、非洲（7100萬人）與中東（6400萬人）。

在Covid-19疫情之前，觀光可說是世界最大的非政府經濟部門。對於貧窮國家來說，觀光業在經濟發展上扮演重要角色。而對於絕大多數的低度開發國家而言，觀光業更是賺取外匯的最重要手段。同樣地，觀光對新興國家及先進國家來說，也是非常具有吸引力的產業活動。因為接受觀光客的社會，在財政面、人與人連結的面向上、創造工作機會的意義上皆直接受惠。所以在2004年年末的南亞大海嘯之後，亞洲各國認為對其本國最大的援助，其實就是觀光客能大量回籠。

然而，觀光的發展是否有可能助長、強化非民主主義體制的政權呢？不，當一個國家為了觀光而大開門戶，正意味著這個國家的人民受到的社會管制相對沒有那麼嚴苛。因為獨裁體制愈強，就愈不願接受外國人停留在本國境內。譬如冷戰時期的共產國家，為了不讓為數不多的訪客和一般民眾，甚至是跟國內的反對人士有所接觸，這些政府對於到訪者會採取嚴格的跟蹤及監視行動。

恐怖攻擊的風險，則對旅遊活動的發展構成另一種重大威脅，例如阿拉伯國家的觀光業即受此影響。因為恐怖組織的主要手段，就是藉由攻擊該國的重要收益來源，以造成該國情勢的不安定。但是這個時代，人們似乎已經對於這樣的危險有了更高的適應性，加上恐怖活動在任何地方都有可能發生，就算是西方國家的大都市，如紐約、馬德里、倫敦或巴黎也不例外。因此恐怖活動的危險性，在一般人的認知上也是愈來愈理所當然。反倒是衛生相關的風險、交通事故，或是體育活動所發生的意外等，雖然不像恐怖攻擊那樣引人注意，但實際上造成的傷亡卻更多。

如果說今後有什麼將會威脅觀光業，或許首推人們對於生態風險的意識逐步升高這一趨勢——由於全球化的發展與中產階級的人數增長，造成觀光客數量大爆發，而大量人潮的湧入為許多地區、景點帶來嚴重的環境破壞，並迫使地方政府或團體採取相應的限制及保護措施。例如在某些「過度觀光化」的城市或景點，其主管機關就有可能針對訪客的人數設定上限以維護當地的生活與旅遊品質。此外，愈來愈密集的空中運輸，被認為是造成環境汙染及公害的重要因素之一，今後若無法抑制航空業的能源消耗，機票的價格可能會被迫再次調漲，而航空運輸的方式也會在對抗全球暖化的大纛前受到質疑。

2020至2022年間的Covid-19大流行使旅遊活動近乎全面停擺，並大幅減少了航空運輸的需求。過去每年湧入數百萬遊客的威尼斯、紐約或巴黎瞬間回歸平靜，全球都共同見證了這個重大時刻的發生。然而，旅遊業在那之後即逐步開始復甦，全球環境變遷的警鐘是否真的能催生出對旅遊與航空等產業運作模式進一步的修正或管制，則尚待觀察。

2019-2022年國際旅遊

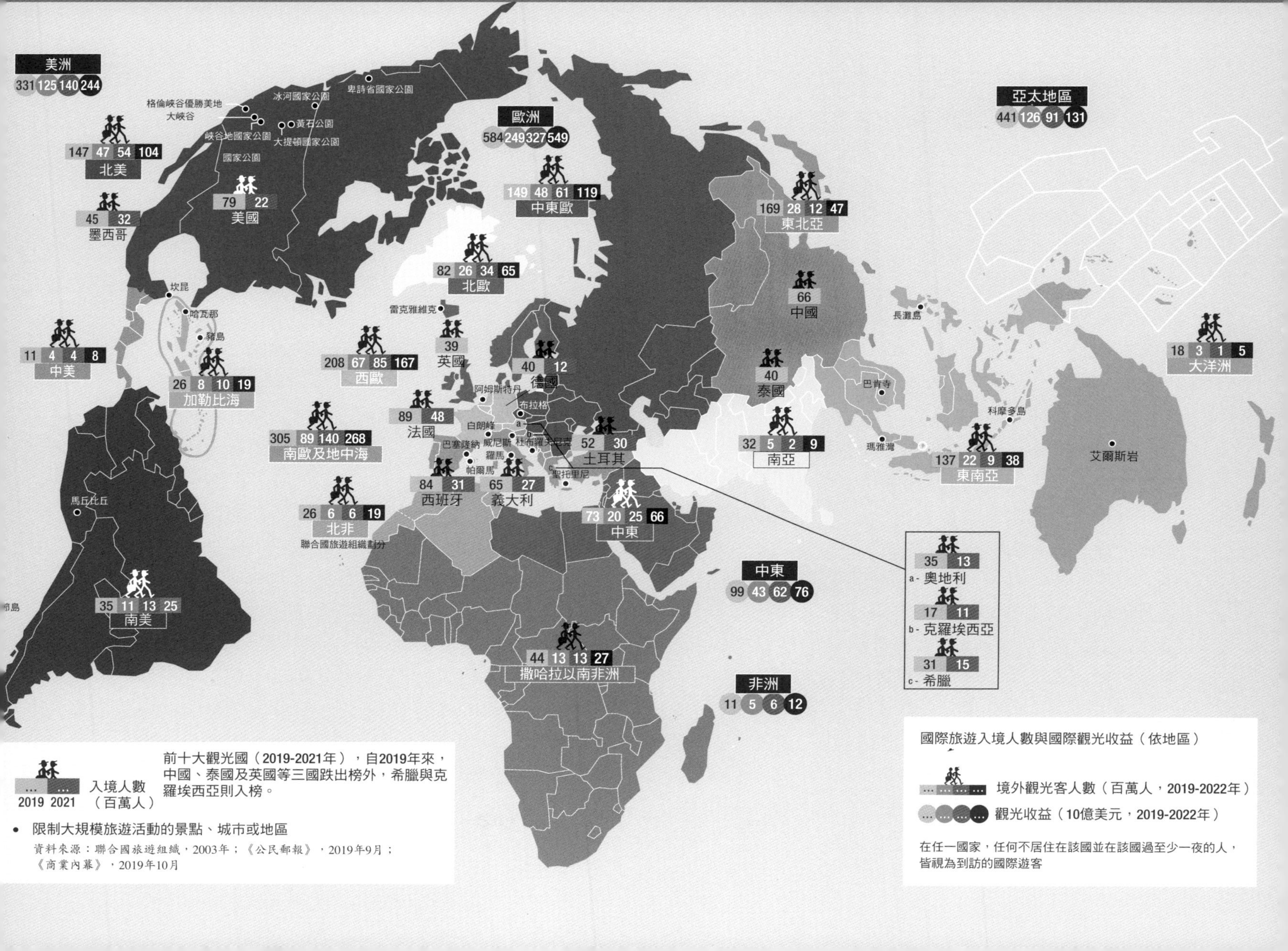
美洲
331 125 140 244
北美
147 47 54 104
美國
79 22
墨西哥
45 32
中美
11 4 4 8
加勒比海
26 8 10 19
南美
35 11 13 25
格倫峽谷優勝美地
大峽谷
峽谷地國家公園
國家公園
冰河國家公園
黃石公園
大提頓國家公園
卑詩省國家公園
坎昆
哈瓦那
豬島
馬丘比丘
歐洲
584 249 327 549
中東歐
149 48 61 119
北歐
82 26 34 65
西歐
208 67 85 167
英國
39
雷克雅維克
德國
40 12
法國
89 48
南歐及地中海
305 89 140 268
西班牙
84 31
義大利
65 27
土耳其
52 30
阿姆斯特丹
布拉格
白朗峰
巴塞隆納
威尼斯
杜布羅夫尼克
羅馬
帕爾馬
聖托里尼
北非
26 6 6 19
聯合國旅遊組織劃分
中東
73 20 25 66
中東
99 43 62 76
撒哈拉以南非洲
44 13 13 27
非洲
11 5 6 12
亞太地區
441 126 91 131
東北亞
169 28 12 47
中國
66
泰國
40
南亞
32 5 2 9
東南亞
137 22 9 38
大洋洲
18 3 1 5
長灘島
巴肯寺
瑪雅灣
科摩多島
艾爾斯岩
35 13
a- 奧地利
17 11
b- 克羅埃西亞
31 15
c- 希臘

2019 2021 入境人數（百萬人）

前十大觀光國（2019-2021年），自2019年來，中國、泰國及英國等三國跌出榜外，希臘與克羅埃西亞則入榜。

- 限制大規模旅遊活動的景點、城市或地區

資料來源：聯合國旅遊組織，2003年；《公民郵報》，2019年9月；《商業內幕》，2019年10月

國際旅遊入境人數與國際觀光收益（依地區）

境外觀光客人數（百萬人，2019-2022年）

觀光收益（10億美元，2019-2022年）

在任一國家，任何不居住在該國並在該國過至少一夜的人，皆視為到訪的國際遊客

語言

語言是維繫民族內部認同的緊密紐帶——甚至可以說是所有紐帶中力量最強的一種——有時也可以視為觀測一個社會或族群中外部影響程度的指標。一種語言在國際範圍內的普及程度，也可以衡量該語言的母國具有多大的對外影響能力。而語言在發祥母國以外的地區使用的例子並不少見。

從 17 到 20 世紀初，法語是政治菁英、知識分子及高階外交官使用的國際性語言。即便 19 世紀的法國已把大國的寶座讓給了英國，法語仍舊保住作為世界官方語言的重要地位。終結第一次世界大戰的凡爾賽條約（1919 年），是歷史上第一份同時由英語及法語兩種語言書寫的外交文書。也就是說，這個條約見證了兩個語言的優勢消長遞嬗的歷史。英語能夠成功普及，除了因為這是當時作為歐洲第一強國的英國的國語，同時也因為英語是正在邁向大國之路的美國所使用的語言。

一種語言的使用，其實也反映出過去歷史的脈絡，特別是殖民帝國在前殖民地所留下的文化遺產，例如非洲今日存在的法語區、英語區、葡萄牙語區，以及拉丁美洲所通行的葡萄牙語和西班牙語等。同時，一種語言也反映出其發源國的文化吸引力及總體國力。英語之所以能夠在今日成為世界通用的語言，主要是因為有英國過去的廣大殖民地（非洲英語圈、澳大利亞、紐西蘭、加拿大、美國等）作為穩固的基礎，再加上當代美國作為全球第一強國的支配性地位所致。此外，全球化的發展更讓英語成為國際性的媒介語言。沒有人可以否認英語（更確切地說，應該是簡化的全球化英語〔Globish〕，而非文學英語）已成為當代全球外交、媒體、商務，以及文化的國際語言。不過，在中國的影響下，今後會如何發展呢？

要評量一種語言的影響力，需要考慮的不只是語言人口的多寡，而更應該要關注該語言在發祥地之外的普及程度，以及該語言被非母語人士使用的情形。譬如漢語，無疑是全球語言人口最多的語言，然而在世界上並未居於領導位置，也尚未建立起作為國際語言的地位。而法語即使已失去了作為菁英階層標準語的地位，但在文化及國際交流上，仍舊是國際上的兩大語言之一，也是 30 個國家的官方語言，在外交領域上持續守住重要地位，而且近年來使用人口也有回升的趨勢（全球使用者約 3 億人）。英語則是 60 個國家的官方語言或是半官方語言。

聯合國的 6 種官方語言（英語、阿拉伯語、漢語、西班牙語、法語、俄語）反映了語言使用人口的多寡。根據聯合國教科文組織的調查，目前全球存在著約 7 千種語言，其中有 20 種為強勢語言，使用者人數占全球人口的 95%。然而，各地少數民族、原住民族的語言卻有 95% 可能在 2100 年以前滅絕。有關語言發展的均值化或多樣性之爭，或許仍會持續很長一段時間。在當代人工智慧技術加持下快速發展與翻新的翻譯工具，又會對世界語言的發展帶來什麼樣的衝擊呢？

世界各國的官方語言

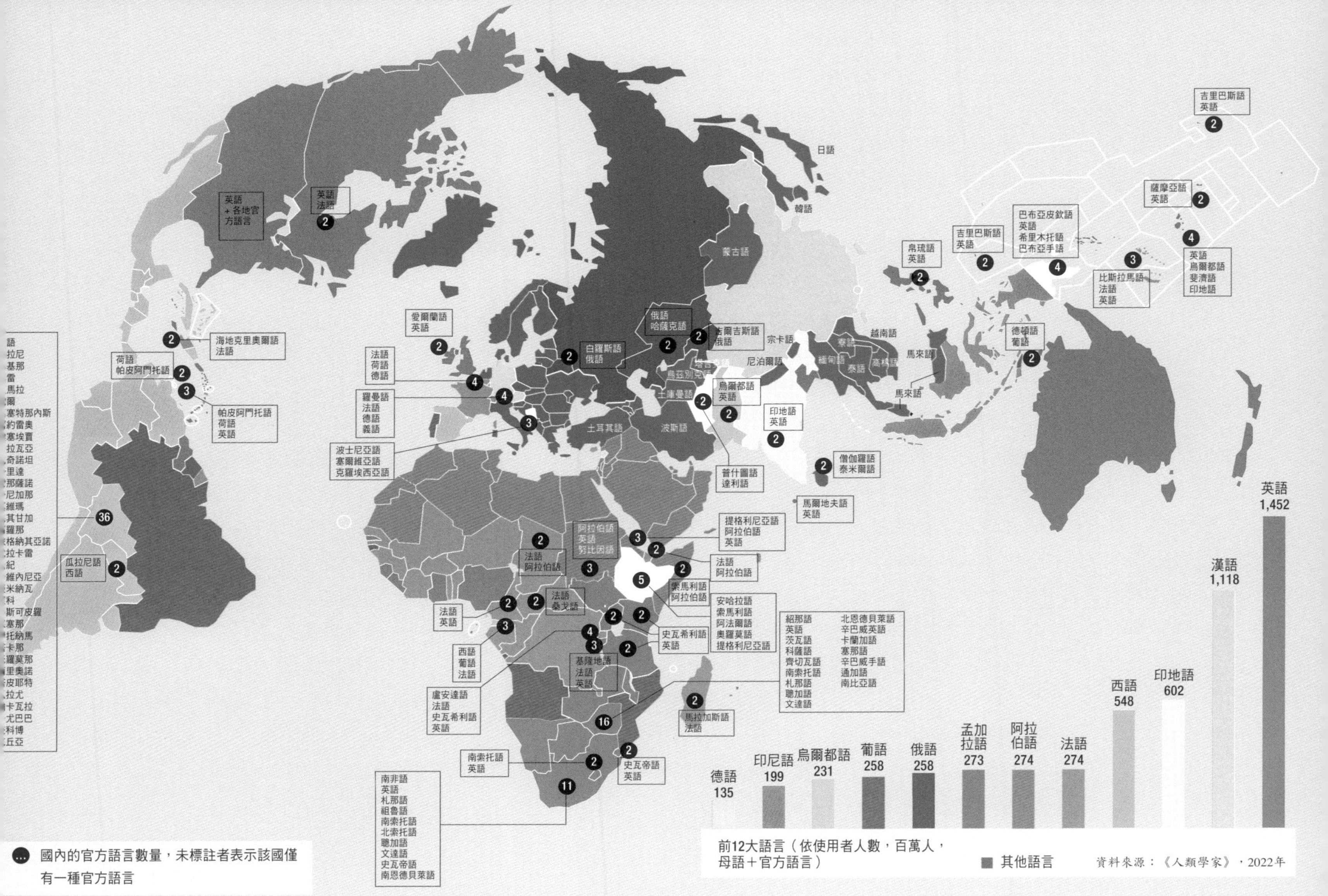

英語
+各地官方語言
英語
法語
2
海地克里奧爾語
法語
荷語
帕皮阿門托語
帕皮阿門托語
荷語
英語
瓜拉尼語
西語
36
愛爾蘭語
英語
法語
荷語
德語
羅曼語
法語
德語
義語
波士尼亞語
塞爾維亞語
克羅埃西亞語
白羅斯語
俄語
俄語
哈薩克語
吉爾吉斯語
俄語
蒙古語
日語
韓語
宗卡語
尼泊爾語
烏茲別克語
土庫曼語
土耳其語
波斯語
烏爾都語
英語
印地語
英語
普什圖語
達利語
僧伽羅語
泰米爾語
馬爾地夫語
英語
越南語
泰語
緬甸語
高棉語
馬來語
德頓語
葡語
帛琉語
英語
吉里巴斯語
英語
巴布亞皮欽語
英語
希里木托語
巴布亞手語
比斯拉馬語
法語
英語
英語
烏爾都語
斐濟語
印地語
薩摩亞語
英語
吉里巴斯語
英語
提格利尼亞語
阿拉伯語
英語
法語
阿拉伯語
阿拉伯語
英語
努比因語
法語
阿拉伯語
索馬利語
阿拉伯語
安哈拉語
索馬利語
阿法爾語
奧羅莫語
提格利尼亞語
紹那語
英語
茨瓦語
科薩語
齊切瓦語
南索托語
札那語
聰加語
文達語
北恩德貝萊語
辛巴威英語
卡蘭加語
塞那語
辛巴威手語
通加語
南比亞語
法語
桑戈語
法語
英語
西語
葡語
法語
史瓦希利語
英語
基隆地語
法語
英語
盧安達語
法語
史瓦希利語
英語
馬拉加斯語
法語
南索托語
英語
史瓦帝語
英語
南非語
英語
札那語
祖魯語
南索托語
北索托語
聰加語
文達語
史瓦帝語
南恩德貝萊語
16
11
英語 1,452
漢語 1,118
印地語 602
西語 548
法語 274
阿拉伯語 274
孟加拉語 273
俄語 258
葡語 258
烏爾都語 231
印尼語 199
德語 135
前12大語言（依使用者人數，百萬人，母語+官方語言）
其他語言
資料來源：《人類學家》，2022年
國內的官方語言數量，未標註者表示該國僅有一種官方語言

犯罪

國際刑警組織（Interpol）對犯罪組織的定義是：「跨越國境並策略性地從事一貫的違法行為，以獲得利益為首要目的的任何營利團體」。而全球化與去監管化的世界趨勢，也讓犯罪組織一併從中獲益。

例如過去以某些國家為根基、在特定區域內活動的黑手黨，在與單一政府組織對抗的過程中，也為了在進一步擴張其犯罪利益而開始在全球範圍內活動。像這樣的犯罪組織集團，正是充分利用了全球化進程所帶來的國境開放、管制鬆綁、全球經濟金融化等條件來進行其非法活動。

除了南義大利的黑手黨、日本黑社會、中國三合會、玻利維亞及哥倫比亞的販毒集團，以及一邊以國內為據點、一邊向全球發展的俄羅斯黑手黨等之外，還有其他的違法組織陸續登場，譬如以非法交易賺取活動資金，或是以非法交易為主要活動的武裝組織與游擊隊等。對於他們而言，攫取權力的主要目的，是為了從掠奪天然資源及進行非法交易（石油、鑽石等）之中獲得利潤。

除了傳統上常見的非法活動（毒品、武器、鑽石交易）之外，新形態的犯罪活動也在發展當中，例如人口販運（性奴隸、非法移民等）、瀕危物種買賣、金融犯罪，還有規模逐漸擴大的偽造及仿冒活動（奢侈品、藥品）等。另外，海盜也開始在亞洲及非洲沿海地帶擴張。這些犯罪活動通常具有暴力性質，並伴隨著洗錢手段的執行，甚而包括對於某些國家政府及其高層所進行的賄賂、收買行為。

根據聯合國貿易和發展會議（UNCTAD）的試算，非法交易的總數額約占全球 GDP 的 3%。進行非法活動的組織，不僅在國際上造成不安，有些組織甚至動用龐大的資金挑釁國家政府及治安單位。當一國的行政系統及治安單位軟弱無力或是腐敗不穩定時，便容易讓非法組織有機可趁。

2000 年 12 月，「國際組織犯罪防止條例」在西西里島的巴勒摩完成簽署；早先在 1987 年時，也成立了「防制洗錢金融行動工作組織」（FATF），以進一步對跨國犯罪活動進行監控及打擊。

而自 911 恐怖事件發生以來，恐怖組織的資金來源與流向開始受到注目。但是到目前為止，非法組織的犯罪活動項目仍在持續發展（包括非法移民、野生動物販運、核廢料、毒品交易等），且其在速度、效率方面往往為國家機器反應所不及，即便各國政府與相關組織之間也逐步採取更為緊密的合作來打擊這些犯罪行為，但有時仍力有未逮。在某些內部結構、社會狀況較為脆弱的國家，更是讓跨國犯罪進行的難度大大降低。

組織犯罪

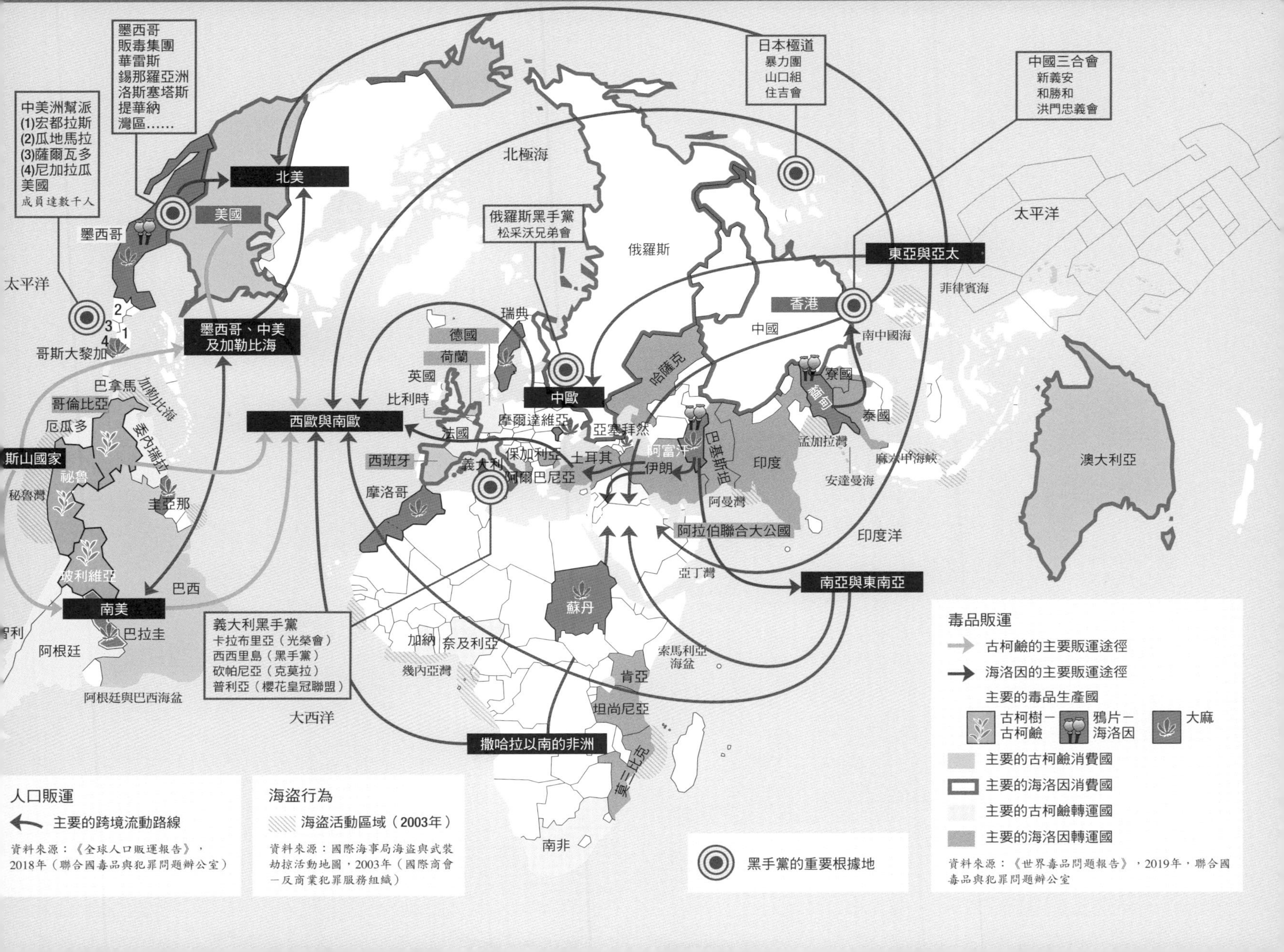
墨西哥
販毒集團
華雷斯
錫那羅亞洲
洛斯塞塔斯
提華納
灣區……
中美洲幫派
(1)宏都拉斯
(2)瓜地馬拉
(3)薩爾瓦多
(4)尼加拉瓜
美國
成員達數千人
日本極道
暴力團
山口組
住吉會
中國三合會
新義安
和勝和
洪門忠義會
俄羅斯黑手黨
松采沃兄弟會
義大利黑手黨
卡拉布里亞（光榮會）
西西里島（黑手黨）
砍帕尼亞（克莫拉）
普利亞（櫻花皇冠聯盟）
北美
美國
墨西哥
太平洋
哥斯大黎加
墨西哥、中美及加勒比海
巴拿馬
加勒比海
哥倫比亞
厄瓜多
委內瑞拉
斯山國家
秘魯
秘魯灣
圭亞那
玻利維亞
巴西
南美
智利
巴拉圭
阿根廷
阿根廷與巴西海盆
大西洋
北極海
俄羅斯
瑞典
德國
荷蘭
英國
比利時
中歐
西歐與南歐
法國
摩爾達維亞
亞塞拜然
西班牙
義大利
保加利亞
土耳其
阿爾巴尼亞
摩洛哥
哈薩克
阿富汗
伊朗
巴基斯坦
印度
阿曼灣
阿拉伯聯合大公國
亞丁灣
蘇丹
加納
奈及利亞
幾內亞灣
索馬利亞海盆
肯亞
坦尚尼亞
莫三比克
南非
撒哈拉以南的非洲
南亞與東南亞
中國
香港
南中國海
寮國
緬甸
泰國
孟加拉灣
安達曼海
麻六甲海峽
印度洋
東亞與亞太
菲律賓海
太平洋
澳大利亞
人口販運
主要的跨境流動路線
資料來源：《全球人口販運報告》，2018年（聯合國毒品與犯罪問題辦公室）
海盜行為
海盜活動區域（2003年）
資料來源：國際海事局海盜與武裝劫掠活動地圖，2003年（國際商會—反商業犯罪服務組織）
黑手黨的重要根據地
毒品販運
古柯鹼的主要販運途徑
海洛因的主要販運途徑
主要的毒品生產國
古柯樹—古柯鹼
鴉片—海洛因
大麻
主要的古柯鹼消費國
主要的海洛因消費國
主要的古柯鹼轉運國
主要的海洛因轉運國
資料來源：《世界毒品問題報告》，2019年，聯合國毒品與犯罪問題辦公室

戰略挑戰

烏克蘭戰爭的爆發，讓西方國家警覺到戰爭有可能再次在歐洲爆發。但對於世界其他地方來說，其實從未因為所謂「國際共同體」的形成而有了天下太平、戰爭絕跡的幻想。雖然到2022年為止，世界武力衝突的型態大致上以地區型的局部交戰為主，而非過去常見的國家層級的全面戰爭，但其性質同樣充滿暴力，且依舊有大規模屠殺的情形發生。

近年在中美博弈和競爭的背景下，全球的戰略性挑戰不斷增加。此種競爭的形態與冷戰期間的兩極對抗模式有所不同，但其激烈程度卻未曾稍減。

自21世紀初以來，各國軍事開支持續增加，逆轉了冷戰結束後軍費縮減的趨勢（也讓過去所謂的「和平紅利」成為一場虛幻的美夢）。國家間的軍備競賽仍普遍存在，由於美國在軍武方面的龐大支出，讓西方國家在軍事費用挹注的數額上整體仍是位列前矛。

有可能造成各國衝突的引爆點與導火線一直不在少數，21世紀後更是不斷增加。冷戰期間，美蘇角力的戰場一度發展到宇宙層級。但在今日，這種對於太空科技的壟斷地位已經被打破：除了其他強國（包括中國）的進場外，更有以私人身分加入賽局的新參與者，如伊隆・馬斯克（Elon Musk, Space X）或傑夫・貝佐斯（Jeff Bezos, Blue Origin），這些科技巨擘正致力於將其資本投入於在過去只有國家得以觸及的領域。

此外，國際間的對抗也不僅有武力衝突一種樣態，在其他關乎各國重要利益的層面上也都存在著類似的問題，例如遍布全球的海底電纜即是一例。這些通信電纜安裝在海洋底部，並使全球網際網路得以穩定連結及運作（世界上有98%的資訊藉此進行跨國傳輸），但同時也成為在國家或區域衝突中有可能遭到祕密攻擊與破壞的一種重要基礎設施。

在當代，這種全球性的權力競逐也擴展到網路世界。因此，目前針對資訊網路、伺服器、資料庫的保護，以及對網絡攻擊的防範變得極為重要。這類攻擊之所以必須更加謹慎面對，是因為此類手段有可能造成整個國家的癱瘓與失能，而我們卻往往難以立即（甚至永遠無法）查明攻擊者的真實身分。

最後，必須提出所謂「混合戰爭」的概念——這是一種將常規性與非常規性的戰略、方法和戰術加以組合而成的戰爭型態，當中也包含了現代時期戰爭中所重視的心戰 、資訊戰等面向，並構成了當代戰爭的重要特色。在這種手法下，包括假訊息的散布、網路攻擊的策動、經濟壓迫的執行等，都可以成為戰爭的一部分，這也使戰爭與和平之間的界線逐漸模糊。

1980年以來世界軍費支出的變化（10億美元）

1980	1985	1990	1995	2000	2005	2010
366	487	712	725	742	1160	1648

2015	2016	2017	2018	2019	2020	2021	2022
1651	1649	1718	1805	1865	1947	2077	2239

資料來源：世界銀行、斯德哥爾摩國際和平研究所

2000年以來各國軍費支出的變化（10億美元）

國家	2000	2022
美國	320,086	876,943
中國	22,237	291,958
俄國	9,228	86,363
印度	14,288	81,963
沙烏地阿拉伯	19,964	75,013
英國	39,344	68,463
德國	26,498	55,760
法國	28,403	53,639
南韓	13,801	46,365
日本	45,510	45,992

資料來源：同上

2022年全球軍費支出前25名國家

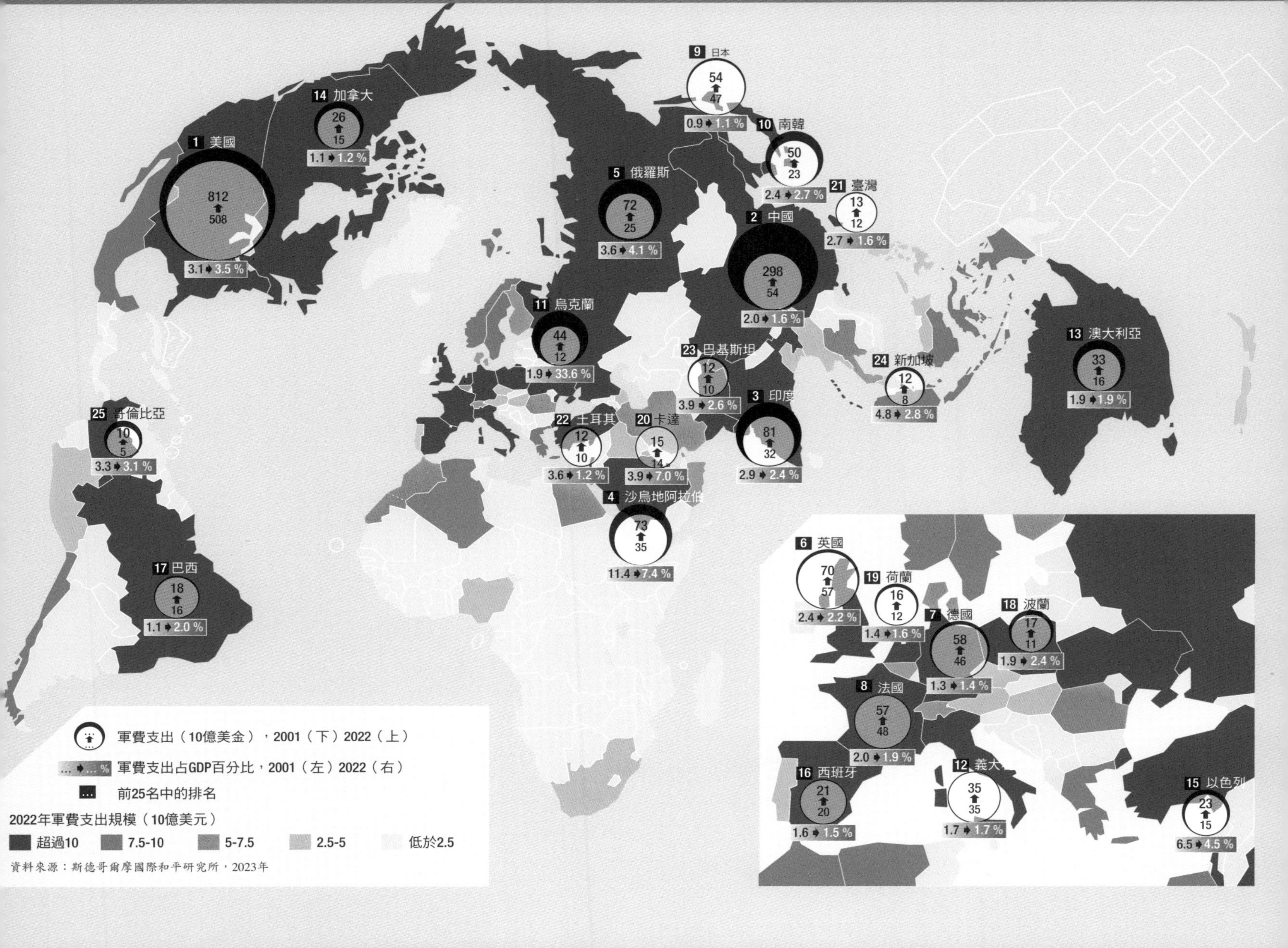

1 美國 812 508 3.1 3.5 %
14 加拿大 26 15 1.1 1.2 %
5 俄羅斯 72 25 3.6 4.1 %
9 日本 54 47 0.9 1.1 %
10 南韓 50 23 2.4 2.7 %
21 臺灣 13 12 2.7 1.6 %
2 中國 298 54 2.0 1.6 %
11 烏克蘭 44 12 1.9 33.6 %
23 巴基斯坦 12 10 3.9 2.6 %
3 印度 81 32 2.9 2.4 %
24 新加坡 12 8 4.8 2.8 %
13 澳大利亞 33 16 1.9 1.9 %
25 哥倫比亞 10 5 3.3 3.1 %
22 土耳其 12 10 3.6 1.2 %
20 卡達 15 14 3.9 7.0 %
4 沙烏地阿拉伯 73 35 11.4 7.4 %
17 巴西 18 16 1.1 2.0 %
6 英國 70 57 2.4 2.2 %
19 荷蘭 16 12 1.4 1.6 %
7 德國 58 46 1.3 1.4 %
18 波蘭 17 11 1.9 2.4 %
8 法國 57 48 2.0 1.9 %
16 西班牙 21 20 1.6 1.5 %
12 義大利 35 35 1.7 1.7 %
15 以色列 23 15 6.5 4.5 %
軍費支出（10億美金），2001（下）2022（上）
軍費支出占GDP百分比，2001（左）2022（右）
前25名中的排名
2022年軍費支出規模（10億美元）
超過10
7.5-10
5-7.5
2.5-5
低於2.5

資料來源：斯德哥爾摩國際和平研究所，2023年

核威懾與核擴散

1945年8月6日和9日，美國分別在廣島和長崎投下原子彈，使日本帝國不得不投降，而這也開啟了新的防衛戰略時代——核武時代。

核武動搖了戰爭與和平問題的傳統認知——有了核武之後，戰略的目標不再是為了打贏戰爭，而是為了規避戰爭。在過往的戰爭中，通用的成本和效益計算方式已經失去了意義，因為如果對擁有核武的國家發動戰爭，發動戰爭的國家很有可能被完全殲滅，而這也正是「互相威懾」這一效果得以建立的事實基礎。

自此，發動戰爭的潛在危險性有可能比從中獲得的利益還要巨大，核武強大的破壞力也因此足以遏止任何侵略的意圖。於是，核武的威懾力成為和平的保障。但與此同時，人們也意識到一件事：在世界存有核武的情況下，一但爆發全面性的核戰爭，那麼理論上地球的所有生物可能都會被消滅。

美國想要長期壟斷核武的願望並未實現，1949年蘇聯即已打破了美國的獨占情勢。從那時開始，兩大強權在核武開發上，無論是質與量皆互不相讓，並不斷地累積核武器的存量，結果其規模大到遠遠超過足以遏止戰爭的「最小需求」。隨後，英國於1952年、法國於1960年、中國於1964年相繼加入「核武大國俱樂部」的行列。

至於所謂的「核擴散」則可分為兩種形態。其一為垂直擴散，意指已經擁有核武的國家增加核武及核彈頭的數量。另一方面，水平擴散則意指擁有核武的國家在數量上的增加。有190國簽署，於1970年生效的《核武禁擴條約》(NPT)中，擁有核武的大國承諾對消滅核武進行磋商並締結條約，同時沒有核武的國家也承諾今後不會擁有核武，藉此試圖限制核武的擴散（相對地，民生用途方面的核能發展則予以鼓勵）。

即便該條約招來欠缺公平性的批評，那些將本國安全保障的基礎建立在核威懾力之上的國家卻仍認為，其他國家一但取得核武，將會對國際安全的保障構成問題。對於這些國家來說，擁有核武的國家一旦增加，也會造成核武被加以使用的風險提升。

另外有三個實際上持有核子武器，但未簽署《核武禁擴條約》的國家（印度、巴基斯坦、以色列）。南非雖然一度也發展核武，不過在原本的種族隔離政權垮臺後已廢止該計畫。曾是NPT簽署國的北韓則為了發展核武，於2003年退出該協議。同樣簽署了NPT的伊朗，則被懷疑在暗中發展核武並違反禁止核武擴散的承諾。

不過，在2015年7月，伊朗政府接受美國總統歐巴馬的協調，同意外界以可靠的檢驗方式對該國的核能發展計畫進行查核。然而，在以處理伊朗核問題為目標的六方會談（五個聯合國常任理事國與德國）進行了多年的協商後，當時的美國總統川普卻在2018年5月宣布退出。

大規模毀滅性武器的擴散被世界各國（特別是西方國家）視為全球的重大威脅，其結果可能會導致他們在近年已遭削弱的戰略優勢進一步喪失。俄烏戰爭或可視為俄羅斯擁核武以自重，並以此作為確保自身在發動戰爭的同時不致遭到他國攻擊的一種保護傘。

核武禁擴條約的範圍（1968年）

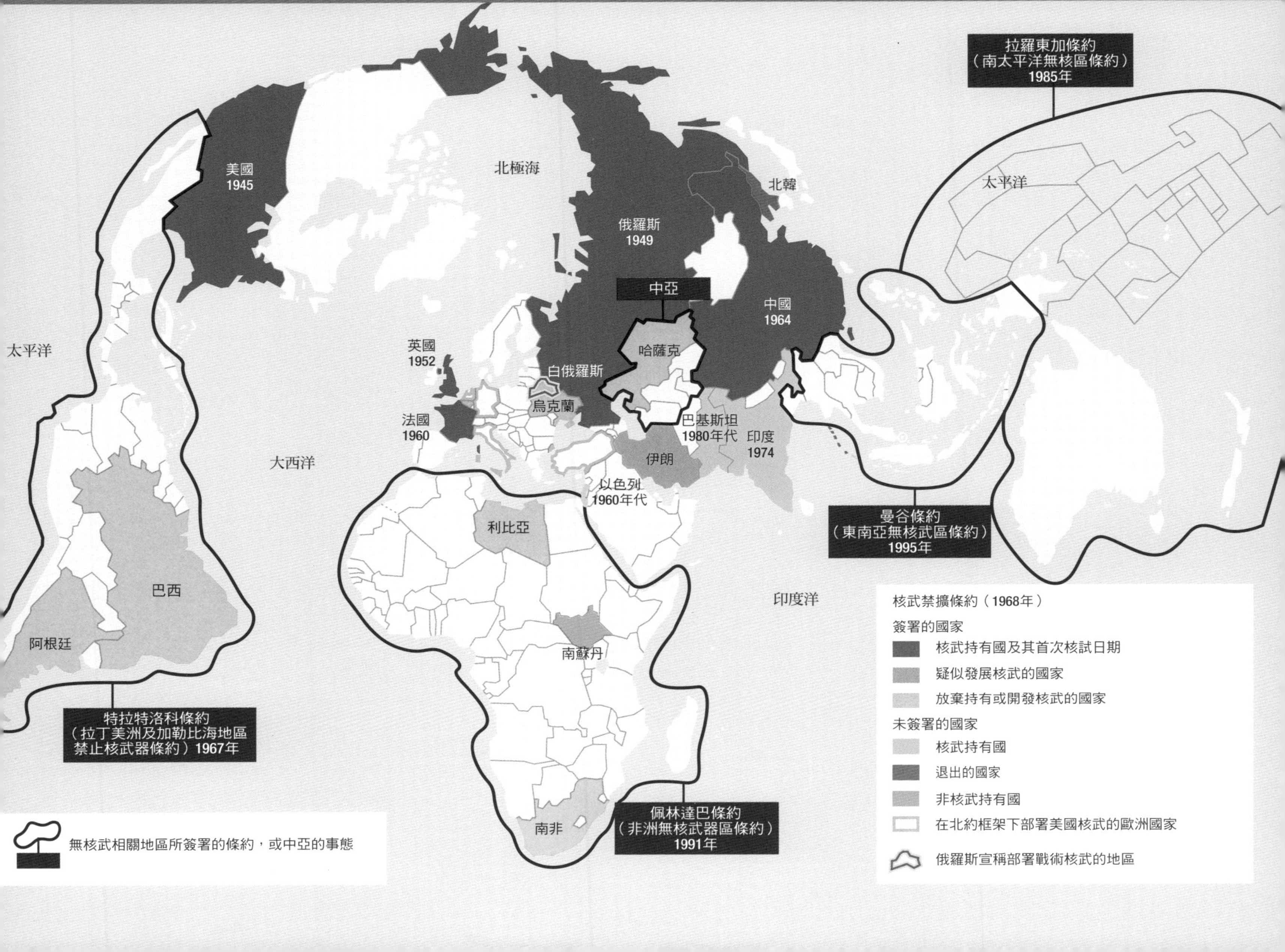
美國
1945
北極海
俄羅斯
1949
北韓
中國
1964
中亞
哈薩克
白俄羅斯
烏克蘭
英國
1952
法國
1960
巴基斯坦
1980年代
印度
1974
伊朗
以色列
1960年代
太平洋
大西洋
印度洋
利比亞
南蘇丹
南非
巴西
阿根廷
拉羅東加條約
（南太平洋無核區條約）
1985年
曼谷條約
（東南亞無核武區條約）
1995年
特拉特洛科條約
（拉丁美洲及加勒比海地區
禁止核武器條約）1967年
佩林達巴條約
（非洲無核武器區條約）
1991年
無核武相關地區所簽署的條約，或中亞的事態
核武禁擴條約（1968年）
簽署的國家
核武持有國及其首次核試日期
疑似發展核武的國家
放棄持有或開發核武的國家
未簽署的國家
核武持有國
退出的國家
非核武持有國
在北約框架下部署美國核武的歐洲國家
俄羅斯宣稱部署戰術核武的地區

恐怖主義

自從2001年9月11日的多件恐怖攻擊事件後，以美國為主的歐美各國（包括俄羅斯）已經將「國際恐怖攻擊」（或者伊斯蘭主義恐怖攻擊）視為對自己國家與世界安全的主要威脅。美國自從蘇聯的威脅消失後，就沒有足以與之抗衡的敵人，因此在本土初次遭受攻擊的狀況下大感驚愕，並深受傷害。對部分歐美國家而言，國際恐怖攻擊已經取代共產主義成為主要敵人。美國前總統小布希（George W. Bush）即倡議進行所謂的「反恐戰爭」。但是，這個問題並沒有那麼單純。因為恐怖主義正是為了讓人感到恐懼，而採取了對一般大眾隨機攻擊的手法，其本身可能不具備一個特定的實體，可能也未必有真正的計畫。

以西方國家、俄羅斯與信仰伊斯蘭的阿拉伯國家為首，世界大部分的國家都承認恐怖主義是重大的威脅。近20年來，全世界的恐怖攻擊受害者人數從每年平均2-3千人，增加到2-3萬人。另外，雖然當前發生的恐怖攻擊事件，主要是由伊斯蘭主義者所發動，但在歷史上並非總是如此（不過，中世紀伊朗有名的「Hashishin」暗殺集團，確實是暗殺者「Assassin」一詞的來源）。

恐怖主義一詞（terrorisme），得名於法國在1793年所經歷的「恐怖統治時期」（la Terreur）。當時，法國大革命趨於極端化，專政的雅各賓派（Jacobins）以暴力手段大量處決「反革命分子」。換句話說，這個字眼在最初的意義是「來自國家的『恐怖』」。而在19世紀的俄羅斯和法國，恐怖攻擊主要是無政府主義者所發動。1914年塞爾維亞民族主義者在塞拉耶佛進行的恐怖攻擊更成為第一次世界大戰的導火線。到了20世紀後半葉，恐怖攻擊則多半是以獨立運動或分離主義為訴求，在西歐發生的某些恐攻事件，甚至是由激進左派所發動。

關於恐怖主義的定義，至今在理論與政治層面的討論中均存在爭議。恐怖主義有時被形容為一種「弱者的武器」，至於發動攻擊的人究竟是「抵抗者」或「恐怖主義者」，端視其行動的背景與結果而定。不論是何者，都是讓人民、政府或國家陷入恐懼的無差別暴力行為，而在當代情境中，我們偶爾也會討論到所謂的「國家恐怖主義」問題。

近年來，伊斯蘭主義恐怖攻擊的最大受害者實際上正是穆斯林——在過去的兩年中，有80%的受害群眾生活於伊拉克、敘利亞、葉門、阿富汗、巴基斯坦、奈及利亞等地。

在現代社會，恐怖主義對大眾的心理與媒體影響甚鉅。歐美社會雖然不是最大受害者，但由於相信領土內的戰爭威脅在很久以前就完全消失了，因此他們對於自身的安全深信不疑。所以當他們遭受恐怖攻擊時，在心理層面造成的打擊往往比實際受害程度大上許多。

相較於恐怖攻擊所帶來的巨大心理衝擊，執行這類行動所需付出的實質代價卻不相稱的低：911恐怖攻擊的成本，大概「只需」50萬美元，但對美國經濟卻造成約高達500億美元的損失（保險與重建等費用），與強勁颶風襲擊佛羅里達州所造成的損害相當。而讓所有人都處在一種不安全的心理狀態中，正是恐怖主義者的目的。

當然，恐怖主義受到所有政府（包含非民主政府）與所有公民社會的譴責。在帶來恐懼、癱瘓、失序的同時，它也在社會上引起各種複雜的反應。於今，要保護自身免於恐怖主義的威脅固然是重要課題，但要根除伊斯蘭極端主義聖戰分子對恐怖攻擊的依賴，還是需要各國持續且長期的努力，並應從其發源地開始做起。這種反擊的策略必須在政治、經濟、文化、社會、教育、神學等各領域同步實踐，以徹底斷絕恐怖主義者的資源挹注、外部支持與人員補充，如此方得以奏效。

2019-2022年間恐怖主義對世界的衝擊

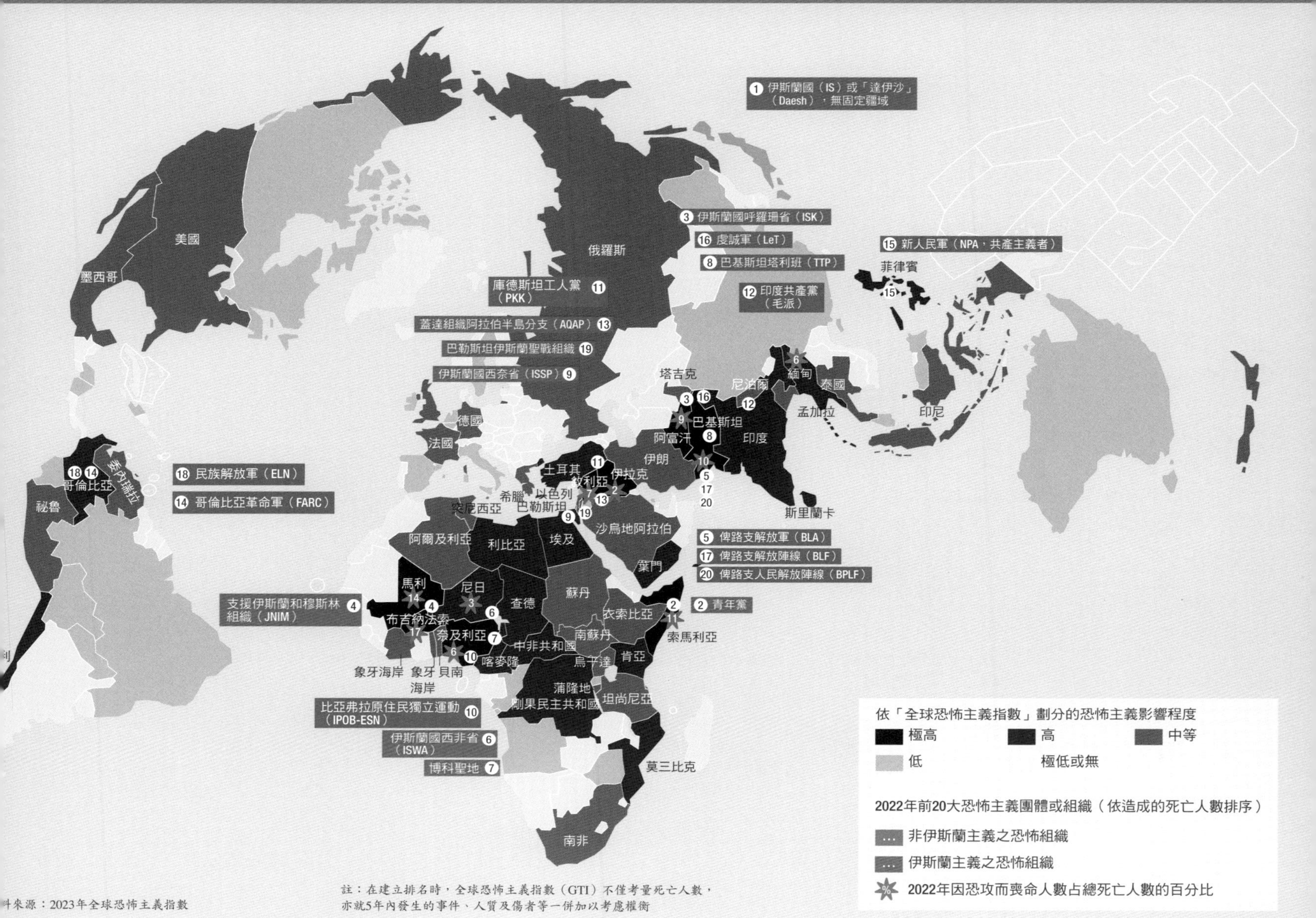

1 伊斯蘭國（IS）或「達伊沙」（Daesh），無固定疆域
3 伊斯蘭國呼羅珊省（ISK）
16 虔誠軍（LeT）
8 巴基斯坦塔利班（TTP）
15 新人民軍（NPA，共產主義者）
12 印度共產黨（毛派）
庫德斯坦工人黨（PKK） 11
蓋達組織阿拉伯半島分支（AQAP） 13
巴勒斯坦伊斯蘭聖戰組織 19
伊斯蘭國西奈省（ISSP） 9
18 民族解放軍（ELN）
14 哥倫比亞革命軍（FARC）
支援伊斯蘭和穆斯林組織（JNIM） 4
5 俾路支解放軍（BLA）
17 俾路支解放陣線（BLF）
20 俾路支人民解放陣線（BPLF）
2 青年黨
比亞弗拉原住民獨立運動（IPOB-ESN） 10
伊斯蘭國西非省（ISWA） 6
博科聖地 7
美國
墨西哥
俄羅斯
菲律賓
塔吉克
尼泊爾
緬甸
泰國
孟加拉
印尼
巴基斯坦
阿富汗
印度
伊朗
德國
法國
土耳其
敘利亞
伊拉克
希臘
以色列
巴勒斯坦
斯里蘭卡
哥倫比亞
委內瑞拉
祕魯
突尼西亞
阿爾及利亞
利比亞
埃及
沙烏地阿拉伯
葉門
馬利
尼日
查德
蘇丹
衣索比亞
索馬利亞
布吉納法索
奈及利亞
中非共和國
南蘇丹
喀麥隆
烏干達
肯亞
象牙海岸
貝南
蒲隆地
剛果民主共和國
坦尚尼亞
莫三比克
南非
依「全球恐怖主義指數」劃分的恐怖主義影響程度
極高
高
中等
低
極低或無
2022年前20大恐怖主義團體或組織（依造成的死亡人數排序）
非伊斯蘭主義之恐怖組織
伊斯蘭主義之恐怖組織
2022年因恐攻而喪命人數占總死亡人數的百分比

資料來源：2023年全球恐怖主義指數

註：在建立排名時，全球恐怖主義指數（GTI）不僅考量死亡人數，亦就5年內發生的事件、人質及傷者等一併加以考慮權衡

伊斯蘭主義

所謂的「伊斯蘭主義者」，絕不等同於在世界上擁有15億人口的穆斯林。今日我們所知的「伊斯蘭主義」（islamisme），是一種在19世紀誕生，並在20世紀發展的政教合一意識形態。至於此種思想形成的理由，依據其最初的提倡者宣稱，乃是他們對於當時穆斯林放棄了《古蘭經》的原初理念、導致伊斯蘭世界衰落的現象所做出的一種反抗。基於這種對於《古蘭經》內容的絕對尊崇，所謂的「原教旨主義」或稱「基本教義派」（Fundamentalism）也因此出現。而西方殖民主義者對伊斯蘭世界的侵略、進逼，則讓此種意識形態取得了進一步發展的空間。對於伊斯蘭主義者而言，宗教方面的戒律、規範應由他們對於「伊斯蘭教法」（Sharia）的詮釋來決定，而這套規範框架的效力並不限於信仰層面，而是涵蓋到世俗的法律與日常生活的所有面向。也就是說，這個意識形態對於公私領域中的一切行為、事務擁有規範及管治權力，同時其在解釋及實踐上不接受任何的彈性調整與修正。2023年的阿富汗，即是這種意識形態具體實踐下的案例。

即便我們上述已做出基本的解釋，但人們仍經常會混淆穆斯林、伊斯蘭主義者、極端伊斯蘭主義者和恐怖分子（聖戰主義者）。但若把這樣的標籤放到真實世界，會發現實際情況還要更為複雜。例如沙烏地阿拉伯是一個實行伊斯蘭教法的國家，但在戰略與能源層面上卻是西方的盟友。雖然該國是由沙烏地王朝（House of Saud）與伊斯蘭基本教義派神學家伊本・阿卜杜勒・瓦哈卜（Muhammad ibn Abd al-Wahhab）共同建立，但基於其戰略選擇及外交立場，沙烏地阿拉伯仍然是聖戰分子的目標。伊朗則是一個結合民主制度與神權統治的伊斯蘭國家。目前伊朗政府雖然看似已經放棄對外國輸出伊斯蘭革命的意圖，但其仍持續利用中東地區的什葉派穆斯林來實現伊朗自身的國族利益與目標。

在某些國家，伊斯蘭主義政黨也會透過參與選舉來達成參與政治的目的，例如土耳其的「正義與發展黨」（AKP）就贏得了最近3次的國會大選；突尼西亞的「復興運動」黨（Ennahda）也曾分別受到擔任總統的貝吉・卡伊德・艾塞布西（Beji Caid Essebsi）與凱斯・賽義德（Kais Saied）之邀請加入政府的運作。另外，有某些團體則被西方國家視為恐怖主義組織，但並非所有國家都對其抱持相同的看法（如巴勒斯坦的哈馬斯〔Hamas〕或黎巴嫩的真主黨〔Hezbollah〕），他們往往同時具有武裝組織與大眾型政黨的性質。同時，也存在一些真正的恐怖運動組織（如蓋達組織〔Al-Qaeda〕、博科聖地〔Boko Haram〕），甚至還有一個自行宣布建國，並在伊拉克與敘利亞境內占有部分領土的「伊斯蘭國」（Islamic State），但該組織在多國聯軍的攻勢下已幾近摧毀。

就內部立場而言，無論是什葉派（Shia Islam）還是遜尼派（Sunni Islam），伊斯蘭主義者的共同盼望是重新建立起「穆斯林共同體」，也就是「烏瑪」（Ummah）。因此，他們的首要目標就是是穆斯林世界及其中各個國家的政府。對於當中最極端的成員來說，這個主張可以涵蓋到所有曾經有穆斯林生活的國家或地區（即使當地早已非穆斯林的主要居住地，如安達魯西亞、西歐或巴爾幹半島），或是今日在世界各地擁有相當規模的穆斯林社群之處（特別是在歐洲地區）。根據他們的觀點，穆斯林社群應當嚴格遵循《古蘭經》所揭示的種種信條與規約來過生活，而不該服膺於他們所居住的西方國家通行的律法、規範或政體。

由此可知，伊斯蘭主義者的首要作戰對象並非西方國家，而是那些他們認為不尊重並且未真正實踐《古蘭經》訓示的阿拉伯國家或穆斯林政權（就他們的觀點而言，幾乎所有阿拉伯與穆斯林國家皆是如此），以及占領巴勒斯坦、壓迫其人民的以色列人。但除此之外，他們的目標也可能指向俄羅斯（車臣問題）、印度（喀什米爾問題）與中國（維吾爾問題），以及那些讓西方社會中的穆斯林無法按照自身宗教信仰、條規戒律度日的各種礙事者，因為他們的行為或思想對於穆斯林婦女、年輕人等將會造成有害的影響。

作為世界成員的一部分，伊斯蘭的未來，取決於整體社群當中現代主義者和伊斯蘭主義者之間的理念競合，以及其結果對這個人數可觀的宗教共同體所帶來的影響。也就是要以建立一個讓伊斯蘭教的信仰者能夠忠於自己的信仰與生活方式，但不受極端主義和對非穆斯林之敵意所害的穆斯林世界。而在這個過程裡，西方所採取的政策同樣也會在兩派的鬥爭中扮演一定的角色，但其作用是正面或是負面則尚未可知。

伊斯蘭合作組織——伊斯蘭主義團體

- 伊拉克和黎凡特伊斯蘭國（EIIL）
- 征服沙姆陣線
- 蓋達組織
- 塔利班
- 凱煦
- 哈瑪斯
- 阿克薩烈士旅（AAMB）
- 真主黨
- 聖戰者運動（HUM）
- 章格維軍（LeJ）
- 伊斯蘭聖戰聯盟（IJU）
- 巴基斯坦塔利班
- 伊斯蘭馬格里布蓋達組織
- 支援伊斯蘭和穆斯林組織（JNIM）
- 蓋達組織阿拉伯半島分支
- 阿布沙耶夫
- 青年黨
- 博科聖地
- 伊斯蘭祈禱團
美國
哈薩克
亞塞拜然
烏茲別克
吉爾吉斯
塔吉克
土庫曼
敘利亞
阿爾巴尼亞
土耳其
突尼西亞
黎巴嫩
巴勒斯坦
以色列
伊拉克
伊朗
阿富汗
巴基斯坦
摩洛哥
阿爾及利亞
利比亞
埃及
約旦
吉達
科威特
巴林
卡達
阿拉伯聯合大公國
沙烏地阿拉伯
阿曼
孟加拉
茅利塔尼亞
馬利
尼日
查德
蘇丹
塞內加爾
甘比亞
幾內亞
幾內亞比索
布吉納法索
奈及利亞
吉布地
葉門
獅子山
象牙海岸
多哥
貝南
喀麥隆
加彭
烏干達
索馬利亞
馬爾地夫
汶萊
馬來西亞
印尼
葛摩
莫三比克
圭亞那
蘇利南
OIC
穆斯林占多數或為重要少數群體的國家
重要的伊斯蘭主義團體
伊斯蘭主義活躍的國家或地區
「大撒旦」
「小撒旦」
伊斯蘭合作組織總部
會員國：本圖所標註國名之所有國家（美國、以色列除外）
遵循或服膺伊斯蘭教法的國家

數位革命

數位革命不僅大幅度地改變了我們的生活方式和社會關係，也對經濟和地緣政治產生了相當深遠的影響，可說確實是一場真正的全面性「革命」。2017 年 9 月，普丁宣稱：「在人工智慧領域取得領先地位的國家，將主宰全世界。」美國前總統歐巴馬也曾在 2015 年表示：「在我國企業的創造、擴展與改良之下，我們已經對網際網路有了充分的掌握。」中國國家主席習近平則在 2017 年 12 月提出警告：「若黨無法應對今日網際網路所帶來的挑戰，我們就難以保持長期執政的地位。」在歐洲方面，他們開始意識到自身在此方面處於落後的位置，因此正試圖迎頭趕上，並與日本、澳大利亞、加拿大以及韓國結盟，就人工智慧的發展進行多邊合作。而歐盟也計畫每年在該領域投資 100 億歐元。

這場數位領域的重大變革，不但構成了人類歷史上的第四次工業革命，同時也對我們的生活（包括健康、工作、自由等面向）帶來前所未有的影響。新科技的發展，使生產與獲取知識的能力大為增強，也挑戰了整個經濟和社會組織的基礎。同時，技術的快速發展也讓那些能夠掌握並牢牢控制其成果的人獲得極為強大的力量，這股力量的強度甚至足以動搖地緣政治的平衡。

以當前情況而言，俄羅斯對自身前景充滿焦慮，特別是在俄烏戰爭引起大規模人才的流失之後，他們更為擔憂俄國在未來將持續落後於其他國家。美國則在擁有五大科技巨擘（Google、Apple、Facebook、Amazon、Microsoft，縮寫為 GAFAM）的條件之下，認為自身在科技實力方面穩居領先。中國也憑藉著該國快速發展的相關產業龍頭（百度、阿里巴巴、騰訊和小米，縮寫為 BATX）而一度有急起直追的態勢。中國在 2015 年曾提出「中國製造 2025」政策，期望主導未來全球產業的布局；2016 年，中國政府更進一步投入 1500 億美元以推動所謂的「國家信息化規劃」。數位革命，可說是中美較勁、爭奪全球霸權地位的第一個主戰場。對於此一態勢，華盛頓方面則嘗試透過保護主義政策的實施來保全美國的實力，並阻擋中國超車的可能性。隨後，全球約有 50 多個國家紛紛以此一時代潮流為考量，制定出相應的國家戰略，並由此衍生出對於人工智慧、數位科技領域的資助、研究或合作計畫。

這些「數位巨頭」或「科技巨擘」在過去 20 年間已經在全球經濟、戰略與政治方面獲得了舉足輕重的地位，其實力甚至足以與個別國家進行博弈。我們可以看到馬斯克在太空科技發展上做出與美國太空總署（NASA）近乎同等的成果；比爾．蓋茨（Bill Gates）在川普宣布停止對世界衛生組織的資助時對後者進行了金援；祖克柏（Mark Zuckerberg）甚至想要創造一種貨幣。但在中國，出於對這類數位巨頭的政經實力的恐懼，共產黨因此突如其來地重申並強化了自身不容挑戰的最高權力位置，阿里巴巴集團的馬雲因此付出了十分高昂的代價。在歐洲，歐盟執行委員會（European Commission）則嘗試對這些科技巨擘的力量進行限制，以藉此保護消費者的權益，並試圖防止壟斷的發生。而在面對作為數位革命浪潮關鍵核心的用戶個資問題時，歐盟採取了強硬的姿態。於美國頒布《雲端法》（釐清境外合法利用資料法，CLOUD Act）後，歐盟執委會更是對該法案可能引起的問題高度重視並極力加以反對。

全球網際網路發展——美國科技巨擘迎戰中國科技巨頭

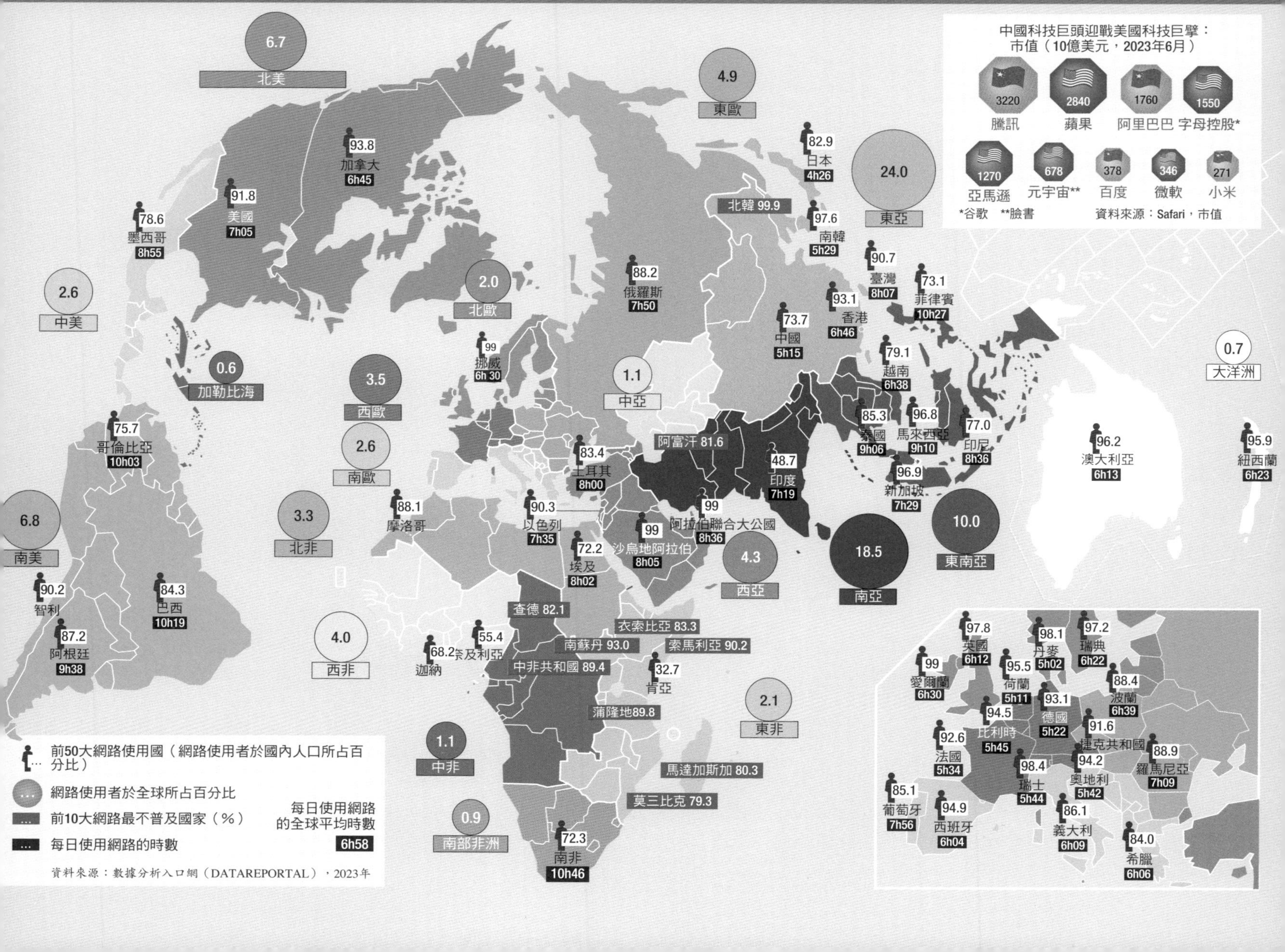

中國科技巨頭迎戰美國科技巨擘：
市值（10億美元，2023年6月）
3220 騰訊
2840 蘋果
1760 阿里巴巴
1550 字母控股*
1270 亞馬遜
678 元宇宙**
378 百度
346 微軟
271 小米
*谷歌 **臉書
資料來源：Safari，市值
6.7 北美
4.9 東歐
24.0 東亞
2.6 中美
2.0 北歐
0.6 加勒比海
3.5 西歐
1.1 中亞
0.7 大洋洲
2.6 南歐
6.8 南美
3.3 北非
4.3 西亞
18.5 南亞
10.0 東南亞
4.0 西非
2.1 東非
1.1 中非
0.9 南部非洲
93.8 加拿大 6h45
91.8 美國 7h05
78.6 墨西哥 8h55
75.7 哥倫比亞 10h03
90.2 智利
84.3 巴西 10h19
87.2 阿根廷 9h38
99 挪威 6h 30
88.2 俄羅斯 7h50
82.9 日本 4h26
北韓 99.9
97.6 南韓 5h29
90.7 臺灣 8h07
73.1 菲律賓 10h27
93.1 香港 6h46
73.7 中國 5h15
79.1 越南 6h38
85.3 泰國 9h06
96.8 馬來西亞 9h10
77.0 印尼 8h36
96.9 新加坡 7h29
96.2 澳大利亞 6h13
95.9 紐西蘭 6h23
阿富汗 81.6
48.7 印度 7h19
99 阿拉伯聯合大公國 8h36
99 沙烏地阿拉伯 8h05
83.4 土耳其 8h00
90.3 以色列 7h35
72.2 埃及 8h02
88.1 摩洛哥
55.4 奈及利亞
68.2 迦納
查德 82.1
衣索比亞 83.3
南蘇丹 93.0
索馬利亞 90.2
中非共和國 89.4
32.7 肯亞
蒲隆地89.8
馬達加斯加 80.3
莫三比克 79.3
72.3 南非 10h46
97.8 英國 6h12
98.1 丹麥 5h02
97.2 瑞典 6h22
99 愛爾蘭 6h30
95.5 荷蘭 5h11
88.4 波蘭 6h39
93.1 德國 5h22
94.5 比利時 5h45
91.6 捷克共和國
92.6 法國 5h34
88.9 羅馬尼亞 7h09
94.2 奧地利 5h42
98.4 瑞士 5h44
85.1 葡萄牙 7h56
94.9 西班牙 6h04
86.1 義大利 6h09
84.0 希臘 6h06
前50大網路使用國（網路使用者於國內人口所占百分比）
網路使用者於全球所占百分比
前10大網路最不普及國家（%）
每日使用網路的時數
每日使用網路的全球平均時數 6h58
資料來源：數據分析入口網（DATAREPORTAL），2023年

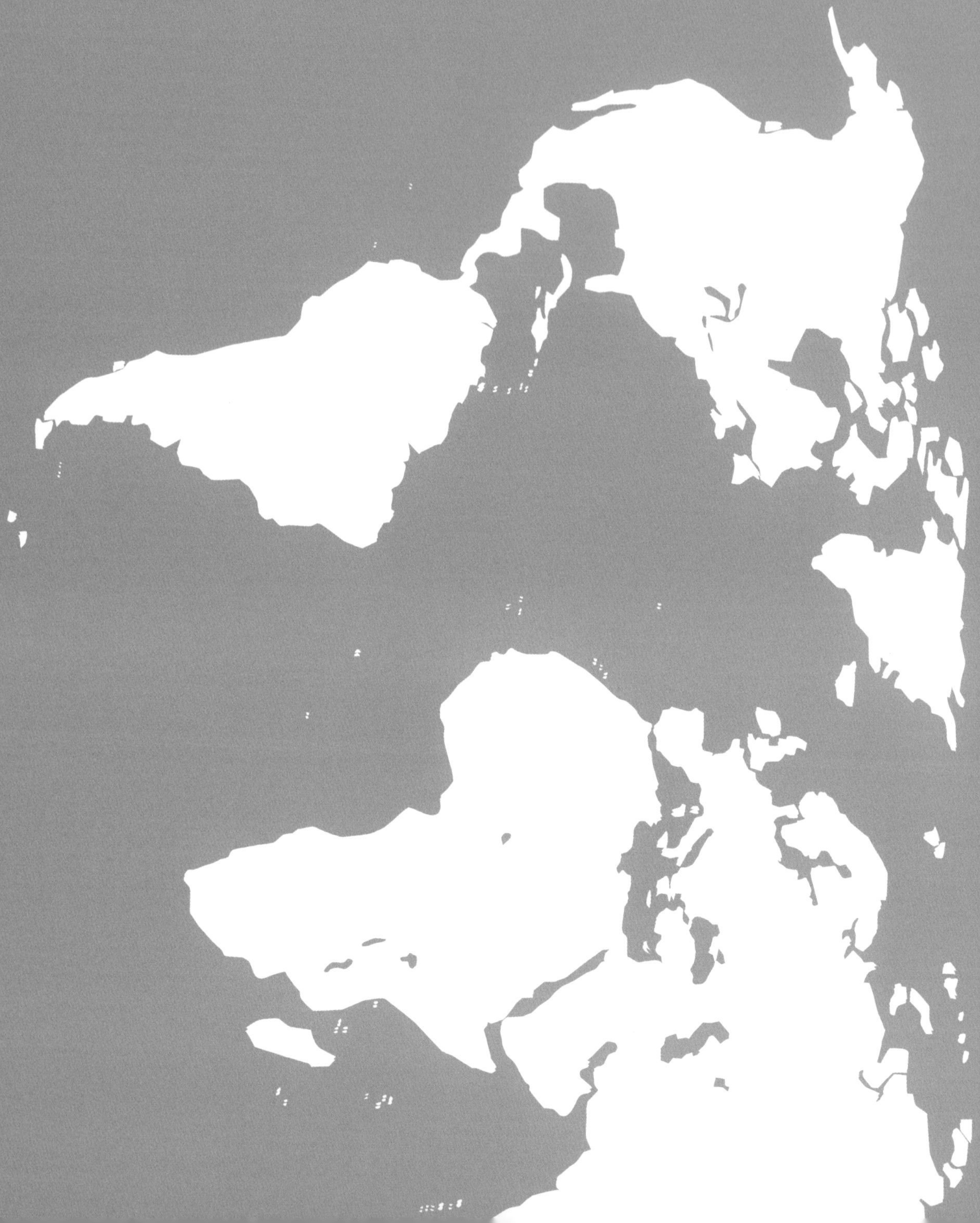

第4部

從各國角度看世界

雖然我們人類都住在同一個世界上，
然而卻不表示我們都用同樣的角度看世界。
各國都有著獨自的戰略、擔憂和目標，
而這些則是其歷史、地理和地緣政治條件所造就的結果。
各國獨特的「戰略基因」、思考邏輯，形成了國家利益上的分歧，
也造成某些國家會在彼此關切的事情上互相對立。
在第4部中，將介紹在具有重要戰略地位的國家當中，
它們的國民是怎麼樣看世界的。
在各種戰略的運籌帷幄過程中，這些國家又扮演怎麼樣的角色？
在此，我們不去爭辯或指責誰對誰錯，只提供各式各樣的看法供讀者參考。
我們想讓大家看到世界存在著多樣性，並從中了解世界的現實狀況。

從歐洲角度看世界

第二次世界大戰後，由於美國意圖阻止蘇聯獨霸歐洲，使得西歐各國得以獲得來自美國的經濟、軍事各方面的支援。其後，西歐各國透過羅馬條約的締結，嘗試使和平的狀態得以長久維繫，並組織共同市場以提升歐洲的生活水準。

在 2005 年歐洲憲章遭到否決以前，部分歐洲的菁英階層甚至相信一種受美國國體所啟發的「歐洲聯邦」構想，有凌駕於各國的國族認同之上並得以實現的可能性。當時，歐洲十餘國在法國總統密特朗（François Mitterrand）與德國總理柯爾（Helmut Kohl）的大力推動下，於 1990 年代初期放棄各國原有的貨幣，共同改用歐元作為歐洲統一貨幣。

蘇聯的瓦解使得東西德順利合併，也讓歐盟多了十餘個新會員國，此一局勢的發展也讓歐洲人經歷了一段充滿樂觀主義氛圍的時期。歐洲人普遍相信，在全球市場經濟與民主制度向前推進的雙重作用下，世界將朝著實現聯合國宣言所揭示的普世價值觀全面靠攏，他們也認為一個統一、強大的歐洲將會為世界作出貢獻。

但在幾年之後，人們心中逐漸浮現種種疑問。歐洲人開始發現，他們所相信的普世價值，似乎未必能夠遍及世界上的所有角落。雖然歐洲人不願相信，但「文明衝突」的風險確實存在。而他們最終也不得不承認，存在於伊斯蘭社會的少部分極端分子，正以極為惡劣的手段傷害普世價值期望推動與宣揚的核心精神，並對歐美帶來負面影響。

站在歐洲人的立場，雖然他們希望以人道主義來對待移民，然而來自各方面的壓力實在太大，使得他們必須採取愈來愈嚴格的限制。歐洲雖然想對貧困國家伸出援手，然而卻不希望因此被新興國家迎頭趕上，被迫捨棄他們在社會福利等方面所取得的獨特成就。他們固然知道自己的祖先們曾經花上好幾個世紀在世界各地探險，並將許多地方納為殖民地，但那些都已成為過去式。當代的歐洲仍期望以干預或有條件的協助為手段，向外推廣民主與人權價值，並在世界的進步上扮演正面角色。然而，他們卻未曾料想到自己會在諸多地緣政治衝突勢力的壓力與逼迫之下，陷入苦苦防衛的境地。

此外，歐洲在預見到生態系統危機的風險下，開始在社會與經濟方面著手推動大規模的改革。同時，即使面臨重重危機，他們還是希望能夠維持目前的生活水準與方式。不過在推行必要的經濟改革時，各種困難和反對仍是屢見不鮮（尤其在法國）。

歐洲是否能在世界體系中保持一線地位，實際上端看歐洲人自己的意願，例如讓歐盟或歐元區成為「暴衝式」全球化的調節者就是一種可能。但就現狀而言，在未來有可能主導世界走向的各方勢力中，只有歐洲的未來仍充滿變數。面對中國的崛起與俄國的強硬態度，歐洲在戰略自主的道路上走得猶豫。而俄烏戰爭的爆發，讓歐洲再次籠罩在戰爭陰影下，並寄望能在北約與美國的保護傘下維繫自身的安全。這不但讓歐洲軍費開支大幅增長，也離戰略自主的目標更為遙遠。

俄烏戰爭
俄羅斯占領地區
經濟與金融制裁
俄羅斯之盟國
人道與軍事方面的財政援助
歐盟27國
加拿大
美國
NATO
布魯塞爾
白俄羅斯
烏克蘭
俄羅斯
中亞
中國
南韓
日本
印度
加勒比海
大西洋
太平洋
非洲
印度洋
東南亞國家協會
南方共同市場
安地斯條約組織
歐盟27國＋9個歐盟海外屬地＋25個歐洲國家的海外領土
2020年退出歐盟的英國：新的關係仍在建立中
歐洲自由貿易聯盟
北大西洋公約組織總部
戰略夥伴
加拿大-歐盟綜合經濟與貿易協定（CETA）*
跨大西洋貿易及投資夥伴協議（TTIP）**
發展中的共同利益關係：包括商業貿易、氣候變遷等
參與一帶一路的歐盟成員國
亞歐會議***
關係中斷
地中海聯盟中的10個非歐盟國家
享有發展援助，並締結夥伴與合作關係：共79國，其中包括48個非洲國家、16個加勒比海國家與15個太平洋國家。
發展中的區域合作夥伴關係
*「加拿大-歐盟綜合經濟與貿易協定」於2016年簽署，2017年部分生效
**「跨大西洋貿易及投資夥伴協議」自2016年起談判陷入停滯
*** 包括歐盟27國、東協加三16國與其他11個成員國

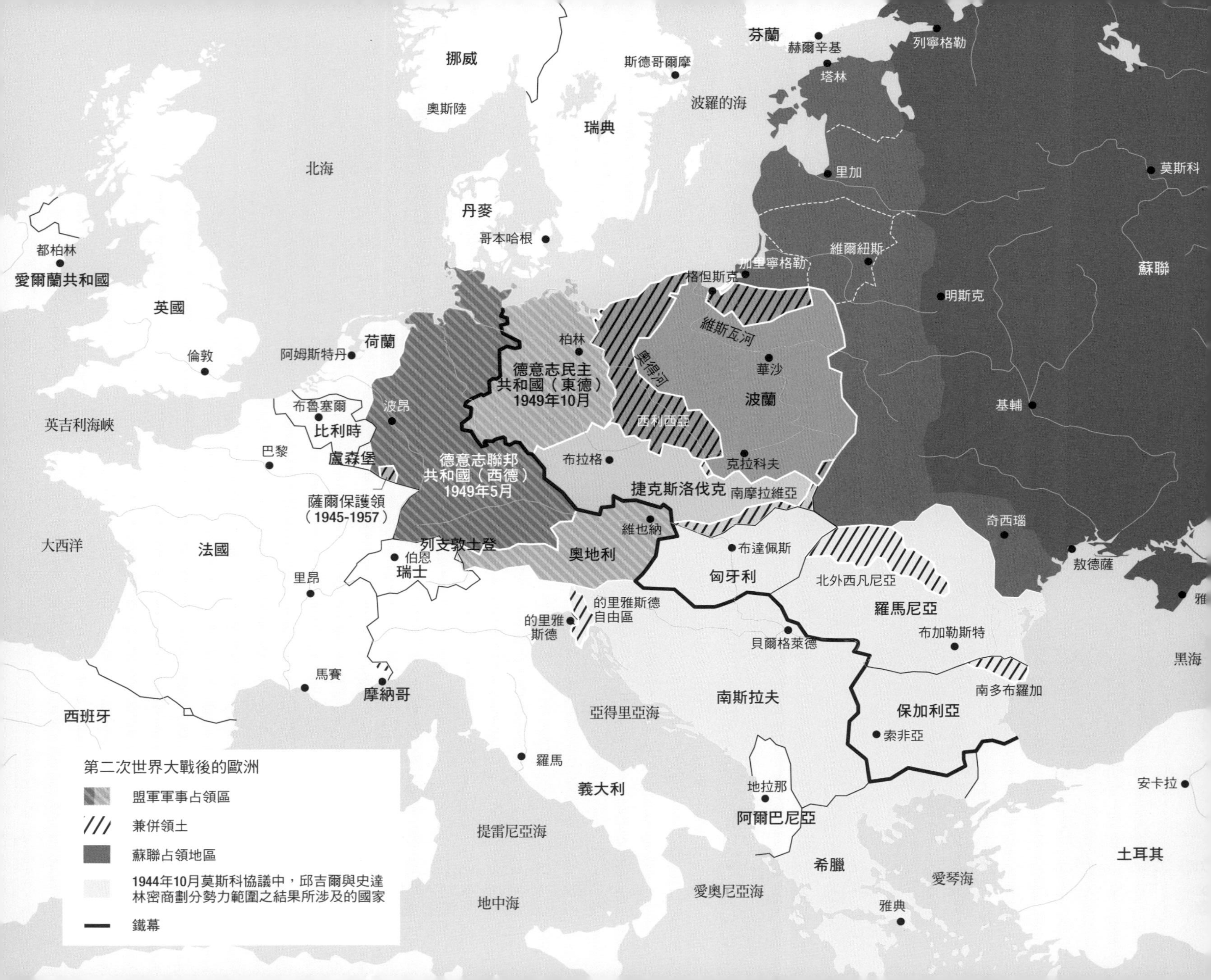
第二次世界大戰後的歐洲
盟軍軍事占領區
兼併領土
蘇聯占領地區
1944年10月莫斯科協議中，邱吉爾與史達林密商劃分勢力範圍之結果所涉及的國家
鐵幕
挪威
芬蘭
赫爾辛基
列寧格勒
斯德哥爾摩
塔林
奧斯陸
瑞典
波羅的海
北海
里加
莫斯科
丹麥
哥本哈根
維爾紐斯
都柏林
愛爾蘭共和國
加里寧格勒
格但斯克
蘇聯
明斯克
英國
維斯瓦河
荷蘭
阿姆斯特丹
柏林
倫敦
德意志民主共和國（東德）1949年10月
奧得河
華沙
波蘭
波昂
布魯塞爾
基輔
英吉利海峽
比利時
西利西亞
巴黎
盧森堡
布拉格
克拉科夫
德意志聯邦共和國（西德）1949年5月
捷克斯洛伐克
南摩拉維亞
薩爾保護領（1945-1957）
奇西瑙
維也納
大西洋
法國
列支敦士登
伯恩
瑞士
奧地利
布達佩斯
敖德薩
匈牙利
北外西凡尼亞
雅
里昂
的里雅斯德自由區
羅馬尼亞
的里雅斯德
布加勒斯特
貝爾格萊德
黑海
馬賽
摩納哥
南多布羅加
南斯拉夫
西班牙
亞得里亞海
保加利亞
索非亞
羅馬
義大利
地拉那
安卡拉
阿爾巴尼亞
提雷尼亞海
土耳其
希臘
愛琴海
愛奧尼亞海
地中海
雅典

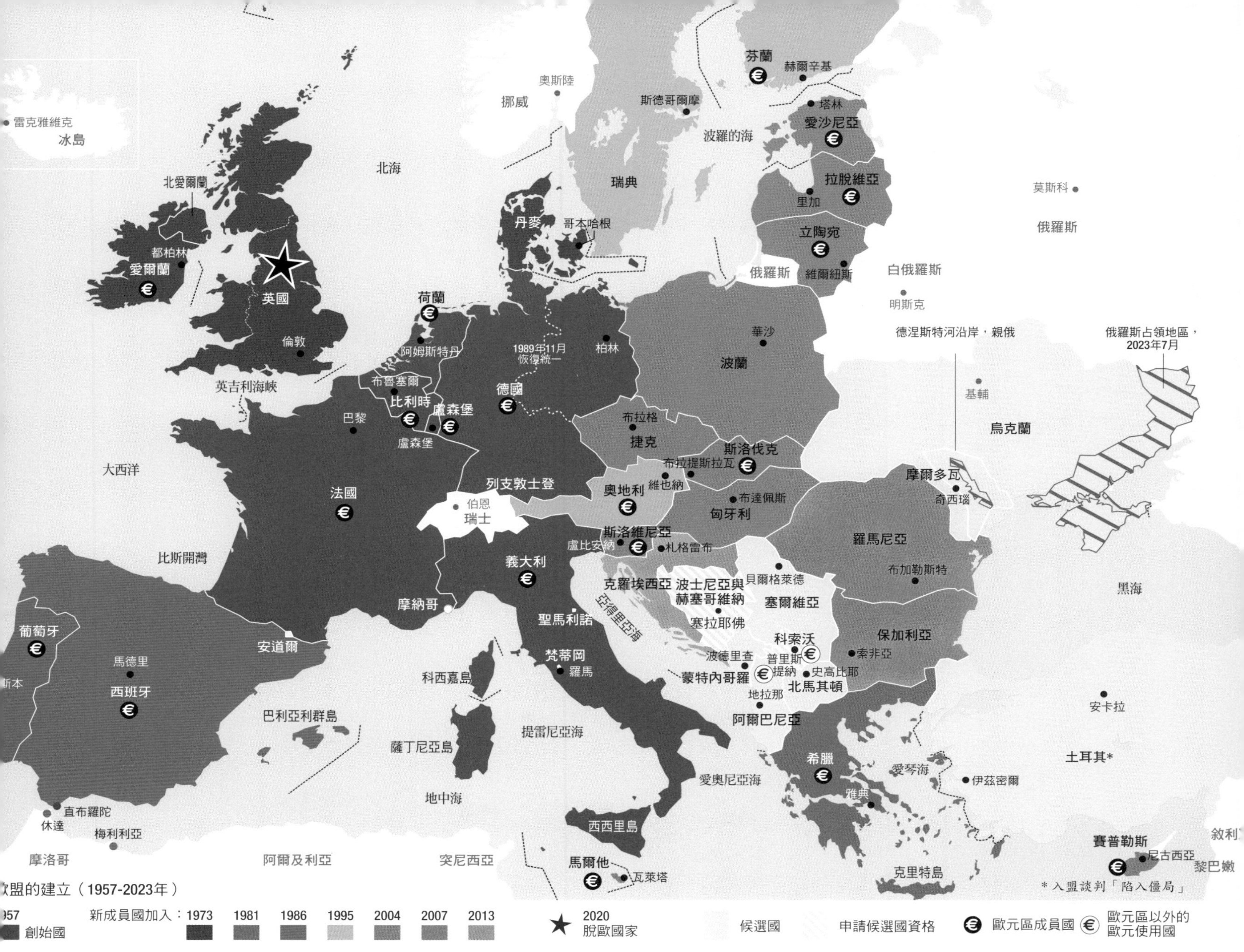

雷克雅維克
冰島
北愛爾蘭
都柏林
愛爾蘭
英國
倫敦
英吉利海峽
北海
挪威
奧斯陸
斯德哥爾摩
瑞典
丹麥
哥本哈根
芬蘭
赫爾辛基
塔林
愛沙尼亞
波羅的海
拉脫維亞
里加
立陶宛
維爾紐斯
俄羅斯
白俄羅斯
明斯克
莫斯科
荷蘭
阿姆斯特丹
布魯塞爾
比利時
盧森堡
盧森堡
巴黎
德國
1989年11月
恢復統一
柏林
華沙
波蘭
德涅斯特河沿岸，親俄
基輔
烏克蘭
俄羅斯占領地區，
2023年7月
布拉格
捷克
斯洛伐克
布拉提斯拉瓦
維也納
奧地利
布達佩斯
匈牙利
摩爾多瓦
奇西瑙
大西洋
法國
列支敦士登
伯恩
瑞士
斯洛維尼亞
盧比安納
札格雷布
羅馬尼亞
布加勒斯特
黑海
比斯開灣
義大利
克羅埃西亞
亞得里亞海
波士尼亞與
赫塞哥維納
塞拉耶佛
貝爾格萊德
塞爾維亞
摩納哥
聖馬利諾
科索沃
普里斯
提納
波德里查
蒙特內哥羅
史高比耶
北馬其頓
地拉那
阿爾巴尼亞
保加利亞
索非亞
葡萄牙
里斯本
馬德里
西班牙
安道爾
科西嘉島
梵蒂岡
羅馬
巴利亞利群島
薩丁尼亞島
提雷尼亞海
愛奧尼亞海
希臘
雅典
愛琴海
伊茲密爾
安卡拉
土耳其*
直布羅陀
休達
梅利利亞
摩洛哥
阿爾及利亞
地中海
突尼西亞
西西里島
馬爾他
瓦萊塔
克里特島
賽普勒斯
尼古西亞
敘利
黎巴嫩
* 入盟談判「陷入僵局」
歐盟的建立（1957-2023年）
1957 創始國
新成員國加入：1973 1981 1986 1995 2004 2007 2013
2020 脫歐國家
候選國
申請候選國資格
歐元區成員國
歐元區以外的歐元使用國

從法國角度看世界

在歐洲支配世界的時代，法國曾經出現過黎希留（Armand Jean du Plessis de Richelieu）、馬薩林（Jules Mazarin）、路易十四世等風雲人物。再加上人口眾多，使得法國在 17 世紀末至 18 世紀間，成為歐洲數一數二的大國，其文化和語言也引領了歐洲各國的風潮。

拿破崙帝國時代可說是法國的全盛時期。然而，帝國瓦解後，法國的國力在轉眼間一落千丈，被鄰近的英國取而代之。1871 年，擊敗拿破崙三世的俾斯麥，終於突破自黎希留以來法國政治領袖所設下的重重阻撓，完成德國的統一大業。之後，法國進入了一段迷失方向的時期。

雖然法國的海外拓殖行動以北美地區發展較早，但該地區的殖民地並未受到足夠的重視。相反的，對於非洲和亞洲地區，法國卻以肩負「文明的使命」為理由而大力發展殖民事業，並從而開啟了法國人對於世界的新視野。在第一次世界大戰中，法國人民死傷慘重，導致了國力的衰退。1940 年 5 月，法國在納粹武力進逼之下全面潰敗，並在維琪政權統治之下成為德國的附庸，顯示出法國已在自身並未察覺的狀況下耗盡了國力。

國土遭到占領的屈辱，僅憑戴高樂將軍和國內反抗軍的努力，仍難完全洗刷。隨著國家威信的削弱，法國再也無法阻擋各殖民地欲脫離其掌控的獨立自主浪潮。在二戰結束與復國之後，殖民地對法國而言雖然在象徵意義上顯得更為重要，但法國嘗試鎮壓殖民地反抗運動的戰爭卻無可避免地以失敗作收。從那之後，為了提升威信，並確保歐洲國家間不再爆發新的戰爭，法國便著手推動歐洲的建設。法國與德國之間的和解，在當時也成為歐洲整合的重要推力。1962 年，在阿爾及利亞的殖民地戰爭落幕後，戴高樂領導下的法國也在國際事務的參與和行動上獲得更多餘裕。

由於在 1956 年第二次以阿戰爭（蘇伊士運河危機）中遭逢的失敗，以及美國在法國面臨殖民地衝突時拒絕提供協助的姿態，使得法國領導者確信，國家必須在戰略的層級上足以自立——也就是必須擁有核武作為制衡的力量。

在第五共和時代，戴高樂將軍採取的國家戰略是一面謹慎地維持與美國的同盟關係，同時維護自身的獨立性，並努力拓展法國的國際行動空間。此時，法國嘗試與南方國家建立夥伴關係，以提供不願在美蘇之間選邊站的國家第三種選擇。

今日的法國期待在國際舞臺上持續扮演特別的角色，並且受惠於其歷史發展的經驗，對國際事務擁有更寬廣的視野。然而在此同時，法國也體認到其已不再具備能夠單方面行動的能力（除非有特殊情況）——法國對於國際事務仍有積極參與的意願與能力，同時也確實具有獨特的地位，但其一切行動皆以多邊主義為前提。法國在文化層面對世界仍有高度影響，經濟方面的影響力雖在各地並不一致，但其仍持續採取積極且獨特的對外政策。

在高估和低估自身實力的擺盪之間，今日的法國總有自我定位不明、無所適從之感。即便如此，身為聯合國安理會的常任理事國，以及 G7/G20 中活躍的成員國，法國依然是全球最有影響力的國家之一。

然而，進入 2010 年代後，經濟衰退、喪失自信卻成為法國前進的阻礙。此外，俄烏戰爭的爆發，更讓法國過去透過拉攏俄羅斯抗衡美國、發展歐洲戰略自主的外交政策備受質疑與挑戰。

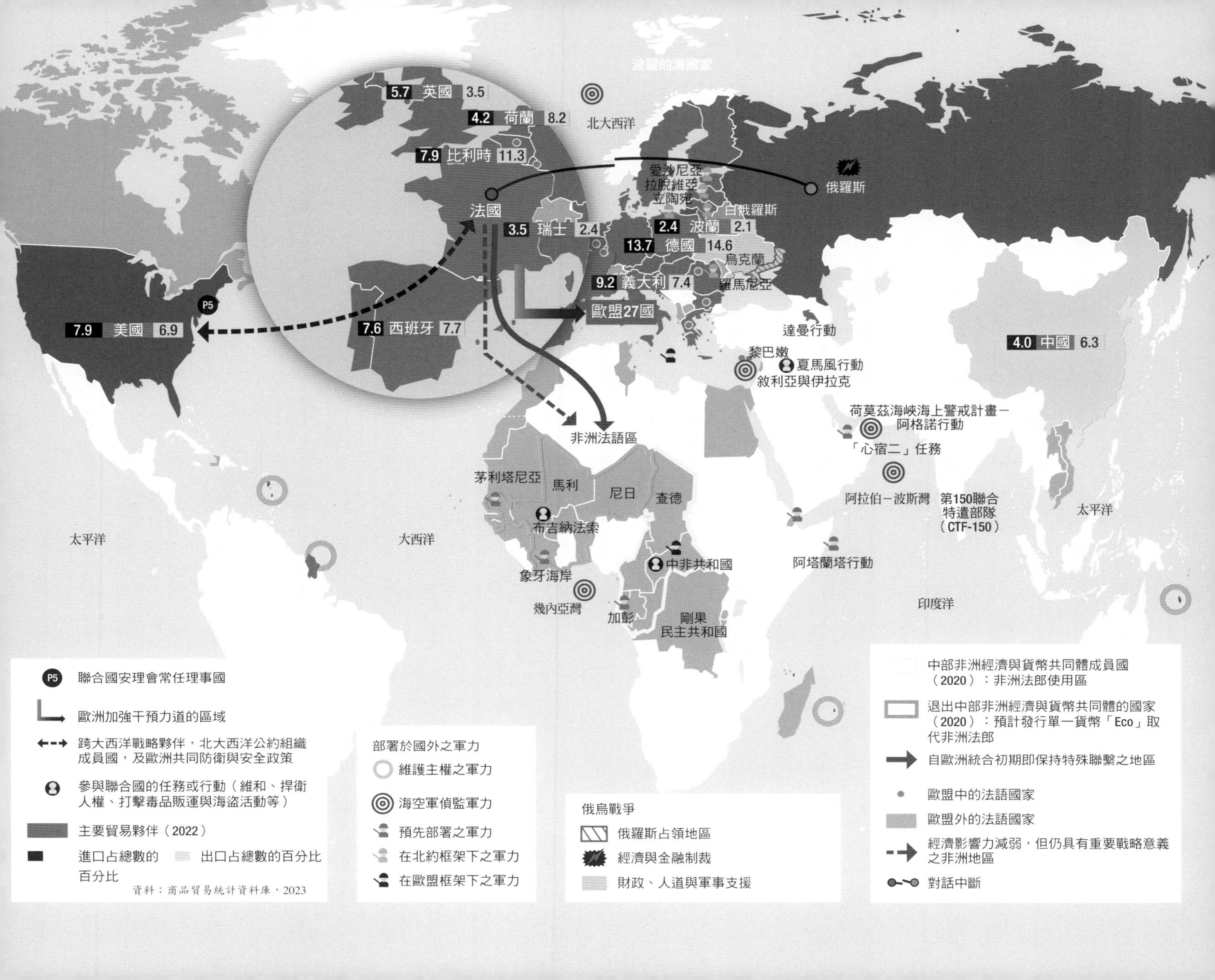

波羅的海國家
5.7 英國 3.5
4.2 荷蘭 8.2
7.9 比利時 11.3
北大西洋
愛沙尼亞
拉脫維亞
立陶宛
俄羅斯
白俄羅斯
法國
3.5 瑞士 2.4
2.4 波蘭 2.1
13.7 德國 14.6
烏克蘭
9.2 義大利 7.4
羅馬尼亞
P5
7.9 美國 6.9
7.6 西班牙 7.7
歐盟27國
達曼行動
4.0 中國 6.3
黎巴嫩
夏馬風行動
敘利亞與伊拉克
荷莫茲海峽海上警戒計畫－
阿格諾行動
非洲法語區
「心宿二」任務
茅利塔尼亞
馬利
尼日
查德
阿拉伯－波斯灣
第150聯合
特遣部隊
（CTF-150）
太平洋
布吉納法索
大西洋
太平洋
中非共和國
阿塔蘭塔行動
象牙海岸
幾內亞灣
加彭
剛果
民主共和國
印度洋
聯合國安理會常任理事國
歐洲加強干預力道的區域
跨大西洋戰略夥伴，北大西洋公約組織成員國，及歐洲共同防衛與安全政策
參與聯合國的任務或行動（維和、捍衛人權、打擊毒品販運與海盜活動等）
主要貿易夥伴（2022）
進口占總數的百分比
出口占總數的百分比
資料：商品貿易統計資料庫，2023
部署於國外之軍力
維護主權之軍力
海空軍偵監軍力
預先部署之軍力
在北約框架下之軍力
在歐盟框架下之軍力
俄烏戰爭
俄羅斯占領地區
經濟與金融制裁
財政、人道與軍事支援
中部非洲經濟與貨幣共同體成員國（2020）：非洲法郎使用區
退出中部非洲經濟與貨幣共同體的國家（2020）：預計發行單一貨幣「Eco」取代非洲法郎
自歐洲統合初期即保持特殊聯繫之地區
歐盟中的法語國家
歐盟外的法語國家
經濟影響力減弱，但仍具有重要戰略意義之非洲地區
對話中斷

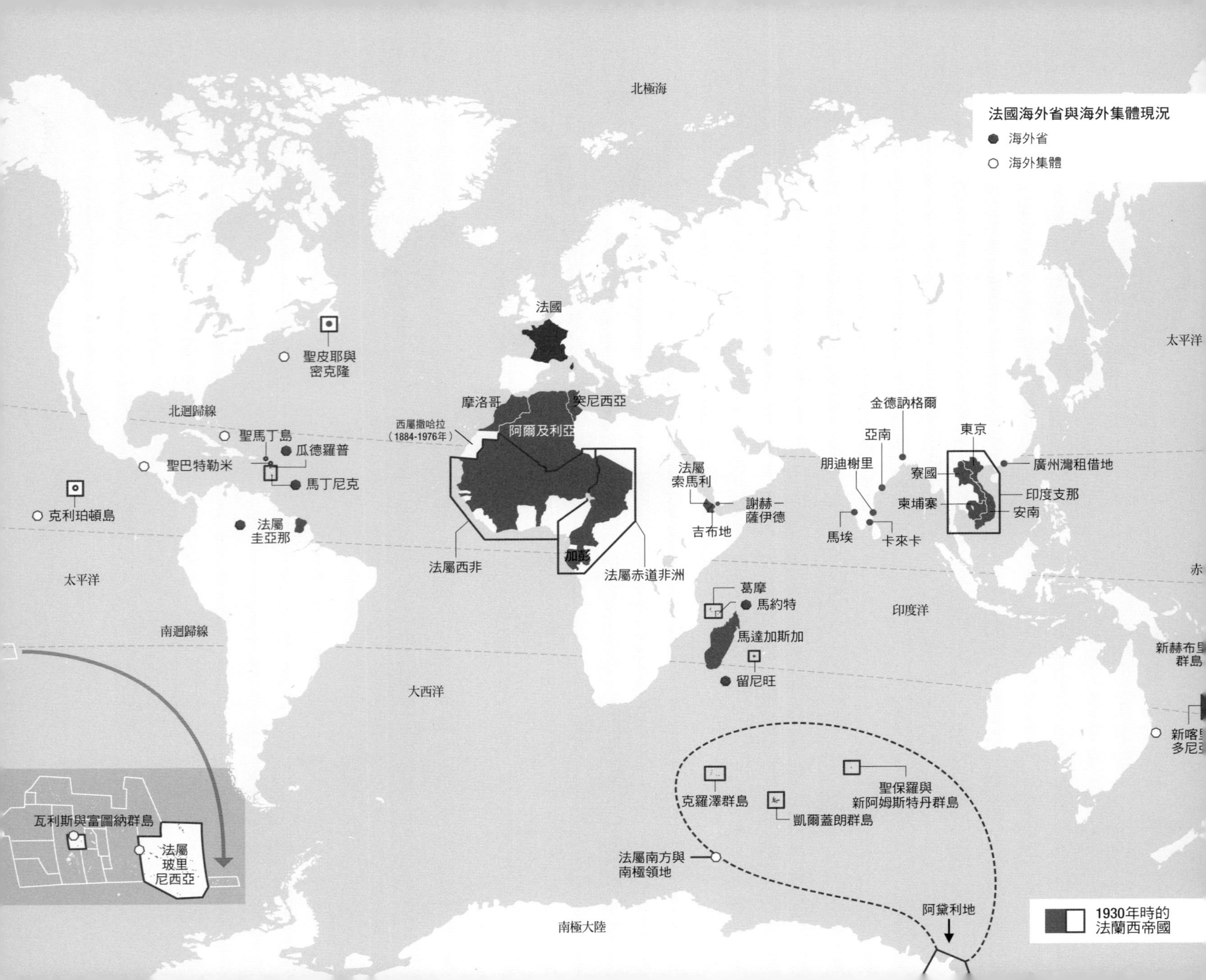
法國海外省與海外集體現況
海外省
海外集體
1930年時的
法蘭西帝國
北極海
太平洋
大西洋
印度洋
南極大陸
北迴歸線
南迴歸線
法國
聖皮耶與
密克隆
摩洛哥
突尼西亞
阿爾及利亞
西屬撒哈拉
（1884-1976年）
法屬西非
加彭
法屬赤道非洲
聖馬丁島
瓜德羅普
聖巴特勒米
馬丁尼克
克利珀頓島
法屬
圭亞那
法屬
索馬利
吉布地
謝赫－
薩伊德
葛摩
馬約特
馬達加斯加
留尼旺
金德訥格爾
亞南
朋迪榭里
馬埃
卡來卡
東京
寮國
柬埔寨
印度支那
安南
廣州灣租借地
瓦利斯與富圖納群島
法屬
玻里
尼西亞
克羅澤群島
凱爾蓋朗群島
聖保羅與
新阿姆斯特丹群島
法屬南方與
南極領地
阿黛利地

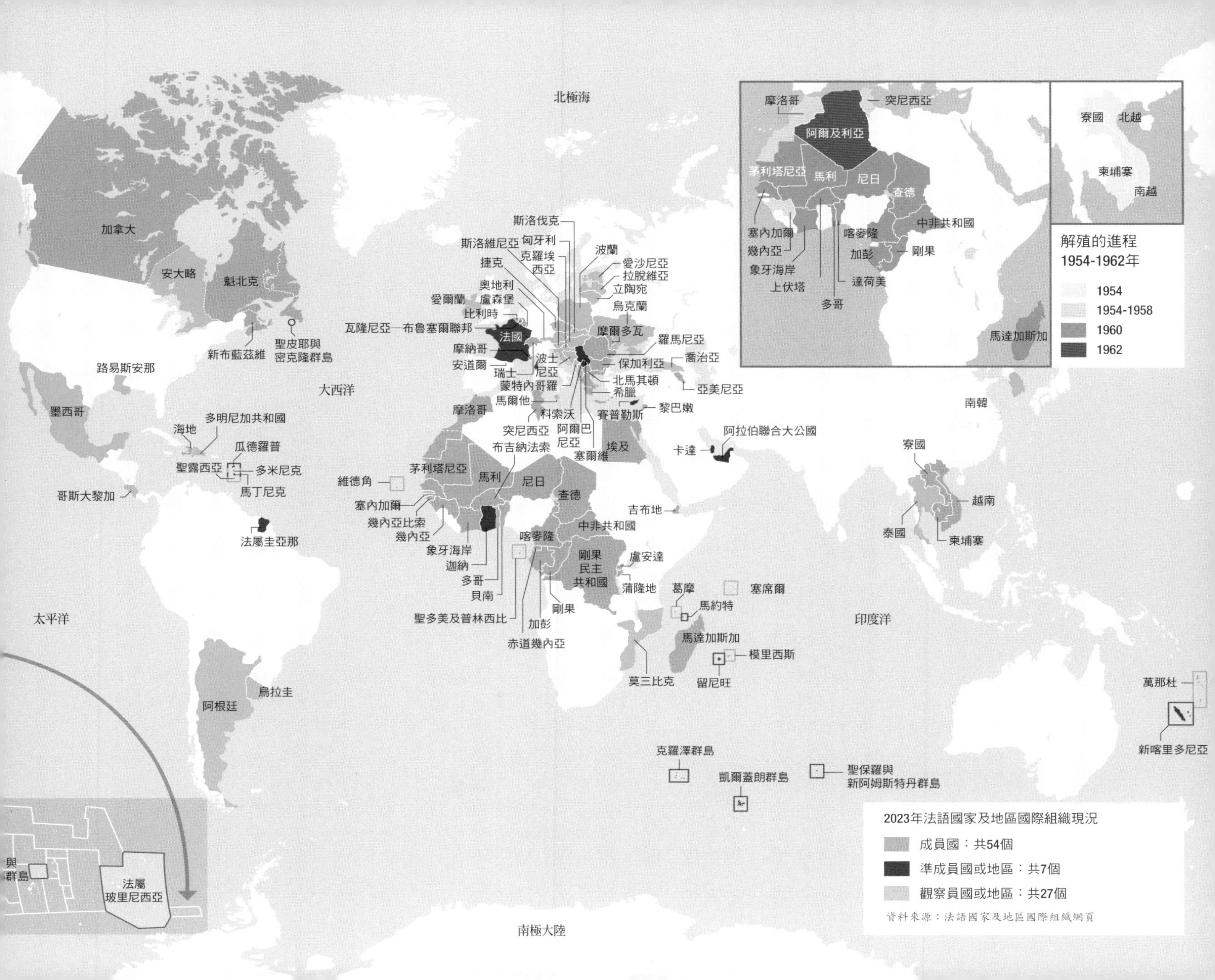

北極海
加拿大
安大略
魁北克
新布藍茲維
聖皮耶與
密克隆群島
路易斯安那
墨西哥
海地
多明尼加共和國
瓜德羅普
聖露西亞
多米尼克
馬丁尼克
哥斯大黎加
法屬圭亞那
太平洋
大西洋
阿根廷
烏拉圭
法屬
玻里尼西亞
南極大陸
愛爾蘭
比利時
瓦隆尼亞—布魯塞爾聯邦
法國
摩納哥
安道爾
瑞士
盧森堡
奧地利
捷克
斯洛維尼亞
匈牙利
克羅埃
西亞
斯洛伐克
波蘭
愛沙尼亞
拉脫維亞
立陶宛
烏克蘭
摩爾多瓦
羅馬尼亞
保加利亞
喬治亞
亞美尼亞
波士
尼亞
蒙特內哥羅
北馬其頓
希臘
馬爾他
科索沃
阿爾巴
尼亞
塞爾維
賽普勒斯
黎巴嫩
埃及
摩洛哥
突尼西亞
布吉納法索
茅利塔尼亞
馬利
尼日
查德
維德角
塞內加爾
幾內亞比索
幾內亞
象牙海岸
迦納
多哥
貝南
聖多美及普林西比
喀麥隆
中非共和國
剛果
民主
共和國
剛果
加彭
赤道幾內亞
盧安達
蒲隆地
吉布地
卡達
阿拉伯聯合大公國
葛摩
馬約特
塞席爾
馬達加斯加
模里西斯
留尼旺
莫三比克
印度洋
寮國
越南
泰國
柬埔寨
南韓
萬那杜
新喀里多尼亞
克羅澤群島
凱爾蓋朗群島
聖保羅與
新阿姆斯特丹群島
摩洛哥
突尼西亞
阿爾及利亞
茅利塔尼亞
馬利
尼日
查德
塞內加爾
幾內亞
象牙海岸
上伏塔
多哥
達荷美
喀麥隆
加彭
剛果
中非共和國
馬達加斯加
寮國
北越
柬埔寨
南越
解殖的進程
1954-1962年
1954
1954-1958
1960
1962
2023年法語國家及地區國際組織現況
成員國：共54個
準成員國或地區：共7個
觀察員國或地區：共27個
資料來源：法語國家及地區國際組織網頁

從德國角度看世界

在歷史上，由於德國長期處於境內諸邦林立的狀態，因此德國在很長一段時間都無法以主要大國的身分站上國際舞臺。而法國為了維繫自身在歐陸的霸權，也一直致力於維持上述狀況。最後，德國在俾斯麥就任普魯士首相的 9 年內，實現了所有邦國的統合。期間，普魯士先於 1864 年在薩多瓦（Sadowa）戰勝奧國，後在 1871 年的普法戰爭中擊敗法國，威廉二世統治下的德意志帝國隨即成為在人口、工業，或是軍事層面都足以君臨歐陸的大國。

德國的崛起，打破了 1815 年維也納會議所達成的歐洲各方勢力平衡局面。隨著歐洲各國的競爭關係（特別是英國與德國之間）愈演愈烈，各國紛紛開始尋求對自己最有利的同盟關係。而如此機關算盡、你來我往的紛爭，也為第一次世界大戰的爆發埋下伏筆。一戰之後，德國不但遭到恥辱性的敗果，更被要求支付天價的賠償金額。此時的德國認為，凡爾賽和約要求德國必須為戰爭負起全責、承擔不成比例的懲罰一事極為不公平。當時的德國眼看著就要超越英國成為世界第一的大國，卻被迫支付巨額賠款、喪失所有殖民地，更因為 1929 年的世界經濟大恐慌讓德國的財政面臨破產。

此時，希特勒利用德國社會動盪不安所引起的憤怒以及亟欲對法國進行報復的渴望爬上了政治舞臺。納粹於 1933 年的選舉中成為執政黨，並讓希特勒掌握了實權。於是，他開始引領德國對法國報仇，並向東歐索取「生存空間」。這些行為背後的動機，乃出於他對於斯拉夫人和猶太人的種族歧視與仇恨。然而，在希特勒的執政之下，號稱「千年帝國」的德國，卻在 1945 年遭到毀滅性的打擊。隨後，德國的國土由盟軍占領，並被西方國家與蘇聯分裂為二。

在美國的主導下，西德接受民主制度、承認納粹罪行，同時放棄戰略實力。但也讓其加入北大西洋公約組織、推動歐洲的一體化，並讓德國在面臨蘇聯的威脅時，選擇接受美國的保護。1960 年後，德國與法國達成歷史性的和解，使得德法兩國在接下來的 30 年間成為歐洲整合的主要推手。

1990 年，因戈巴契夫的政策路線與蘇聯的弱化，東西德重新合併為單一的德國。這使德國在歐盟以及國際舞臺上獲得更大的影響力，並能夠就自身利益以及所關心的事項更清晰地表達意見。

在 1991 至 2007 年間，德國透過在各個條約簽署過程中的協商與斡旋，在歐洲議會（785 席次中占 99 席，英國脫歐後為 705 席中占 96 席）或歐盟高峰會（自 2017 年起掌握 18% 的票數）中都擁有最大的影響力。此外，還努力地讓歐盟 27 國，在完全不修改歐洲憲法內容的情況下批准、接受里斯本條約。

德國在對法國、歐盟其他國家以及美國的關係方面，都致力於維護現狀不受改變（此為德國的核心利益）。同時，不管在歐元區內或在其與俄羅斯、中國的關係上，德國展現出試圖確保自身經濟、能源與工業等利益的態度。雖然德國一直嘗試強調其所期望的是作為歐洲的一分子，而非成為歐洲的支配者，但對德國抱持懷疑的聲音始終存在。

由於俄烏戰爭的爆發，德國失去了來自俄羅斯的廉價天然氣供應，從而造成了社會的不穩。同時，德國總理蕭茲（Olaf Scholz）宣布增加軍事開支，除了向美國採購軍火與裝備之外，也迎來了北約的復甦。

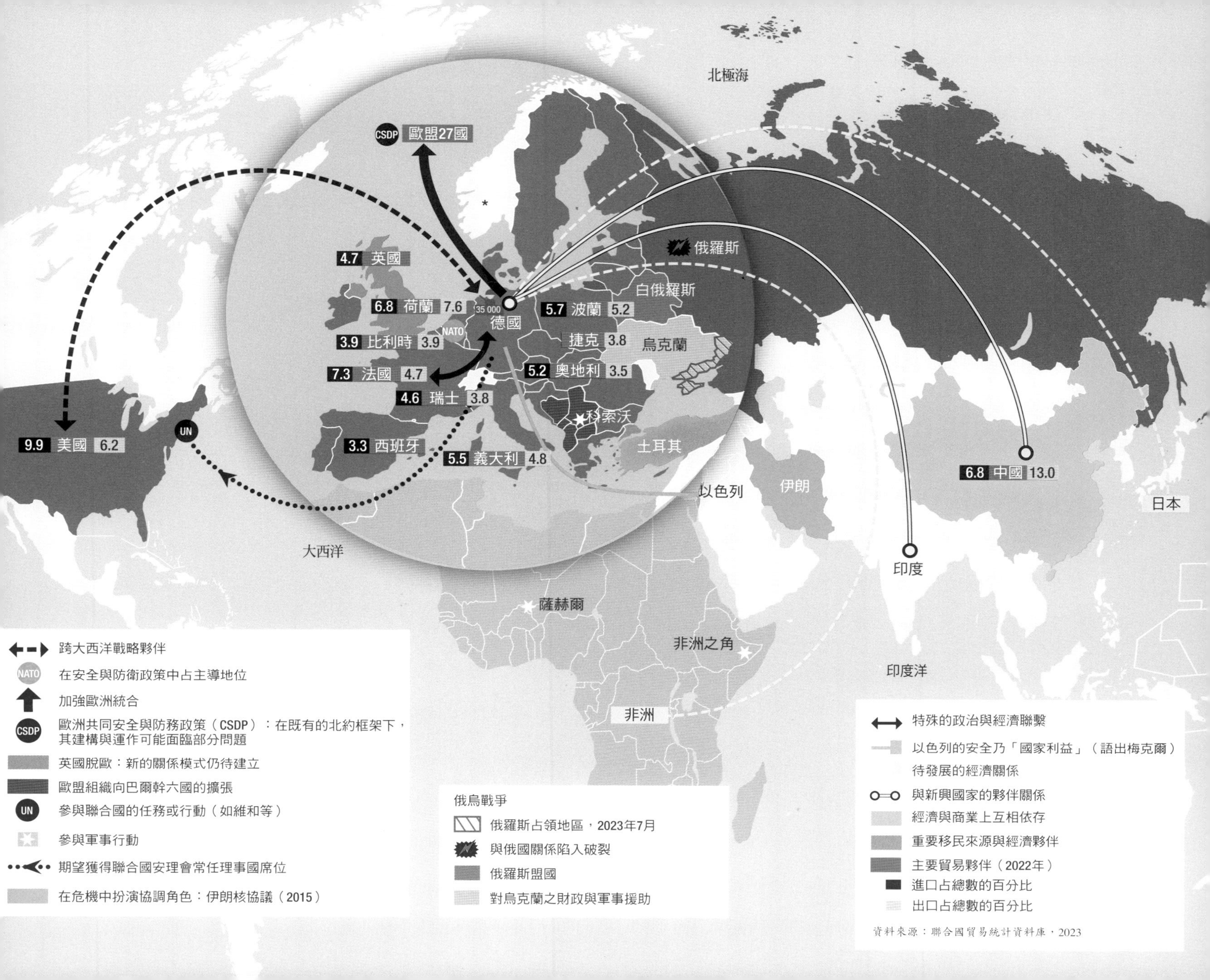
北極海
CSDP 歐盟27國
4.7 英國
6.8 荷蘭 7.6
35 000
德國
NATO
3.9 比利時 3.9
7.3 法國 4.7
4.6 瑞士 3.8
9.9 美國 6.2
UN
3.3 西班牙
5.5 義大利 4.8
5.7 波蘭 5.2
捷克 3.8
5.2 奧地利 3.5
白俄羅斯
烏克蘭
俄羅斯
科索沃
土耳其
以色列
伊朗
6.8 中國 13.0
日本
印度
大西洋
薩赫爾
非洲之角
非洲
印度洋
跨大西洋戰略夥伴
在安全與防衛政策中占主導地位
加強歐洲統合
歐洲共同安全與防務政策（CSDP）：在既有的北約框架下，其建構與運作可能面臨部分問題
英國脫歐：新的關係模式仍待建立
歐盟組織向巴爾幹六國的擴張
參與聯合國的任務或行動（如維和等）
參與軍事行動
期望獲得聯合國安理會常任理事國席位
在危機中扮演協調角色：伊朗核協議（2015）
俄烏戰爭
俄羅斯占領地區，2023年7月
與俄國關係陷入破裂
俄羅斯盟國
對烏克蘭之財政與軍事援助
特殊的政治與經濟聯繫
以色列的安全乃「國家利益」（語出梅克爾）
待發展的經濟關係
與新興國家的夥伴關係
經濟與商業上互相依存
重要移民來源與經濟夥伴
主要貿易夥伴（2022年）
進口占總數的百分比
出口占總數的百分比
資料來源：聯合國貿易統計資料庫，2023

從英國角度看世界

在 15 世紀的百年戰爭中敗北後，英國失去了所有在歐陸上的領土。自此，英國轉朝不列顛群島內部進行擴張，並先後征服了愛爾蘭（1541 年）與蘇格蘭（分別於 1603 年及 1707 年），並開始進行海外拓殖行動。

在法國大革命前夕，不列顛王國由於失去了美洲大陸的殖民地，導致了國力的衰退；然而其後卻也因其島國的地理條件，得以免受拿破崙侵略。在整個 19 世紀，英國都努力地維持歐陸各個大國間的平衡，不使任何一國擁有單獨稱霸的實力。此即所謂的「光榮孤立」政策。值此同時，英國也在歐洲以外的地區力圖拓展殖民地與貿易版圖，並自 1850 年起晉升為世界第一的貿易、工業大國。這一發展使得英鎊在當時成了國際通用貨幣，並開啟了以英國為中心的全球化時代。

之後，由於面對德國崛起的威脅，英國選擇接近法國，於 1904 年締結「英法協約」(Entente cordiale)。在第一次世界大戰結束後，英國的霸權地位遭到美國取代。二戰以後，英國的國力持續衰退，不得不面對殖民帝國瓦解，以及貿易、航運優勢地位喪失的局面。同時，在面對蘇聯的威脅下，為了讓歐陸保持新的勢力均衡，首相邱吉爾在雅爾達會議上為英國爭取到戰後對德國進行軍事占領與取得占領區的權利，並讓法國取得了聯合國安全理事會常任理事國的席次。1956 年第二次以阿戰爭時，美國要求英國停止派兵前往蘇伊士運河。這讓英國體認到自己已無法在沒有美國支持的情況下獨自進行大規模的戰略、軍事行動了。同時，由於畏懼歐洲整合將使自己的地位與利益逐漸喪失，英國一直對於歐洲一體化路線抱持著保留態度，並維持與美國的「特殊關係」——即透過自身與美國間的歷史淵源、共通語言和思維方式對美國總統產生影響力，並擴大英國對世界的影響力。

到了 1973 年，英國雖然加入歐洲共同體，但仍與大英國協各國維持某種程度上的關係。對歐洲各國而言，英國是一個態度曖昧不明的夥伴。

其後，在對伊拉克戰爭期間，英國首相布萊爾（Tony Blair）對美國採取的盲目支持態度在國內造成很大的爭議。至此，所謂英國對美國的影響力，被證實只不過是一種幻想。

到了首相卡麥隆（David Cameron）主政時期，由於很多內政問題有待解決，因而發起了脫歐公投（Brexit），並在 2020 年 1 月正式退出歐盟。英國原本期望在擺脫「歐盟的束縛」之後，獲得更高的決策與行動靈活性，但事實證明這一想法實屬無稽——脫歐不但加劇了英國分裂的風險（蘇格蘭與北愛爾蘭），更引發原料與勞動力供應上的問題，對英國的經濟造成了損失，甚至連倫敦原本作為金融中心的地位都遭到了挑戰。

俄烏戰爭
俄羅斯占領地區，2023年7月
七大工業國（G7）對俄羅斯侵略行為進行譴責與制裁
俄羅斯盟國
對烏克蘭之長期援助
冰島
挪威 6.5
歐盟27國
英國
蘇格蘭
北愛爾蘭
加拿大
6.0 愛爾蘭 2.3
8.3 荷蘭 3.5
NATO
4.1 比利時 2.5
6.6 瑞士
5.8 法國 4.2
ONU
12.1 美國 11.9
7.8 德國 8.6
白俄羅斯
烏克蘭
俄羅斯
西班牙 2.9
義大利 3.7
土耳其
敘利亞
伊拉克
阿富汗
利比亞
波斯灣國家
2.3 阿拉伯聯合大公國
G20
印度
6.7 中國 13.4
G7
日本
4.4 香港
非洲
薩赫爾
中非共和國
索馬利亞
印度洋
南方共同市場
巴西
大西洋
澳大利亞
紐西蘭
2020年英國脫歐
支持留歐：
蘇格蘭62%，
北愛爾蘭55.8%
困難的脫歐談判過程：
癥結主要在於北愛爾蘭問題
與歐洲刑警組織之情報合作
主要貿易夥伴（2022）
進口占總數的百分比
出口占總數的百分比
資料來源：聯合國貿易統計資料庫，2023
「全球英國」戰略構想
貿易協定
雙邊自由貿易協定
期望達成的自由貿易協定
期望獲得進一步發展
與大英國協各國間的戰略合作
貿易關係降溫（主因為香港問題）
脫歐後的英國外交
特殊戰略聯繫關係
澳英美聯盟：軍事與防衛合作之「特殊夥伴關係」
「五眼」聯盟：電子情報合作關係
期望建立「民主國家陣線」以應對中國及俄羅斯
北約活躍成員國
危機處理、反恐與打擊海盜行為

從義大利角度看世界

義大利的統一是 19 世紀時，由薩丁尼亞王國以及擔任該國首相的加富爾（Camillo Cavour）推動下實現的。然而，即便實現了國家的統一，在工業發達而富裕的北義與以農業為主、相對貧窮落後的南義之間仍存在著鴻溝。

第一次世界大戰結束後，義大利認為自己所受到的待遇並不公平。墨索里尼（Benito Mussolini）便乘著社會上這種不滿的情緒，以及日益高漲的義大利民族主義勢頭，於 1922 年獲得了執政權。他隨即建立了「法西斯」獨裁統治和以個人崇拜為中心的政治體制。

在掌控義大利後不久，墨索里尼發動了殖民戰爭（入侵利比亞和衣索比亞），企圖重現羅馬帝國的輝煌。1936 年，他與希特勒統治的德國結盟，建立柏林—羅馬軸心。但在二戰期間，義大利軍隊在巴爾幹、希臘和北非戰場接連失利。1943 年，美軍在西西里島登陸，義大利爆發了抵抗法西斯統治的內戰，並於 1945 年 4 月 28 日處決了墨索里尼。

於是，義大利被視為二戰的戰勝國。但與預期不同的是，義大利原本希望能夠成為一個具有主導力量的歐洲強國，結果卻只能在戰後逐漸喪失支配地位的歐洲中扮演一個弱國的角色。而且在義大利共產黨勢力強大的情況下，也促使美國出手扶持基督教民主主義政黨以對抗蘇聯的影響力。

二戰後的義大利，以北大西洋公約（1949 年）、歐洲煤鋼共同體（1952 年）和歐洲經濟共同體（1957 年，羅馬條約）的創始成員國身分，加入了西方國家的共同體行列。於是，義大利成為同時具有大西洋國家與歐洲國家特性的政治體，並在此脈絡下逐步消除了法西斯歷史帶來的汙名。就義大利的政治制度而言，由於比例代表制的選舉制度，導致政府更迭頻繁且充滿不穩定性；但實際上，義大利政治人物個人的穩定性則很高。

在 1980 年代，義大利同時經歷了極左和極右翼團體引發的恐怖主義浪潮。至 1990 年代，則因政府加強掃蕩黑手黨而進入一段暴力的時期。然而，此時的天主教民主黨被揭露與黑手黨有所聯繫，共產黨則因蘇聯解體而遭受強大衝擊。

儘管如此，義大利憑藉眾多高效的中小型企業，在二戰後發展為歐盟第三大經濟體和全球第八大經濟體，並於 1975 年加入七大工業國組織（G7）。

傳統上，義大利是一個移民輸出國，但由於位在人群移動的地理樞紐位置，過去 40 年間深受少子化趨勢衝擊的義大利，再次成為移民的輸入國。因北非與其它非洲地區移民湧入，而都柏林體制下（編按：指定難民在日內瓦公約下尋求政治避難的申請流程）的歐洲各國彼此又欠缺團結，加上國家內部的經濟危機、階級政治與腐敗問題，導致極右翼政黨「義大利兄弟黨」（Brothers of Italy）在 2022 年 9 月的選舉中崛起，該黨領袖梅洛尼（Giorgia Meloni）則成為政府總理。

義大利始終認為自己未在國際上得到足夠的重視，尤其是法國和德國總是對其抱持著一種優越感。然而，義大利也未能順利與其他地中海地區國家組成「南方」陣線。即便如此，它還是曾經試圖在解決利比亞危機中發揮作用。

最後，儘管義大利與北京發展了密切的經濟關係，但它依然是北約中堅定的美國盟友；雖然該國的部分政治人物與莫斯科有所往來，但義大利於俄烏戰爭中，仍是採取堅定支持烏克蘭的立場。

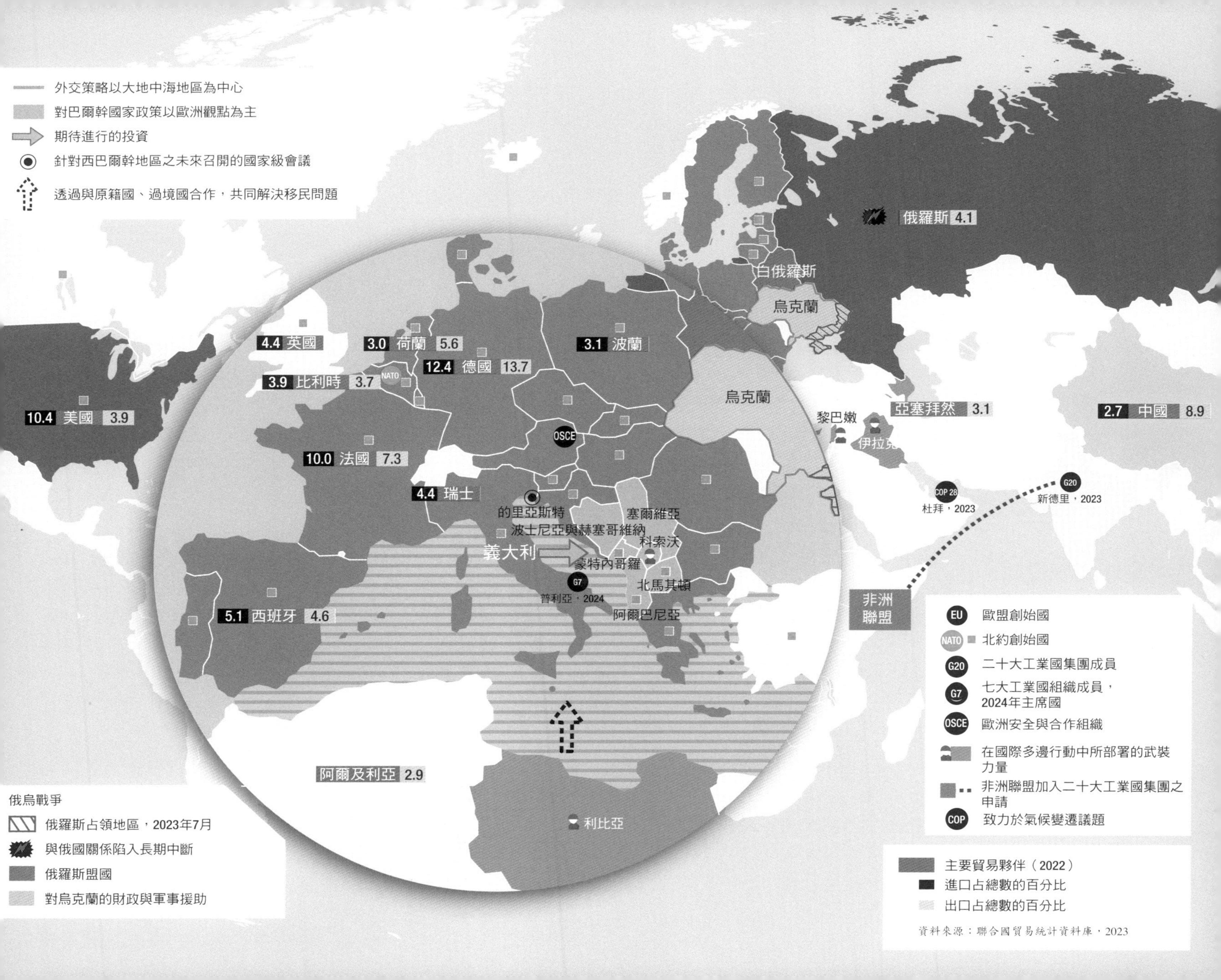
外交策略以大地中海地區為中心
對巴爾幹國家政策以歐洲觀點為主
期待進行的投資
針對西巴爾幹地區之未來召開的國家級會議
透過與原籍國、過境國合作，共同解決移民問題
俄羅斯 4.1
白俄羅斯
烏克蘭
4.4 英國
3.0 荷蘭 5.6
12.4 德國 13.7
3.1 波蘭
3.9 比利時 3.7
NATO
10.4 美國 3.9
10.0 法國 7.3
4.4 瑞士
OSCE
烏克蘭
黎巴嫩
亞塞拜然 3.1
伊拉克
2.7 中國 8.9
的里亞斯特
塞爾維亞
波士尼亞與赫塞哥維納
科索沃
義大利
蒙特內哥羅
G7
普利亞，2024
北馬其頓
阿爾巴尼亞
5.1 西班牙 4.6
COP 28
杜拜，2023
G20
新德里，2023
非洲聯盟
阿爾及利亞 2.9
利比亞
俄烏戰爭
俄羅斯占領地區，2023年7月
與俄國關係陷入長期中斷
俄羅斯盟國
對烏克蘭的財政與軍事援助
EU 歐盟創始國
NATO 北約創始國
G20 二十大工業國集團成員
G7 七大工業國組織成員，2024年主席國
OSCE 歐洲安全與合作組織
在國際多邊行動中所部署的武裝力量
非洲聯盟加入二十大工業國集團之申請
COP 致力於氣候變遷議題
主要貿易夥伴（2022）
進口占總數的百分比
出口占總數的百分比
資料來源：聯合國貿易統計資料庫，2023

從西班牙角度看世界

自從西班牙一統伊比利半島，並將勢力延伸至美洲大陸這座寶山之後，西班牙一時之間在歐洲擁有了舉足輕重的地位，同時也是16世紀時世界上最為強盛的大國。這也是以「伊比利主導的全球化」的時期。不過進入18世紀以後，西班牙的國力便開始逐漸衰退。

造成西班牙國力衰退的關鍵，除了在19世紀時失去拉丁美洲的殖民地帶來的損失外，還有無法及時跟上工業革命腳步的影響。1931年，西班牙揮別了持續數世紀的君主制度，展開共和制。5年後，也就是1936年，西班牙國內的極右派勢力拒絕接受人民戰線勝利的事實，使得西班牙陷入內戰狀態，並造成50萬人以上的傷亡。

佛朗哥（Francisco Franco）將軍在內戰中受到來自希特勒與墨索里尼的支援，最後成功在1939年掌握西班牙政權，並在緊接而來的二戰中維持中立的姿態。他的獨裁體制持續至1975年，期間的國際交流，僅限於在戰後和美國簽署了雙邊協議，從屬於美國的反共產主義架構之下而已。除此之外，西班牙在歐洲大陸基本上是處於孤立的狀態。

1978年，西班牙在國王卡洛斯一世（Juan Carlos I）的領導下，逐步恢復民主制度，從而洗刷過往的負面形象，並重新融入歐洲。1986年，西班牙加入歐洲經濟共同體——這項決定為西班牙其後長久的發展揭開了序幕，也解釋了西班牙人對於歐洲一體化為何抱持著支持的態度。

儘管美國過去支持過佛朗哥政權，西班牙仍加入了北大西洋公約組織。不過也正因如此，西班牙在面對美國時，始終努力地想要維護自身的獨立性。

西班牙致力於透過歐陸國家的視角採取積極的外交政策。和葡萄牙一樣，西班牙除了與拉丁美洲各國保持密切關係外，也一度盼望能成為歐洲與阿拉伯世界間的溝通橋梁。

2003年，支持美國對伊拉克戰爭的阿茲納政權，遭到國內大多數輿論反對，並因2004年3月發生的馬德里連環爆炸案的影響而倒臺。隨後，由西班牙工人社會黨的薩帕德洛（Zapatero）接任首相。其政權從經濟、社會政策層面著手，成功打擊了在國內活躍的恐怖組織埃塔（ETA，以促使巴斯克地方獨立為目標的民族組織，至今仍在西班牙境內活動），因此獲得相當多國民的支持。

房地產的泡沫化，使得西班牙經濟在2007至2008年間遭到重創。其後，首相拉荷義（Mariano Rajoy）透過嚴格的經濟緊縮政策，讓國內經濟自2013年起逐漸復甦。此一政策雖然奏效，但也讓西班牙社會付出很大的代價。拉荷義最後即因其政策所引發的爭議以及對其腐敗的指控而下臺。接著，在加泰隆尼亞獨立運動構成社會內部危機的狀況下，西班牙改由少數派左翼政黨執政，其立場更傾向「歐洲化」，「大西洋主義」（與美洲的連結）因而更為淡薄。該政府一方面推動進步派政策，另一方面也嘗試重振西班牙的外交實力，但俄烏戰爭的爆發卻限制了西班牙國際活動的空間。

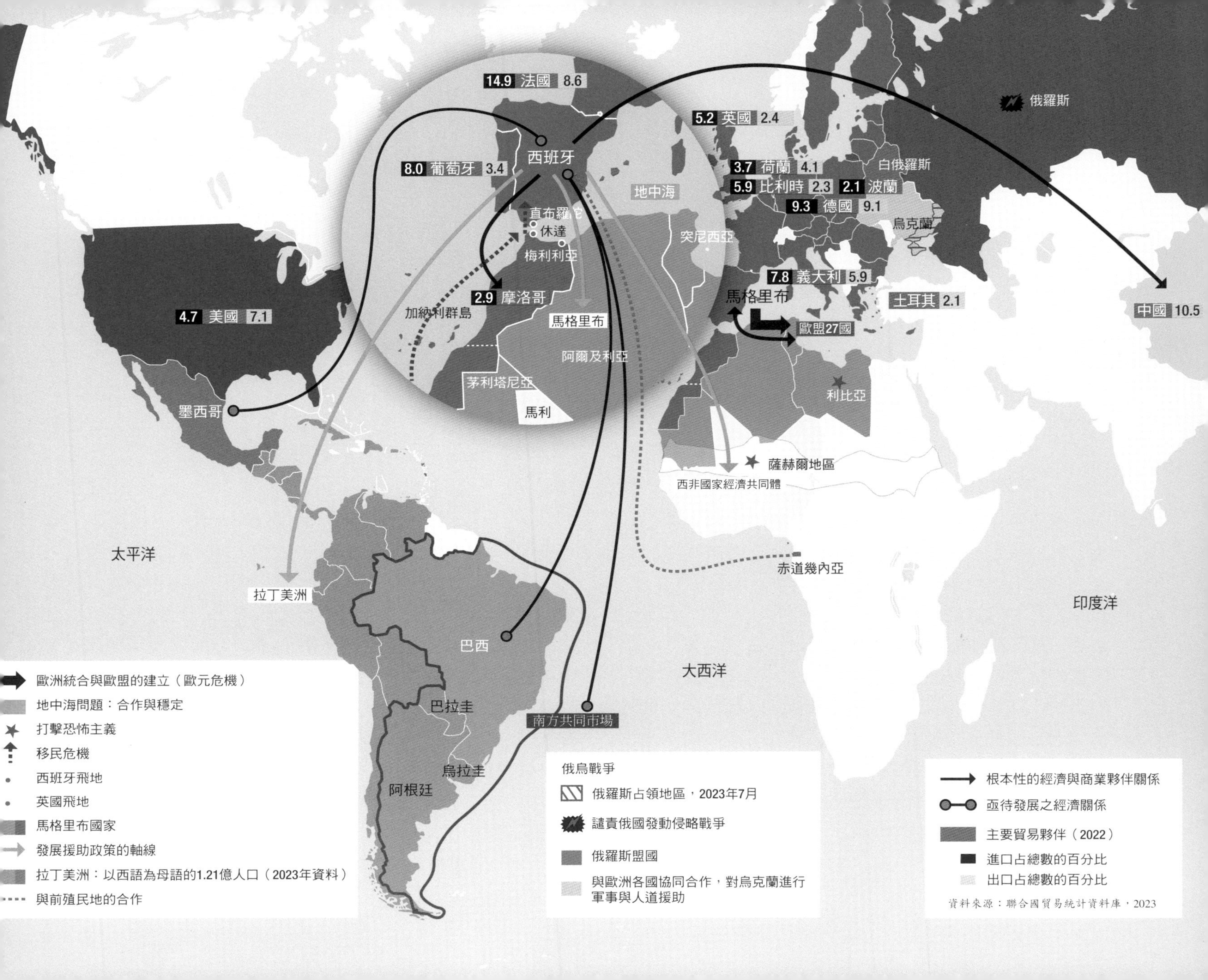

14.9 法國 8.6
5.2 英國 2.4
俄羅斯
西班牙
8.0 葡萄牙 3.4
3.7 荷蘭 4.1
白俄羅斯
5.9 比利時 2.3
2.1 波蘭
9.3 德國 9.1
烏克蘭
地中海
直布羅陀
休達
梅利利亞
突尼西亞
7.8 義大利 5.9
土耳其 2.1
中國 10.5
4.7 美國 7.1
2.9 摩洛哥
加納利群島
馬格里布
歐盟27國
阿爾及利亞
茅利塔尼亞
馬利
利比亞
墨西哥
薩赫爾地區
西非國家經濟共同體
太平洋
赤道幾內亞
拉丁美洲
印度洋
巴西
大西洋
巴拉圭
南方共同市場
烏拉圭
阿根廷
歐洲統合與歐盟的建立（歐元危機）
地中海問題：合作與穩定
打擊恐怖主義
移民危機
西班牙飛地
英國飛地
馬格里布國家
發展援助政策的軸線
拉丁美洲：以西語為母語的1.21億人口（2023年資料）
與前殖民地的合作
俄烏戰爭
俄羅斯占領地區，2023年7月
譴責俄國發動侵略戰爭
俄羅斯盟國
與歐洲各國協同合作，對烏克蘭進行軍事與人道援助
根本性的經濟與商業夥伴關係
亟待發展之經濟關係
主要貿易夥伴（2022）
進口占總數的百分比
出口占總數的百分比
資料來源：聯合國貿易統計資料庫，2023

從比利時角度看世界

比利時的領土，或範圍更廣的「比荷盧聯盟」(Benelux) 地區，在歷史上一直是周邊各大勢力競爭角逐的戰場。當年拿破崙就是因為掌握了比利時，才得以對英國實施大陸封鎖令。而在兩次世界大戰當中，德軍也都以閃電戰攻下比利時，作為對法軍作戰的第一步。

比利時是 1830 年在「歐洲協調」（Concert of Europe）體制下誕生的國家，並與非洲之間在歷史上有著密不可分的關係。例如，今日剛果民主共和國的前身，即是 1885 年成為比利時殖民地的比屬剛果。盧安達和蒲隆地，則是在 1919 年德國的殖民帝國遭到解體時，委託給比利時管理的地區。比屬剛果在獨立前，因擁有豐富的天然資源而由比利時王室直接持有，並成為王室的重要財源。因此，後來剛果的獨立，以及其後蒙博托（Mobutu）政權的腐敗、垮臺，便成為種種紛爭的根源。

比利時對於歐洲整合抱持著非常積極的態度。對於在國際間分量不算大的比利時而言，透過歐洲整合，不僅可以保護自己，同時也更有機會發揮國際間的影響力。身為 1948 年發起的西歐同盟創始國之一，比利時在 1957 年也簽署了羅馬條約（設立歐洲經濟共同體與歐洲原子能共同體的條約）。如今，歐盟相關組織和北大西洋公約組織總部也設於比利時境內，其經濟可說是已經完全成為歐盟體系的一部分。

然而在國內，法語系的瓦隆人和荷語系的弗拉芒人之間的嫌隙不斷加深，直接威脅到國家的統一。或許是因為想要透過歐洲這個共通的安全傘來維護國家安全，卻反而使國內的衝突日漸惡化。然而，基於比國首都布魯塞爾具備的「歐洲首都」的角色與重要性，比利時仍期盼歐洲能夠作為全球化世界中的一個主要參與者。

由於比利時過去曾是盧安達的宗主國，因此在 1994 年盧安達大屠殺時也被相關爭議所波及（法國、美國、聯合國、非洲聯盟亦同）。1990 年代末期，比利時國會基於對國際關係倫理的重視，以及對侵犯人權、濫採天然資源與原料的反對，決議提倡「道德外交」路線。

為此，比利時開始實行以「普遍管轄權」為基礎的法律。只要是犯下國際犯罪的人物，即便與比利時無關，任何人仍可以向比利時的司法單位提告。由於這樣的主張與許多國家的司法立場相牴觸，因而引發了與他國間的緊張關係，最後也不得不對此路線作出修正（西班牙也曾經歷過同樣的過程）。同時，國內法語族群與荷語族群之間日益擴大的鴻溝，讓比利時仍處於分裂的風險之中。

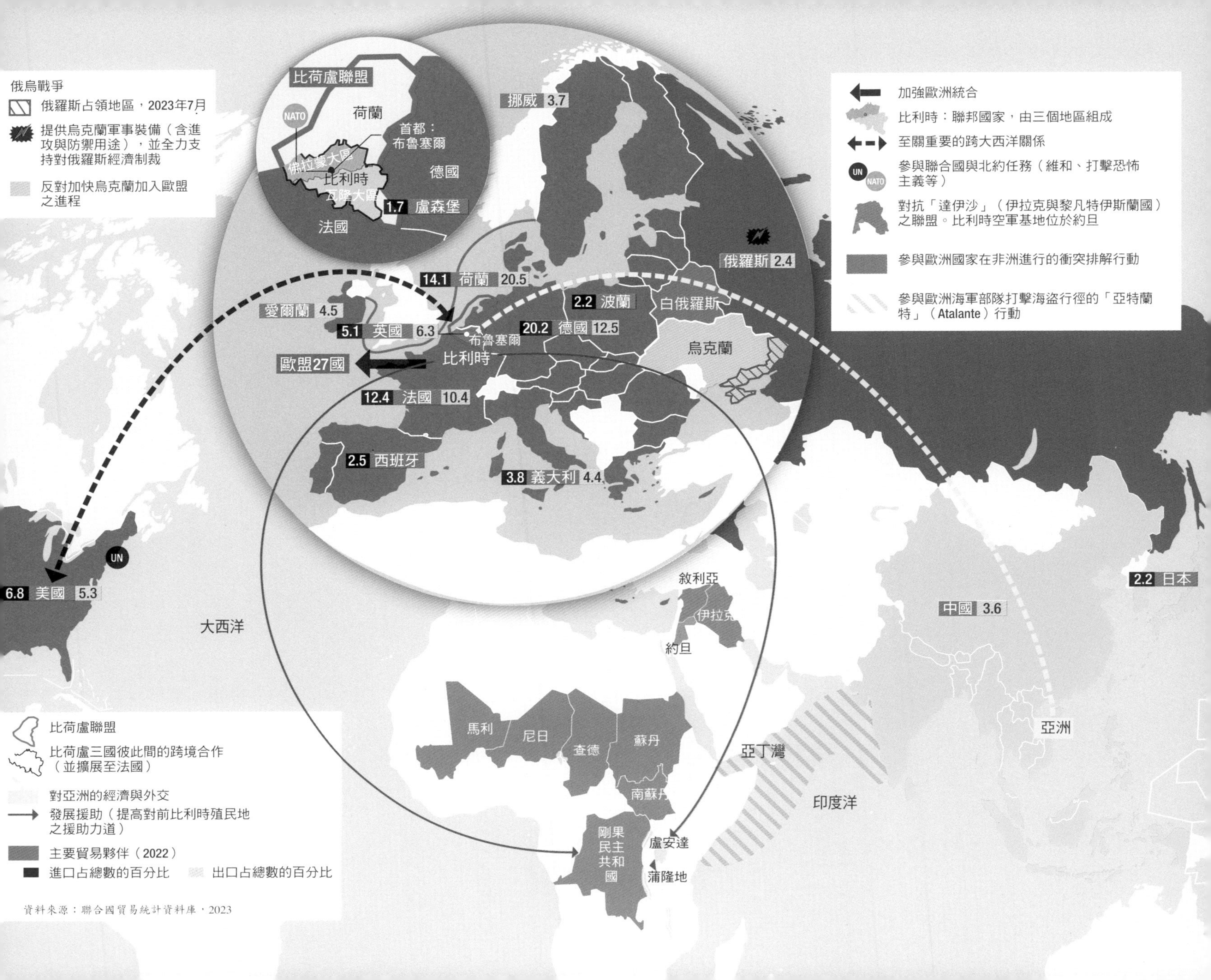
俄烏戰爭
俄羅斯占領地區，2023年7月
提供烏克蘭軍事裝備（含進攻與防禦用途），並全力支持對俄羅斯經濟制裁
反對加快烏克蘭加入歐盟之進程
加強歐洲統合
比利時：聯邦國家，由三個地區組成
至關重要的跨大西洋關係
參與聯合國與北約任務（維和、打擊恐怖主義等）
對抗「達伊沙」（伊拉克與黎凡特伊斯蘭國）之聯盟。比利時空軍基地位於約旦
參與歐洲國家在非洲進行的衝突排解行動
參與歐洲海軍部隊打擊海盜行徑的「亞特蘭特」（Atalante）行動
比荷盧聯盟
NATO
荷蘭
首都：布魯塞爾
德國
佛拉蒙大區
比利時
瓦隆大區
1.7 盧森堡
法國
挪威 3.7
俄羅斯 2.4
14.1 荷蘭 20.5
2.2 波蘭
白俄羅斯
愛爾蘭 4.5
5.1 英國 6.3
布魯塞爾
20.2 德國 12.5
烏克蘭
歐盟27國
比利時
12.4 法國 10.4
2.5 西班牙
3.8 義大利 4.4
UN
6.8 美國 5.3
大西洋
敘利亞
伊拉克
約旦
中國 3.6
2.2 日本
馬利
尼日
查德
蘇丹
南蘇丹
亞丁灣
印度洋
亞洲
剛果民主共和國
盧安達
蒲隆地
比荷盧聯盟
比荷盧三國彼此間的跨境合作（並擴展至法國）
對亞洲的經濟與外交
發展援助（提高對前比利時殖民地之援助力道）
主要貿易夥伴（2022）
進口占總數的百分比
出口占總數的百分比
資料來源：聯合國貿易統計資料庫，2023

從波蘭角度看世界

回朔充滿悲劇的波蘭史，絕對有助於理解波蘭人看世界的角度與擔憂的事情。波蘭長期以來受到鄰國，特別是德國與俄羅斯的影響力與欲望所左右，其主權屢次遭到威脅，甚至被完全否定。

18 世紀末，波蘭一度從地圖上消失，雖曾在拿破崙時期以華沙公國的形式重建，旋即又在維也納會議中遭到俄羅斯、奧地利與普魯士瓜分。一戰後，波蘭藉 1919 年的凡爾賽條約得以復國，然而在二戰時，卻再遭納粹德國占領。到了戰後，波蘭則落入蘇聯的掌控，並且持續到冷戰結束為止。

二戰結束後，德國已承認納粹所犯下的過錯；而東西德合併、統一德國誕生時也明言放棄 1945 年劃入波蘭國境的奧德河—奈塞河分界線以東的舊德國領土，然而波蘭與德國之間的關係直到今天仍舊十分複雜。同時，波蘭亦擔憂俄羅斯是否會發揮其影響力，試圖支配波蘭境內的能源等其他資源。

由於過去歷史的因素，波蘭認為，所謂國際條約與國際機構的效果與保障都不足以信任——能夠抑制俄羅斯的欲望，並且與德、法的影響力取得平衡的唯一解，就是接受美國的保護。儘管當初英法在二戰期間曾援助波蘭對抗納粹德國的統治；冷戰期間，法國也不斷呼籲各方應跨越將歐洲切分為東西兩陣營的藩籬。然而對波蘭而言，他們還是認為將其從納粹和共產主義中解放乃是美國的功勞。

波蘭與美國之間的關係，在美國境內存在著強大而組織良好的波蘭裔社群情況下變得更加鞏固。正因為有上述的歷史遺產，使得波蘭對於布希政權的政策以及對伊拉克戰爭給予全面的支持。即使是面對搖擺不定的川普政府，波蘭仍提議捐贈 20 億美元供美方興建一處名為「川普堡」（Fort Trump）的軍事基地。

與加入歐盟時漫長而令人沮喪的談判相比，波蘭在加入北約的進程上顯得更為順利，這又再次強化了波蘭人認為美國比歐洲更友好、更開放的觀念。儘管波蘭的經濟發展主要仍歸功於其與歐洲的融合，但對於美國的好感仍是顯著地強過歐洲國家。另外，波蘭對於涉及主權相關的議題極為敏感，加以其在社會問題上的立場往往被認為偏向保守與落後，這也讓波蘭在加入歐盟的初期被認為是一個難相處的夥伴。

在內政方面，2017 年首次當選、2019 年連任的極右派政府因限縮公民權利與干預司法獨立等問題，遭到歐盟執委會（European Commission）與歐洲議會的批評以及制裁。而外交方面，俄烏戰爭的爆發進一步強化了波蘭人認為只有美國與北約才能夠保護其安全的想法；同時，他們也更堅定必須削弱俄羅斯的信念。今日的波蘭期望能將其軍事預算提升到國內生產毛額（GDP）占比的 5%，並擁有歐盟最為強大的軍隊。

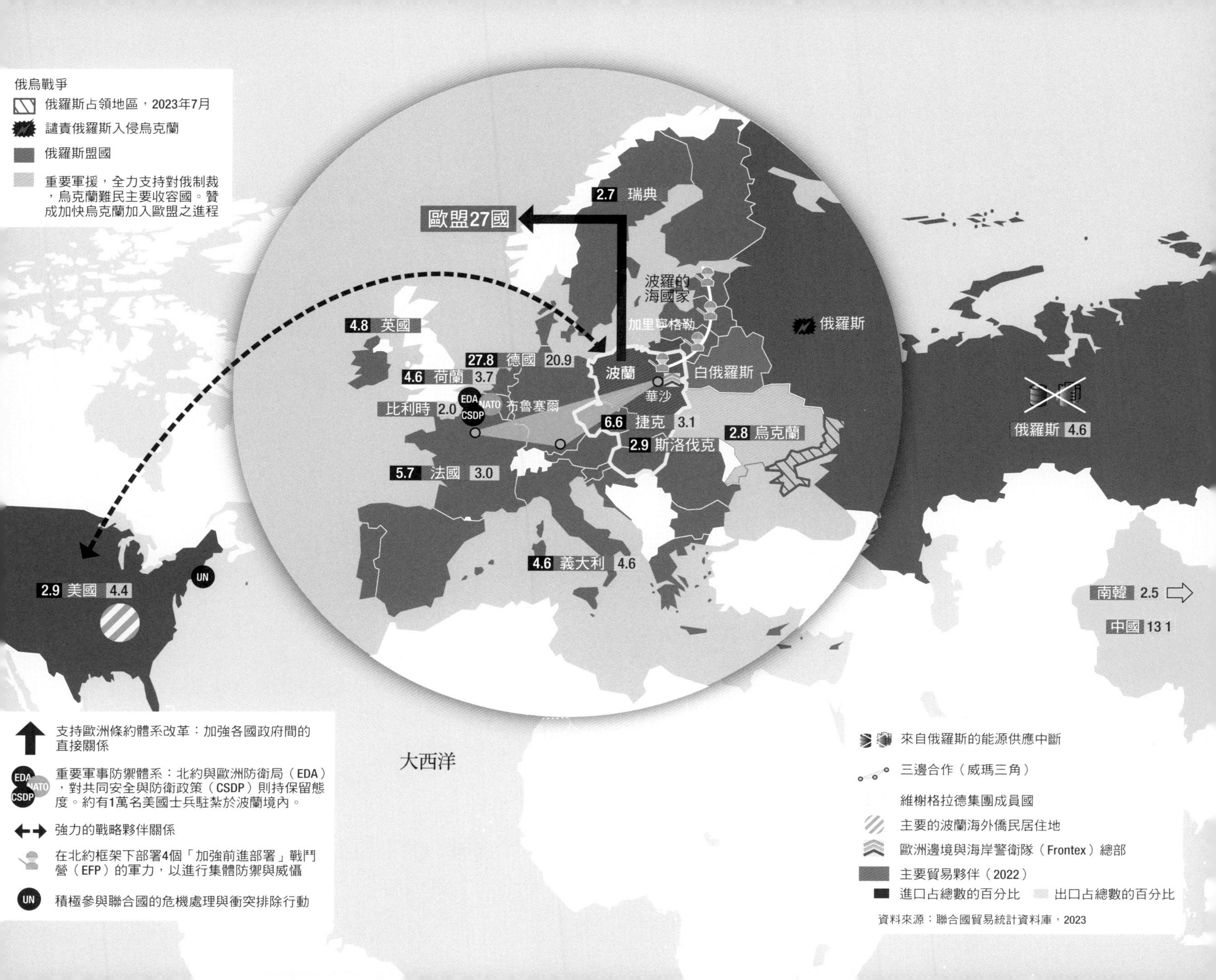
俄烏戰爭
俄羅斯占領地區，2023年7月
譴責俄羅斯入侵烏克蘭
俄羅斯盟國
重要軍援，全力支持對俄制裁，烏克蘭難民主要收容國。贊成加快烏克蘭加入歐盟之進程
2.7 瑞典
歐盟27國
波羅的海國家
加里寧格勒
俄羅斯
4.8 英國
27.8 德國 20.9
4.6 荷蘭 3.7
波蘭
白俄羅斯
華沙
EDA
NATO
CSDP
比利時 2.0
布魯塞爾
6.6 捷克 3.1
2.9 斯洛伐克
2.8 烏克蘭
俄羅斯 4.6
5.7 法國 3.0
4.6 義大利 4.6
UN
2.9 美國 4.4
南韓 2.5
中國 13.1
大西洋
支持歐洲條約體系改革：加強各國政府間的直接關係
重要軍事防禦體系：北約與歐洲防衛局（EDA），對共同安全與防衛政策（CSDP）則持保留態度。約有1萬名美國士兵駐紮於波蘭境內。
強力的戰略夥伴關係
在北約框架下部署4個「加強前進部署」戰鬥營（EFP）的軍力，以進行集體防禦與威懾
積極參與聯合國的危機處理與衝突排除行動
來自俄羅斯的能源供應中斷
三邊合作（威瑪三角）
維榭格拉德集團成員國
主要的波蘭海外僑民居住地
歐洲邊境與海岸警衛隊（Frontex）總部
主要貿易夥伴（2022）
進口占總數的百分比
出口占總數的百分比
資料來源：聯合國貿易統計資料庫，2023

從烏克蘭角度看世界

西元 860 年，在現今烏克蘭的領土出現了歷史上第一個斯拉夫人國家——基輔羅斯。12 世紀時，莫斯科大公國在與韃靼人的對抗中取得勝利，並逐漸發展成為後來的俄羅斯。1917 年的俄國革命後，烏克蘭於 1918 至 1920 年間獲得獨立，但隨即被強行併入蘇聯，當地發展出來的烏克蘭民族主義和其他所有民族主義則遭到鎮壓。

在 1932 到 1933 年間，「去富農化」（Dekulakization，即打擊農民）的政策造成一場大饑荒，從而導致 250 至 500 萬人死亡。二戰期間，烏克蘭民族主義者為追求脫離蘇聯獨立而與納粹合作，並因此犯下屠殺猶太人的罪行。但與此同時，也有數百萬的烏克蘭人以蘇聯軍人的身分在戰爭中犧牲。

1954 年，出身烏克蘭的蘇聯領導人赫魯雪夫（Nikita Khrushchev）將凱薩琳大帝統治時期以來一直被俄羅斯帝國占領的克里米亞劃入烏克蘭。

1991 年 12 月 8 日，俄羅斯聯邦、白俄羅斯和烏克蘭共和國總統共同宣布蘇聯解體，15 個前加盟國各自獨立。當時，葉爾欽（Boris Yeltsin）一心關注俄羅斯的獨立，並未就烏克蘭總統克拉夫朱克（Leonid Kravchuk）對於克里米亞的未來命運的憂慮多做回應，成為日後危機的伏筆之一。

傳統上，烏克蘭可劃分為親俄的東部地區和親波蘭的西部地區。2004 年，政治立場上親西方的尤申科（Viktor Yushchenko）上臺，並希望讓烏克蘭更親近歐盟和北約。2008 年，為了避免進一步刺激俄羅斯，德國和法國因而對於烏克蘭申請加入北約一事採反對立場。在 2010 年的總統大選中，烏克蘭由立場親俄的亞努科維奇（Viktor Yanukovych）獲勝。

俄羅斯長期以來以提供低於市場價格的廉價能源，作為對烏克蘭進行經濟援助的手段。政治上雖然存在政黨輪替的情況，但烏克蘭國內實際上始終未擺脫寡頭政治的形態。整體而言，烏克蘭的經濟發展情況不佳，政治貪腐現象普遍，國民對未來普遍缺乏正面期待或願景，人口外流十分嚴重。

2014 年，烏克蘭與歐盟之間一份可能導致與烏俄經濟連帶斷裂的協定，在俄羅斯的施壓之下破局。這一政策讓那些認為歐盟代表著經濟發展和打擊腐敗之希望的親歐派人士十分失望，並在多個大城市引發激烈的抗爭。

在西方國家看來，亞努科維奇政權遭到推翻是一場「革命」，但在俄羅斯眼中，整起事件則是一場政變。繼任的政府更是進一步挑戰、質疑了國內東部地區俄語人口的文化權利。隨後，俄國在 2014 年 2 至 3 月間吞併克里米亞，並支持頓巴斯的獨派人士，西方國家也因此對俄羅斯祭出大規模制裁。此一行動讓俄羅斯得以直接控制克里米亞，但也導致烏克蘭更為疏遠俄羅斯，烏國國內反對莫斯科的民族主義情緒也更為高漲。

2015 年，在法國和德國的支持下，簽署了《明斯克協議》。烏克蘭政府同意國內東部地區自治，但此協議的內容並未獲得實現。2022 年 2 月 24 日，莫斯科進攻烏克蘭，期望在當地建立一個親俄政權。但這場戰爭因為烏克蘭的堅定抵抗與西方國家的種種物資援助而並未成功。由於俄羅斯在對烏克蘭戰爭中所犯下的種種戰爭罪行，烏克蘭已在很大程度上變得更為親近西方國家。目前的烏克蘭雖然十分仰賴歐盟提供的經濟援助，但其認為美國在戰略上的支持更為重要。經歷俄烏戰爭，烏克蘭在西方世界眼中已成為一個受難國度的象徵。

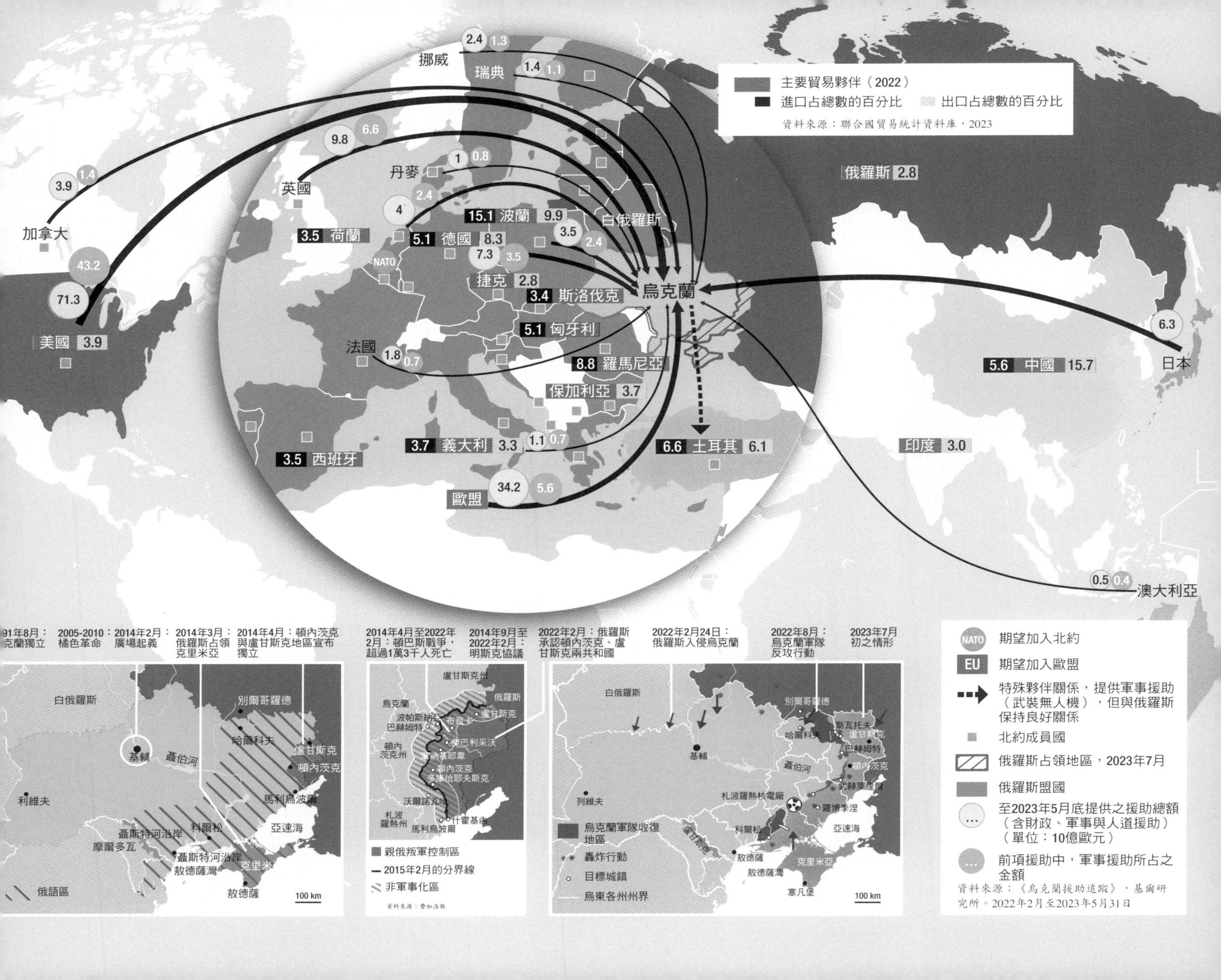
主要貿易夥伴（2022）
進口占總數的百分比
出口占總數的百分比
資料來源：聯合國貿易統計資料庫，2023
挪威 2.4 1.3
瑞典 1.4 1.1
丹麥 1 0.8
英國 9.8 6.6
加拿大 3.9 1.4
美國 3.9 71.3 43.2
荷蘭 3.5 4 2.4
波蘭 15.1 9.9
德國 5.1 8.3
捷克 7.3 3.5 2.8
斯洛伐克 3.4
白俄羅斯 3.5 2.4
匈牙利 5.1
法國 1.8 0.7
羅馬尼亞 8.8
保加利亞 3.7
義大利 3.7 3.3 1.1 0.7
西班牙 3.5
歐盟 34.2 5.6
土耳其 6.6 6.1
烏克蘭
俄羅斯 2.8
中國 5.6 15.7
印度 3.0
日本 6.3
澳大利亞 0.5 0.4
NATO
1991年8月：烏克蘭獨立
2005-2010：橘色革命
2014年2月：廣場起義
2014年3月：俄羅斯占領克里米亞
2014年4月：頓內茨克與盧甘斯克地區宣布獨立
白俄羅斯
基輔
聶伯河
別爾哥羅德
哈爾科夫
盧甘斯克
頓內茨克
馬利烏波爾
亞速海
利維夫
摩爾多瓦
聶斯特河沿岸
科爾松
克里米亞
敖德薩灣
敖德薩
俄語區
100 km
2014年4月至2022年2月：頓巴斯戰爭，超過1萬3千人死亡
2014年9月至2022年2月：明斯克協議
盧甘斯克州
俄羅斯
烏克蘭
波帕斯納亞
巴赫姆特
布良卡
盧甘斯克
頓內茨克州
傑巴利采沃
蘇納基耶韋
頓內茨克
多庫恰耶夫斯克
沃爾諾瓦哈
札波羅熱州
馬利烏波爾
什覃基諾
親俄叛軍控制區
2015年2月的分界線
非軍事化區
資料來源：費加洛報
2022年2月：俄羅斯承認頓內茨克、盧甘斯克兩共和國
2022年2月24日：俄羅斯入侵烏克蘭
2022年8月：烏克蘭軍隊反攻行動
2023年7月初之情形
白俄羅斯
基輔
利維夫
別爾哥羅德
哈爾科夫
斯瓦托夫
盧甘斯克
巴赫姆特
頓內茨克
聶伯河
武赫萊達爾
札波羅熱核電廠
羅博季涅
科爾松
亞速海
敖德薩
敖德薩灣
克里米亞
塞凡堡
盧甘斯克
烏克蘭軍隊收復地區
轟炸行動
目標城鎮
烏東各州州界
100 km
期望加入北約
期望加入歐盟
特殊夥伴關係，提供軍事援助（武裝無人機），但與俄羅斯保持良好關係
北約成員國
俄羅斯占領地區，2023年7月
俄羅斯盟國
至2023年5月底提供之援助總額（含財政、軍事與人道援助）（單位：10億歐元）
前項援助中，軍事援助所占之金額
資料來源：《烏克蘭援助追蹤》，基爾研究所。2022年2月至2023年5月31日

從瑞士角度看世界

瑞士在 1515 年宣布永久中立，其地位在 1815 年的維也納會議上得到歐洲列強承認。不過，中立並不代表孤立主義，也不代表不參與國際事務。

相反地，瑞士的目標是成為積極進行外交活動，同時參與國際議題的國家。而這樣的政策，早在全球化開始之前即已被瑞士採納。

由於政治上的中立地位，加以其位於歐洲的中心位置，因此瑞士成為許多國際組織總部的所在地，包括自 1863 年於瑞士成立、總部也設在瑞士的紅十字會，以及 1920 年成立的國際聯盟。現在，瑞士境內設有多達 200 個國際組織總部，如世界貿易組織（WTO）、聯合國難民署（UNHCR）、國際勞工組織（ILO）、聯合國貿易和發展會議（UNCTAD）、世界衛生組織（WHO）、聯合國愛滋病聯合規劃署（UNAIDS）等。另外，有 170 個國家於此設有大使館，國際奧林匹克委員會（IOC）、國際足球總會（FIFA）等許多組織和團體也將總部或主要辦事處設在瑞士。

第一次世界大戰結束後，因為瑞士在國際上的特殊地位，使其成為許多談判、協商或外交會議的舉辦地點，並為相互敵對的大國或發生衝突的各方勢力提供一個能夠進行接觸的「中立地帶」。在此簽訂的「日內瓦協議」多不可數，當中有許多都是在瑞士外交的斡旋下達成的。瑞士始終致力於扮演國家之間的調停者角色。同時，由於與國際紅十字會間的深刻連結，瑞士在人道活動上也有悠久的傳統。

對瑞士來說，中立性、聯邦制、直接民主制（公投制度）構成了「國家認同的鐵三角」。

瑞士雖然長年拒絕加入聯合國，但最終在 2002 年舉辦的公民投票中以同意票小幅領先的結果加入。而在歐洲各國統合之勢愈來愈明顯的狀況下，瑞士雖然害怕自身可能將愈形孤立，但也未因此而想加入歐盟。瑞士的理想是「彼此間保持距離的統合」，主張在不侵害各國主權下進行經濟交流，但拒絕政治性的整合。瑞士在 1961 年簽署建立歐洲自由貿易聯盟（EFTA）的公約，並於 1972 年簽署多個自由貿易協定。

隨著歐盟快速發展，瑞士國內對此疑慮日深。但是，在 2001 年的公民投票中，瑞士公民仍以 76% 的反對票數否決了加入歐盟的提案。

然而，為了避免被歐盟諸國孤立，加上 2008 年爆發金融海嘯、金融機構協助外國客戶逃漏稅等大量醜聞曝光所造成的壓力，瑞士同意放棄銀行的保密制度，並同意與經濟合作暨發展組織（OECD）各國之間進行稅務資訊的交換。畢竟長年以來一直作為瑞士優勢的銀行不透明性，已經對國家形象造成負面影響。

此外，瑞士在 2014 年的公民投票中對「大規模移民」投下反對票。今後，瑞士也將在這個全球化世界中持續奉行其積極的中立政策。

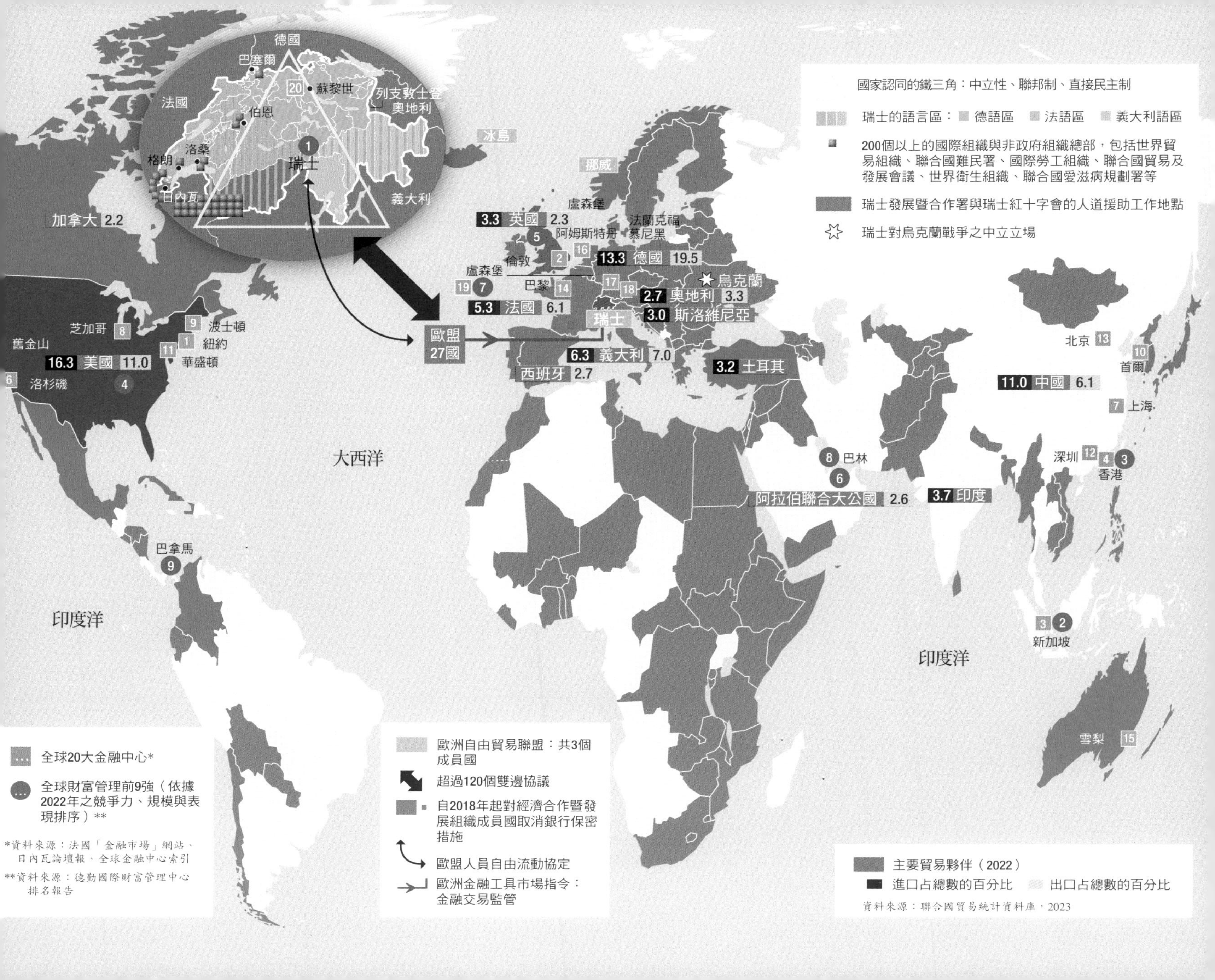
國家認同的鐵三角：中立性、聯邦制、直接民主制
瑞士的語言區：德語區 法語區 義大利語區
200個以上的國際組織與非政府組織總部，包括世界貿易組織、聯合國難民署、國際勞工組織、聯合國貿易及發展會議、世界衛生組織、聯合國愛滋病規劃署等
瑞士發展暨合作署與瑞士紅十字會的人道援助工作地點
瑞士對烏克蘭戰爭之中立立場
德國
巴塞爾
20 蘇黎世
列支敦士登
奧地利
法國
伯恩
1 瑞士
洛桑
格朗
日內瓦
義大利
冰島
挪威
加拿大 2.2
3.3 英國 2.3
盧森堡
5 阿姆斯特丹
法蘭克福
慕尼黑
倫敦
2
16
13.3 德國 19.5
盧森堡
19 7
巴黎 14
17
18
烏克蘭
2.7 奧地利 3.3
5.3 法國 6.1
3.0 斯洛維尼亞
瑞士
歐盟 27國
6.3 義大利 7.0
西班牙 2.7
3.2 土耳其
芝加哥 8
9 波士頓
1 紐約
11 華盛頓
舊金山
16.3 美國 11.0
6 洛杉磯 4
大西洋
8 巴林
6
阿拉伯聯合大公國 2.6
3.7 印度
北京 13
10 首爾
11.0 中國 6.1
7 上海
深圳 12 4 3 香港
巴拿馬 9
印度洋
3 2 新加坡
印度洋
雪梨 15
全球20大金融中心*
全球財富管理前9強（依據2022年之競爭力、規模與表現排序）**
*資料來源：法國「金融市場」網站、日內瓦論壇報、全球金融中心索引
**資料來源：德勤國際財富管理中心排名報告
歐洲自由貿易聯盟：共3個成員國
超過120個雙邊協議
自2018年起對經濟合作暨發展組織成員國取消銀行保密措施
歐盟人員自由流動協定
歐洲金融工具市場指令：金融交易監管
主要貿易夥伴（2022）
進口占總數的百分比 出口占總數的百分比
資料來源：聯合國貿易統計資料庫，2023

從土耳其角度看世界

15世紀建國的鄂圖曼帝國，其勢力於1529年的「維也納之圍」時達到巔峰，只是該次圍城行動以失敗告終。土耳其向中歐的擴張行動雖暫時受挫，但土耳其蘇丹蘇萊曼一世隨即與法國國王佛朗索瓦一世聯手，意圖與神聖羅馬帝國皇帝查理五世爭奪歐洲大陸的主導權，而他強大的實力也招致許多畏懼與反抗。

進入17世紀後，鄂圖曼帝國再次進軍中歐，引發「維也納之戰」(1683年)，此次戰役不但再次以土耳其的失敗收場，更促成對抗鄂圖曼帝國的各方共同組成「神聖同盟」(奧地利、威尼斯、波蘭、俄羅斯)，鄂圖曼帝國的國力也從此開始衰退。

到了19世紀末，衰弱的鄂圖曼帝國已被稱為「歐洲病夫」，新興的歐洲列強（法國、英國、俄羅斯、德國）則利用帝國境內信仰基督教的少數民族（希臘人、亞美尼亞人）對其進行干涉。在與德國聯手、參與第一次世界大戰前夕，鄂圖曼帝國在歐洲的領土只剩下西色雷斯地區。敗戰後，帝國更遭戰勝國以色佛爾條約（1920年）強制解體。1923年，土耳其共和國於洛桑條約的效力下正式成立。在凱末爾（Mustafa Kemal）上臺執政後，借鏡歐洲各國的經驗，認為要挽救土耳其免於衰亡，唯有採取世俗化（即政教分離）與西化政策。

隨後，由於在第二次世界大戰中保持中立，土耳其在戰後得以獲得馬歇爾計畫（1947年）提供的援助，並於1952年加入北大西洋公約組織。同時，因為土耳其與蘇聯之間的國境是西方陣營各國中最長的，因此土國也十分積極地參與北約的防衛活動。另一方面，土耳其與希臘之間的緊張氣氛逐漸升高，最後在1974年引發賽普勒斯島糾紛，不過兩國在事後已走向和解。

蘇聯瓦解後，土耳其雖然失去了作為北約反共堡壘的地位，卻也重拾了與高加索、中亞地區突厥語族各國間的關係，並在1990至1991年的波斯灣戰爭中，為了解放科威特而參戰，從而確立了自身於中東地區所扮演的角色。

在1999年12月於赫爾辛基召開的歐盟高峰會，同意啟動土耳其的入盟談判。對土耳其而言，加入歐盟不僅是實現國家現代化的手段之一，同時也是讓西方世界與歐洲國家在政治上認可土耳其作為其正式成員的方法。但對於土耳其入盟的問題，歐洲內部卻有許多不同意見。

21世紀的土耳其在經濟方面成長迅速。政治上，2002、2007、2011、2014、2018與2023年的選舉，均是由依循伊斯蘭保守主義路線、反對世俗化的凱末爾主義的正義與發展黨（AKP）獲得勝利。曾擔任總理、後為總統的艾爾段（Recep Tayyip Erdoğan）不斷擴權，使得公民自由遭到限制。迄今，土耳其官方仍不願承擔鄂圖曼帝國在1915年犯下亞美尼亞種族滅絕罪行的責任。加入歐盟的談判仍在進行中，但目前仍無達成共識的跡象。

對外關係方面，土耳其雖然與俄羅斯之間就敘利亞、利比亞問題上有所衝突，但兩國之間關係仍十分緊密；與此同時，土耳其又持續在北約防禦體系中扮演要角。其所關注的首要問題乃是打擊庫德族人建立獨立政治實體的企圖——土國將其視為國家存續上至關重要的問題，因而不論在國家內部或邊境地帶均進行嚴格的控制。即便在對抗伊斯蘭國的過程中，庫德族也扮演著重要角色，但土耳其仍不放鬆對該族群的打擊與鎮壓。

俄烏戰爭的爆發，讓控制黑海出入口（博斯普魯斯海峽、達達尼爾海峽）的土耳其在戰略與地緣重要性大為提升，總統艾爾段也因此獲得了更大的國際交涉籌碼與操作空間。雖然近年來土耳其的社會與經濟危機不斷，2023年2月發生的大地震更造成近5萬人死亡，使土國內部更為動盪，人民對政府的疑慮也隨之加深，但在2023年5月的大選中，艾爾段於民調不樂觀的狀況下仍逆勢以52%的得票率於第二輪投票中勝出，連任土耳其總統。

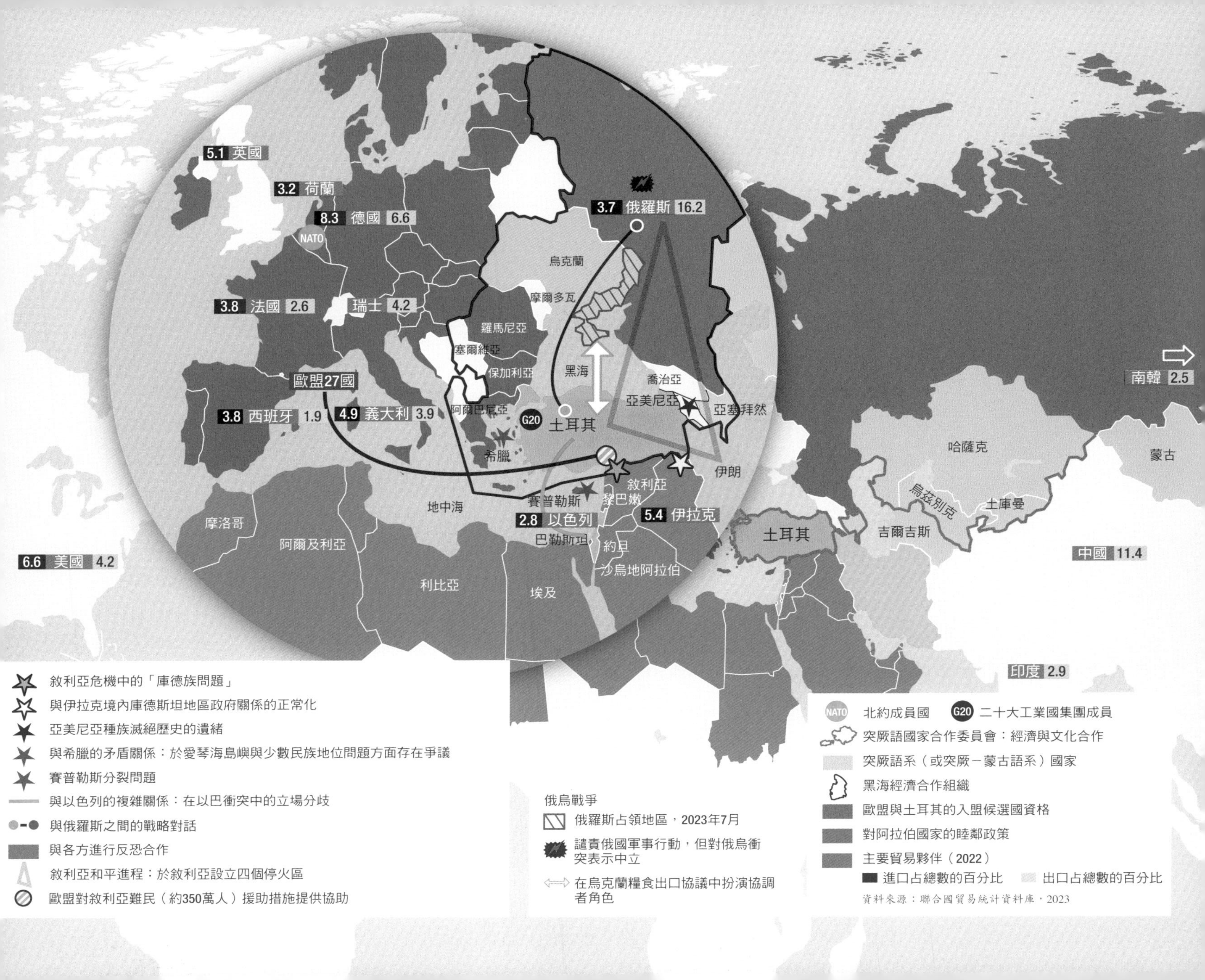
5.1 英國
3.2 荷蘭
8.3 德國 6.6
NATO
3.8 法國 2.6
瑞士 4.2
歐盟27國
3.8 西班牙 1.9
4.9 義大利 3.9
3.7 俄羅斯 16.2
烏克蘭
摩爾多瓦
羅馬尼亞
塞爾維亞
保加利亞
阿爾巴尼亞
黑海
喬治亞
亞美尼亞
亞塞拜然
G20
土耳其
希臘
伊朗
敘利亞
賽普勒斯
黎巴嫩
2.8 以色列
5.4 伊拉克
巴勒斯坦
約旦
沙烏地阿拉伯
地中海
摩洛哥
阿爾及利亞
利比亞
埃及
6.6 美國 4.2
哈薩克
烏茲別克
土庫曼
吉爾吉斯
蒙古
南韓 2.5
中國 11.4
印度 2.9
敘利亞危機中的「庫德族問題」
與伊拉克境內庫德斯坦地區政府關係的正常化
亞美尼亞種族滅絕歷史的遺緒
與希臘的矛盾關係：於愛琴海島嶼與少數民族地位問題方面存在爭議
賽普勒斯分裂問題
與以色列的複雜關係：在以巴衝突中的立場分歧
與俄羅斯之間的戰略對話
與各方進行反恐合作
敘利亞和平進程：於敘利亞設立四個停火區
歐盟對敘利亞難民（約350萬人）援助措施提供協助
俄烏戰爭
俄羅斯占領地區，2023年7月
譴責俄國軍事行動，但對俄烏衝突表示中立
在烏克蘭糧食出口協議中扮演協調者角色
北約成員國
二十大工業國集團成員
突厥語國家合作委員會：經濟與文化合作
突厥語系（或突厥－蒙古語系）國家
黑海經濟合作組織
歐盟與土耳其的入盟候選國資格
對阿拉伯國家的睦鄰政策
主要貿易夥伴（2022）
進口占總數的百分比
出口占總數的百分比
資料來源：聯合國貿易統計資料庫，2023

從美國角度看世界

來自英國和歐洲其他國家的移民之所以選擇遷徙至英國在美洲的殖民地，主要是為了尋求宗教自由或是擺脫貧窮等理由。後來由於課稅問題，美洲的 13 個殖民地以自由為名，於 1776 年發表獨立宣言，成為以聯邦制度下的建國 13 州。之後，美國在無視原住民權利的狀況下逐漸向西部擴張；同時，也以向歐洲列強購買（如路易斯安那州）或戰爭、吞併（如對墨西哥之戰爭）等手段獲得新的領土。

美國是由逃離歐洲、渴望建設新世界的移民所建立，也因此，美國最初並不想被歐洲內部的紛爭牽連。美國因此提出所謂的「門羅主義」（1823 年），主張防堵一切外力——特別是歐洲國家（尤其是西班牙）對於美洲大陸的干涉，這一政策也使美國獲得在日後對於美洲諸國施加影響力的空間。

打從建國起，美國便以「自由帝國」自居——之所以擴張領土，主要是為了推廣自由主義而非宣揚國威。但在 1848 年美墨戰爭結束後，美國開始提出所謂「昭昭天命」（Manifest Destiny）的概念，認為自身具有推動世界「文明開化」的義務，並迎接一個在商業與文化上不斷向外擴張、成為世界大國的命運。但很顯然地，奴隸制度的遺緒和在事實上造成美洲原住民滅絕等負面歷史，在這一概念中並沒有被考慮到。

1898 年，美國以解放古巴與菲律賓人民的名義，對國勢已日暮西山的西班牙帝國發動攻擊。此舉讓美國在古巴與菲律賓建立起政治、經濟上的支配，並取代了其與西班牙原本的殖民關係。自此，加勒比海和中美洲地區成為美國的「後院」。而為了掌握具有重要戰略地位的巴拿馬運河，美國更鼓動巴拿馬脫離哥倫比亞獨立建國。

第一次世界大戰時，美國剛開始原本想保持距離，以免被捲入戰火。然而因船隻遭到德國潛艇擊沉，對海上交通與貿易自由造成阻礙，美國於是在 1917 年決定加入戰局，並成為協約國勝利的關鍵。當時的威爾遜總統亟欲與當時歐洲列強奉行的、不道德的「大國博弈」式外交傳統劃清界線，改以民族自決與道德主義作為新的外交政策基礎——此即所謂的「威爾遜主義」（Wilsonianism）。然而，在參議院堅守孤立主義不肯讓步的狀況下，美國自身反而拒絕加入威爾遜總統倡議成立的國際聯盟。直到日本發動珍珠港事變（1941 年 12 月）後，美國才體認到維持孤立主義是不可能的。之後，羅斯福總統對德國與日本宣戰，並與英國和蘇聯共同取得了最後勝利。美國是唯一一個在二戰後比戰前更為強大的國家，主要原因在於其死傷人數較少、本土未受直接攻擊，且其國內產業因軍需產品製造的需求而獲得發展機會。

二戰後，美國無論在意識形態上（共產主義）或地緣戰略上（掌控歐亞大陸）都面臨蘇聯的挑戰。而美國

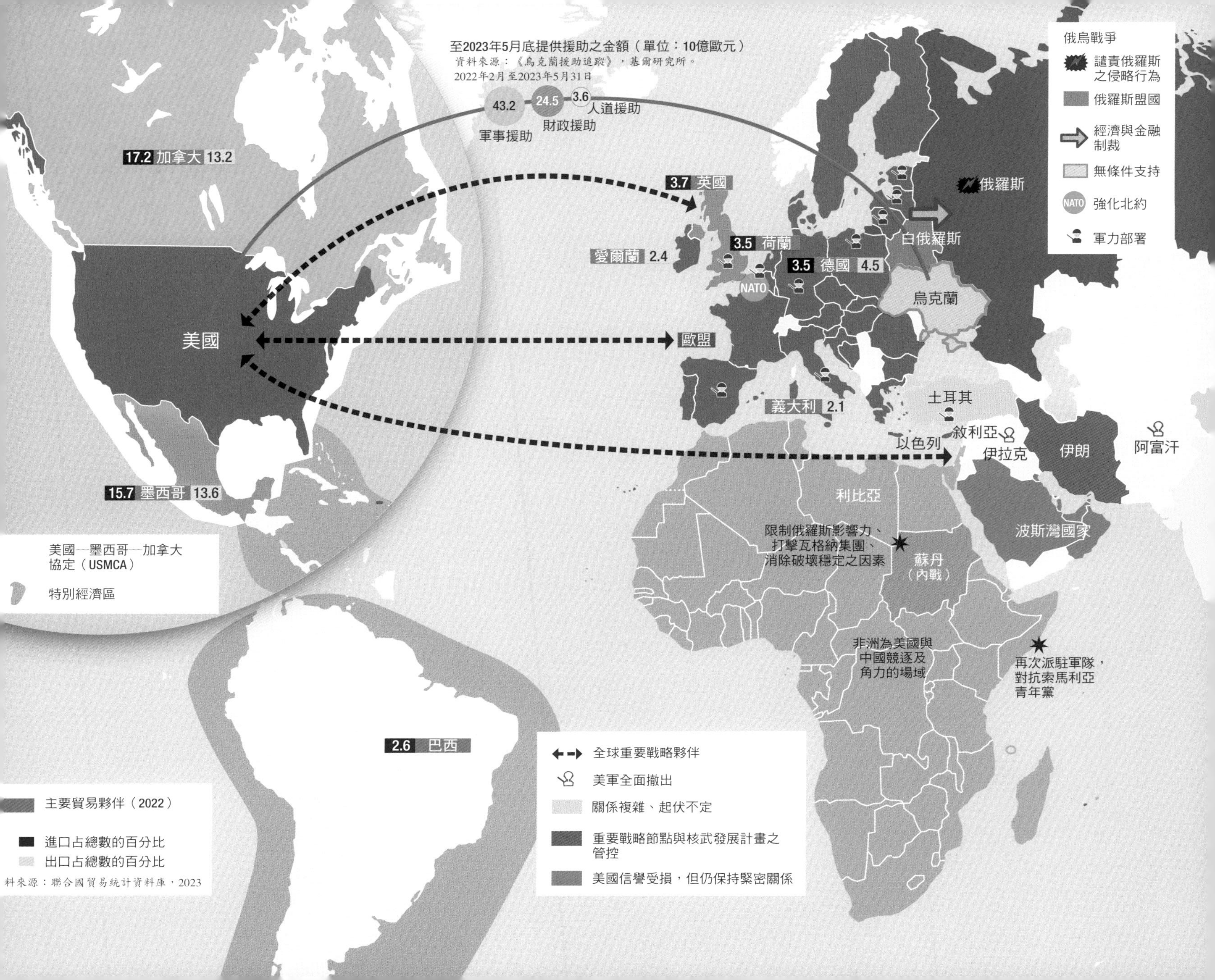

至2023年5月底提供援助之金額（單位：10億歐元）
資料來源：《烏克蘭援助追蹤》，基爾研究所。
2022年2月至2023年5月31日
43.2
軍事援助
24.5
財政援助
3.6
人道援助
17.2 加拿大 13.2
15.7 墨西哥 13.6
美國
3.7 英國
3.5 荷蘭
3.5 德國 4.5
愛爾蘭 2.4
義大利 2.1
歐盟
NATO
烏克蘭
白俄羅斯
俄羅斯
土耳其
敘利亞
以色列
伊拉克
伊朗
阿富汗
利比亞
波斯灣國家
限制俄羅斯影響力、
打擊瓦格納集團、
消除破壞穩定之因素
蘇丹
（內戰）
非洲為美國與
中國競逐及
角力的場域
再次派駐軍隊，
對抗索馬利亞
青年黨
2.6 巴西
俄烏戰爭
譴責俄羅斯之侵略行為
俄羅斯盟國
經濟與金融制裁
無條件支持
強化北約
軍力部署
美國—墨西哥—加拿大協定（USMCA）
特別經濟區
主要貿易夥伴（2022）
進口占總數的百分比
出口占總數的百分比
料來源：聯合國貿易統計資料庫，2023
全球重要戰略夥伴
美軍全面撤出
關係複雜、起伏不定
重要戰略節點與核武發展計畫之管控
美國信譽受損，但仍保持緊密關係

別無選擇，只能負起領導「自由世界」的責任，並在歐洲（北約）、中東、亞洲締結世界規模的同盟體系，以「圍堵」(containment）蘇聯勢力的擴張。在冷戰期間，美國也始終將所謂的道德原則（為自由而戰）與國家利益（維繫世界的領導地位）結合在一起。最後，蘇聯的解體證明了美國建構的系統，無論在政治、經濟或道德上都較為優異，而世上已再無美國的對手。於是美國更加深信自己體現了放諸四海皆準的普世價值，若有其他國家和美國唱反調，便是與美國所體現的自由背道而馳。此時開始，世界進入「超級強權」與「歷史終結」的年代。

10 年後的 2001 年，911 事件的發生對美國造成強烈衝擊。出於宣稱國家遭到不正當的攻擊，以及占據道德高地的優越心理（此即為國家遭受攻擊之理由），美國對此事的激烈反應導致了其對伊拉克的戰爭，美國也憑藉著壓倒性的軍事力量輕鬆地獲得戰事的勝利。然而，由於在戰略上的失敗，嚴重影響了美國的形象——美國被認為是一個侵略性的強權，且並未將其強大的國力用於增進世界全體的福祉。而美國高唱種種原則，行動上卻常表現出雙重標準（如古巴的關塔那摩與伊拉克的阿布格萊布監獄所發生的虐囚事件），使其飽受世人批評。

儘管如此，世界上仍然沒有任何大國能真正威脅美國的地位。在面臨危機時，美國社會的活力與凝聚力，對其他國家的人民而言，仍具有無與倫比的吸引力。特別是在歐巴馬總統當選時更一度令全世界（尤其是歐洲人）感到振奮，但之後他保守、消極的施政路線卻令人失望。

即使美國具備如前述無庸置疑的軍事實力，但在 21 世紀所發動的戰爭中（阿富汗、伊拉克）卻都遭到挫敗。而全球化的發展與邊境管制的鬆綁，讓美國承受了巨大的貿易逆差——特別是對中國。川普擔任總統期間，採取了積極的反擊措施，他以更大規模的經濟制裁取代軍事行動來實現其個人意志與重建美國的出口優勢。但這也伴隨著他毫無節制的單邊主義路線，試圖擺脫所有國際社會對美國所施加的限制與賦予的義務。川普任內的對外政策，格外關注中國崛起對美國霸權所構成的威脅，這也是繼任的拜登（Joe Biden）政府唯一承襲的前朝路線。但相較於川普，拜登更希望透過建立「民主國家聯盟」的方式，與所謂的「專制政權軸心」(北京與莫斯科）進行對抗，並以科技戰來強化、完整化貿易戰的效果。

在俄烏戰爭的背景之下，美國被視為唯一能夠保護歐洲各國免於俄羅斯威脅的國家，因此也重拾了其在歐洲的領導地位。

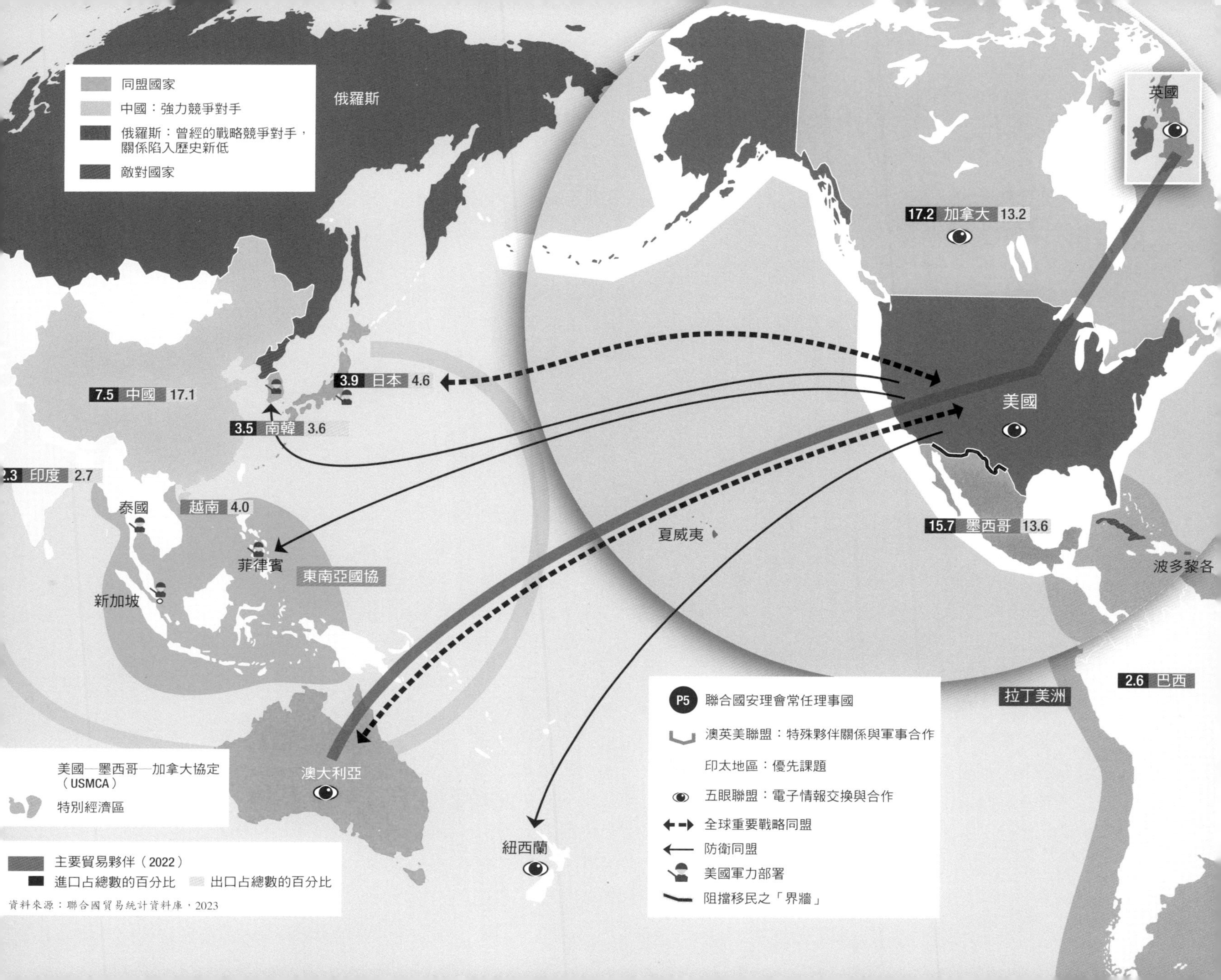
同盟國家
中國：強力競爭對手
俄羅斯：曾經的戰略競爭對手，關係陷入歷史新低
敵對國家
俄羅斯
英國
17.2 加拿大 13.2
美國
15.7 墨西哥 13.6
波多黎各
2.6 巴西
拉丁美洲
3.9 日本 4.6
7.5 中國 17.1
3.5 南韓 3.6
.3 印度 2.7
泰國
越南 4.0
菲律賓
東南亞國協
新加坡
夏威夷
澳大利亞
紐西蘭
美國—墨西哥—加拿大協定（USMCA）
特別經濟區
主要貿易夥伴（2022）
進口占總數的百分比
出口占總數的百分比
資料來源：聯合國貿易統計資料庫，2023
P5 聯合國安理會常任理事國
澳英美聯盟：特殊夥伴關係與軍事合作
印太地區：優先課題
五眼聯盟：電子情報交換與合作
全球重要戰略同盟
防衛同盟
美國軍力部署
阻擋移民之「界牆」

從加拿大角度看世界

加拿大於 1932 年根據《西敏法規》（Statue of Westminster）獲得完整主權後，一直處於歐洲（尤其是英國和法國）與美國影響力的交會處。

第二次世界大戰結束後，加拿大似乎以其世界第四強的軍事力與作為排行第三大的經濟體兩項條件而顯得極具優勢。同時，雖然人口相對稀少，但加拿大卻擁有十分廣袤的領土。但美國國力的快速攀升，則徹底改變了此一局面。

在北美自由貿易協議（NAFTA）的框架下（自 2020 年 7 月起被「美國—墨西哥—加拿大協定」所取代），加拿大對美國之出口約占整體的 75-80%。美加兩國間並且有著世界上最長的陸地國境線，全長達 9000 公里。同時，加拿大自 1949 年北大西洋公約組織成立時即為會員國，加國亦將其北部地區提供給美國作為雷達監控系統的基地。

然而，在國際關係方面的理念、對國際法地位的認知、對多邊主義的態度，以及應以法律框架規範武力使用等面向來看，加拿大的立場與其說是靠近美國，不如說與歐洲國家更為類似。雖然不希望與強大的鄰國發生齟齬，但加拿大仍希望能保有自身的特殊性——在國內層面，加拿大並不願被美國吸納與同化，此種憂慮在法語區人口中特別顯著；而在國際層面，則是強調自身對於多邊主義框架的偏好——即便此願望稍嫌不切實際。

由於美國在單邊主義傾向上的增強，加上其迅速崛起成為超級強權，使得加拿大的立場一度顯得十分微妙。某位加拿大的前部長級官員更是曾經表示：「絕大多數加拿大人都擁有聯合國的 DNA」。

此外，現在的聯合國維和部隊，便是 1956 年的第二次以阿戰爭（即蘇伊士運河戰爭）後，在加拿大外務大臣萊斯特・皮爾遜（Lester Pearson）倡議之下設立的，皮爾遜更在翌年因此獲頒諾貝爾和平獎。在那之後，加拿大人更為相信採取多邊主義路線，是強化加拿大在國際事務上分量的最佳方式。

加拿大對「南北合作」十分積極，且同時活躍於法語國家組織（OIF），與大英國協（Commonwealth of Nations）之中，也是七大工業國組織（G7）的初始成員國之一。不過，自保守黨的史蒂芬・哈伯（Stephen Harper）於 2006 年就任總理後，加拿大的外交政策便徹底轉向，往美國的新保守主義路線靠攏（即對聯合國與多邊主義採取不信任態度，和以色列政府幾乎同聲同氣）。但歐巴馬政府時期的美國則遠離此一立場。

杜魯道（Justin Trudeau）在 2015 年就任總理後，加拿大的對外政策重回多邊主義立場。他希望推動加拿大社會進一步往「自由」和「多元文化」（除法語人口外）的方向發展，並把促進少數群體（包括族群與性傾向等）的權利打造為加拿大的特色。然而，他仍難以讓加拿大在國際舞臺上獲得他所期望的地位。

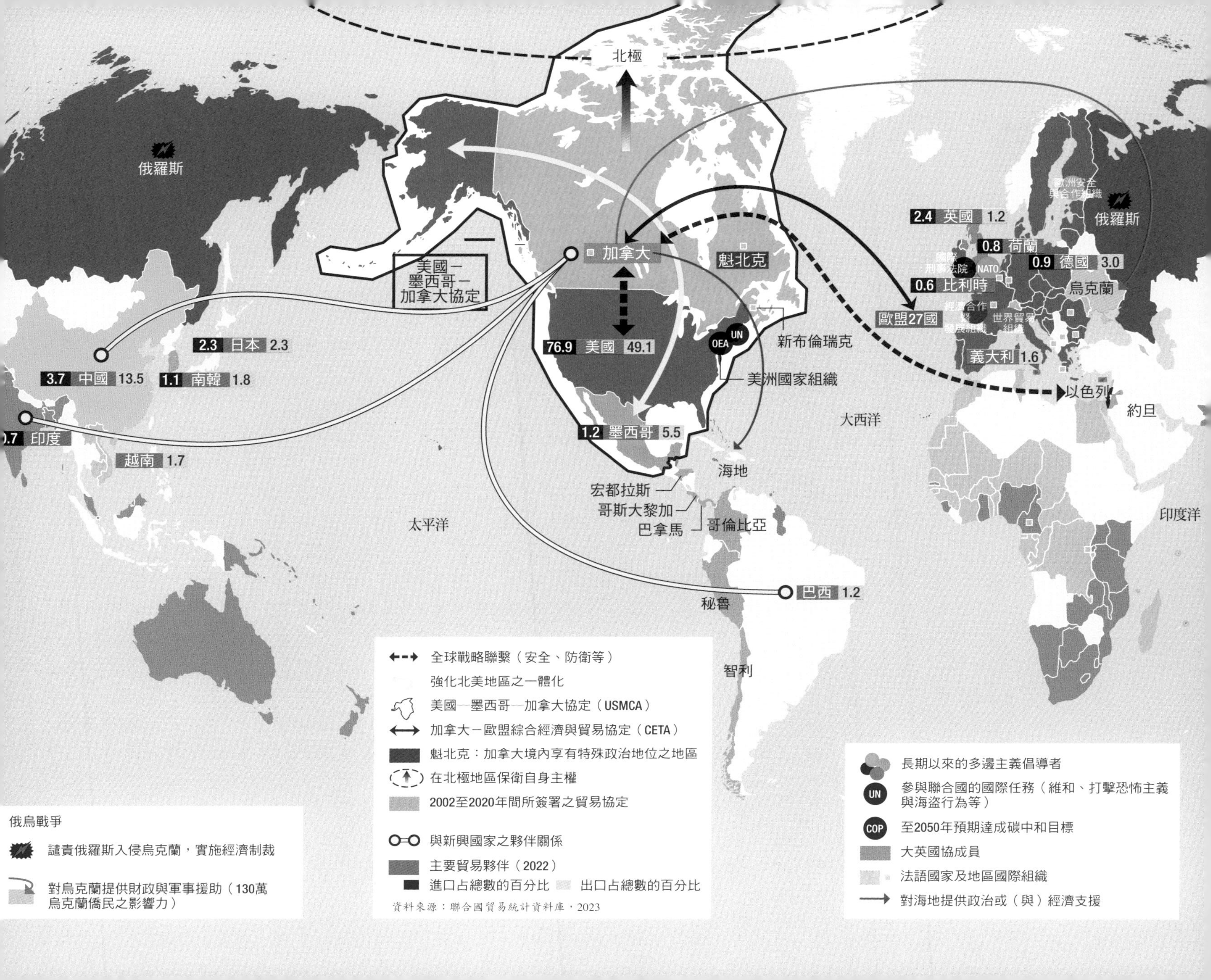
北極
俄羅斯
加拿大
魁北克
美國－
墨西哥－
加拿大協定
76.9 美國 49.1
1.2 墨西哥 5.5
新布倫瑞克
美洲國家組織
OEA
UN
海地
宏都拉斯
哥斯大黎加
巴拿馬
哥倫比亞
秘魯
智利
巴西 1.2
大西洋
太平洋
印度洋
2.3 日本 2.3
3.7 中國 13.5
1.1 南韓 1.8
印度
越南 1.7
2.4 英國 1.2
0.8 荷蘭
0.9 德國 3.0
0.6 比利時
國際刑事法院
NATO
歐洲安全與合作組織
烏克蘭
歐盟27國
經濟合作暨發展組織
世界貿易組織
義大利 1.6
以色列
約旦
全球戰略聯繫（安全、防衛等）
強化北美地區之一體化
美國—墨西哥—加拿大協定（USMCA）
加拿大－歐盟綜合經濟與貿易協定（CETA）
魁北克：加拿大境內享有特殊政治地位之地區
在北極地區保衛自身主權
2002至2020年間所簽署之貿易協定
與新興國家之夥伴關係
主要貿易夥伴（2022）
進口占總數的百分比
出口占總數的百分比
資料來源：聯合國貿易統計資料庫，2023
俄烏戰爭
譴責俄羅斯入侵烏克蘭，實施經濟制裁
對烏克蘭提供財政與軍事援助（130萬烏克蘭僑民之影響力）
長期以來的多邊主義倡導者
參與聯合國的國際任務（維和、打擊恐怖主義與海盜行為等）
COP
至2050年預期達成碳中和目標
大英國協成員
法語國家及地區國際組織
對海地提供政治或（與）經濟支援

從墨西哥角度看世界

「墨西哥的悲哀之處，就在於離上帝太遠，而離美國太近。」

如同上述這句話，對於1821年獨立的墨西哥而言，當美國的鄰居並不完全是件好事。雖然兩國之間只在1846至1848年發生過一次戰爭，但這場軍事衝突卻讓墨西哥失去了加利福尼亞、新墨西哥、亞利桑那與德克薩斯。1861年，墨西哥曾遭法軍武力干涉，但該次軍事行動以拿破崙三世的挫敗畫下句點。1911年的墨西哥革命結束後不久，旋即又遭美軍入侵韋拉克魯斯。這一連串的歷史，恰可解釋墨西哥對於國家主權、領土完整與不干涉內政原則何以如此堅持。

墨西哥的政治，絕大部分取決於和美國的關係。由於兩國之間有著長達3000公里的國境，不可能無視彼此，但歷史脈絡與雙方發展情況的落差，卻使得兩國間的氣氛持續處於緊張狀態。以此觀之，墨西哥在1938年所推動的油田國有化政策，與其說是實踐社會正義的措施，倒不如說是維護國家獨立性的手段。在冷戰期間，墨西哥一方面與古巴卡斯楚政權保持良好關係，另一方面對美國在拉丁美洲的各種不當介入發出批評，並以此標誌出自身與北美國家的差異。與此同時，墨西哥將自身定位為不結盟運動的領導者之一，以強化其對美外交上的交涉、斡旋空間。雖然墨西哥在1973至1974年後因石油的增產而帶來一波經濟榮景，然而為了國家獨立性的考量，並未加入石油輸出國組織（OPEC）。另外，墨西哥對強化軍力方面並無企圖，主要原因在於，無論其如何發展，均難以企及強大的美國；而與南邊的中美各小國相較，彼此量體與實力又差距過大，因此在軍事實力上投注資本難以作收實效。

1992年，墨西哥與美國、加拿大簽署了北美自由貿易協定（NAFTA）。此舉雖然使得墨西哥出口量的85%為美國所吸收，但美國對墨西哥的輸出卻僅占不到總數的10%。

2003年，作為聯合國安全理事會非常任理事國的墨西哥，表達了反對伊拉克戰爭的立場。同時，墨西哥對於國際刑事法院（ICC）的支持，更進一步引起了美國的怒火。美國為防堵墨西哥人非法入境而在兩國邊界所建設的障壁，更成為兩國間新的糾紛根源。在川普擔任美國總統期間，他主張墨西哥方面應為這堵界牆的建設費用買單，並以「強暴犯」、「犯罪者」等字眼稱呼墨西哥人，此種言論也在兩國之間引發了更激烈的衝突。

雖然在文化上大相迥異，但墨西哥在某些方面卻與加拿大處於類似的位置——兩國都透過與其相鄰的美國這個超級強權來界定自己，這個強鄰對於加拿大與墨西哥而言都是不可或缺，但卻又使人不快的存在。

就區域角色而言，墨西哥期望自身能成為北美州與南美洲間的橋梁。2018年，羅培茲·歐布拉多（Andrés Manuel López Obrador）在總統大選中獲得勝利，成為墨西哥第一位左翼總統。他期望能在如委內瑞拉、玻利維亞等國發生政治危機的情況下，扮演區域領導者的角色。而墨西哥國內因毒品交易而導致的嚴重暴力問題，也是他欲處理的首要任務，但始終難以取得具體成果。

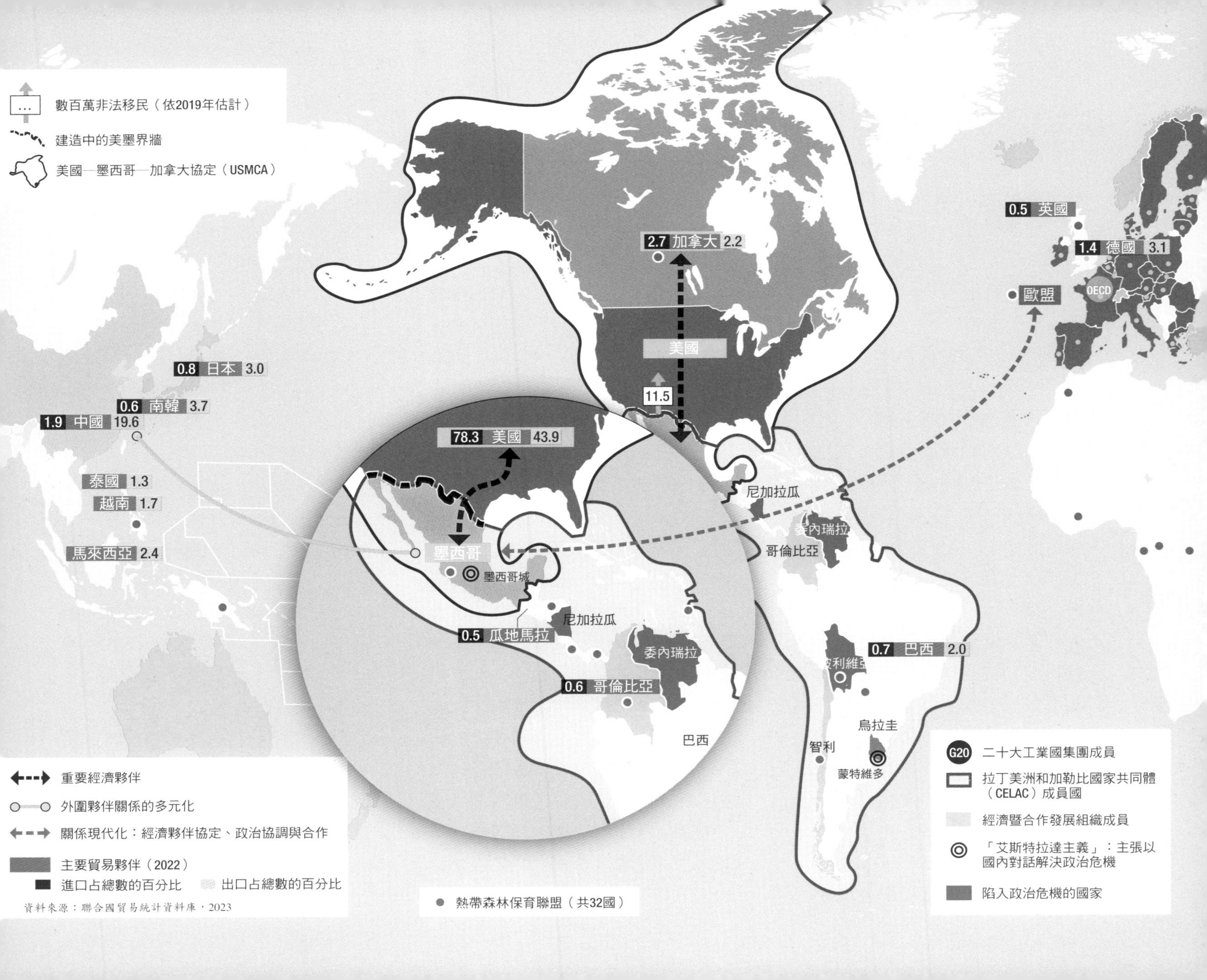
數百萬非法移民（依2019年估計）
建造中的美墨界牆
美國—墨西哥—加拿大協定（USMCA）
0.5 英國
1.4 德國 3.1
OECD
歐盟
2.7 加拿大 2.2
美國
11.5
0.8 日本 3.0
0.6 南韓 3.7
1.9 中國 19.6
78.3 美國 43.9
泰國 1.3
越南 1.7
馬來西亞 2.4
墨西哥
墨西哥城
尼加拉瓜
委內瑞拉
哥倫比亞
0.5 瓜地馬拉
0.6 哥倫比亞
0.7 巴西 2.0
玻利維亞
烏拉圭
智利
蒙特維多
巴西
重要經濟夥伴
外圍夥伴關係的多元化
關係現代化：經濟夥伴協定、政治協調與合作
主要貿易夥伴（2022）
進口占總數的百分比
出口占總數的百分比
資料來源：聯合國貿易統計資料庫，2023
熱帶森林保育聯盟（共32國）
G20 二十大工業國集團成員
拉丁美洲和加勒比國家共同體（CELAC）成員國
經濟暨合作發展組織成員
「艾斯特拉達主義」：主張以國內對話解決政治危機
陷入政治危機的國家

從巴西角度看世界

拉丁美洲的大國巴西，擁有許多發展條件上的優勢，因此一直被認為將在國際間扮演重要角色。但直到今日為止，巴西仍未擔負起與其優勢相應的重責大任。

1871 年，美國門羅總統派遣的代表團便已預測到巴西未來將會成長為足以與美國競爭的大國。然而，到了 20 世紀末，巴西的狀況似乎更像是應驗了克里蒙梭（Georges Clemenceau，曾任法國總理）的名言：「巴西是未來的大國，然而未來還很遙遠。」

由於國土寬廣、人口眾多，巴西並未成為鄰近諸國覬覦的對象。同時，巴西與歐洲和北美也足夠遙遠，使其得以不受列強的影響。因此，自 1822 年獨立後，巴西和其他的南美洲國家一樣，一直以間接的方式參與國際事務。長久以來，巴西一直和位於同地區的阿根廷互相競爭。但近來巴西已轉而將墨西哥，也就是拉丁美洲最大的西語系國家，將其視為主要的對手。

冷戰期間，巴西基於國族歷史的淵源而選擇站在西側陣營一方。1964 年之後，因美國支持巴西的軍事獨裁政權，使得巴西國內的輿論對美國多有非議。冷戰雖然對拉丁美洲的影響甚微，但在各地組建的軍事獨裁政權和游擊隊卻成為該區域一個普遍的現象。

之後，回歸民主主義及經濟發展的腳步，巴西的國力蒸蒸日上。巴西一方面抵制美國擴張影響力的企圖，並拒絕參加北美自由貿易協定（NAFTA）；另一方面則與鄰近國家簽署南方共同市場（MERCOSUR），並打算將其擴及至安地斯地區各國。

在 2002 年的總統選舉中，由魯拉（Luiz Inácio Lula da Silva） 勝 出。他是一位富有魅力的領導人，善於使用進步派的修辭來宣揚理念，同時以審慎的姿態處理包含美國在內的國際關係。至此，巴西不只想擔任區域的領導者，更期望成為世界新興大國之一。其以國際貿易自由化與集約農業作為發展的基礎，金磚四國（BRICs）當中的「B」，就是指巴西（其餘則為俄羅斯、印度和中國）。

在世界貿易組織（WTO）中扮演重要角色的巴西，也正努力爭取成為聯合國安理會的常任理事國，並開始參與國際戰略的重要論辯。巴西在外交舞臺上的重要性正逐步上升。

2010 年當選、2014 年連任的巴西總統羅賽芙（Dilma Rousseff）執政期間，巴西受到經濟危機的衝擊，他本人亦遭到政敵以貪腐罪名指控，並被彈劾下臺。2018 年底，極右翼的波索納洛（Jair Bolsonaro）當選總統，他不但放棄魯拉的國際路線、靠攏川普，更因其作為氣候變遷懷疑論者的立場，開放了「農企業」(agrobusiness）進入亞馬遜地區。

2022 年，魯拉再次參選巴西總統，並在與波索納洛的角逐中險勝，重新執政。他期望巴西能夠恢復過往在外交上的積極路線，並重拾「南方大國」的地位。

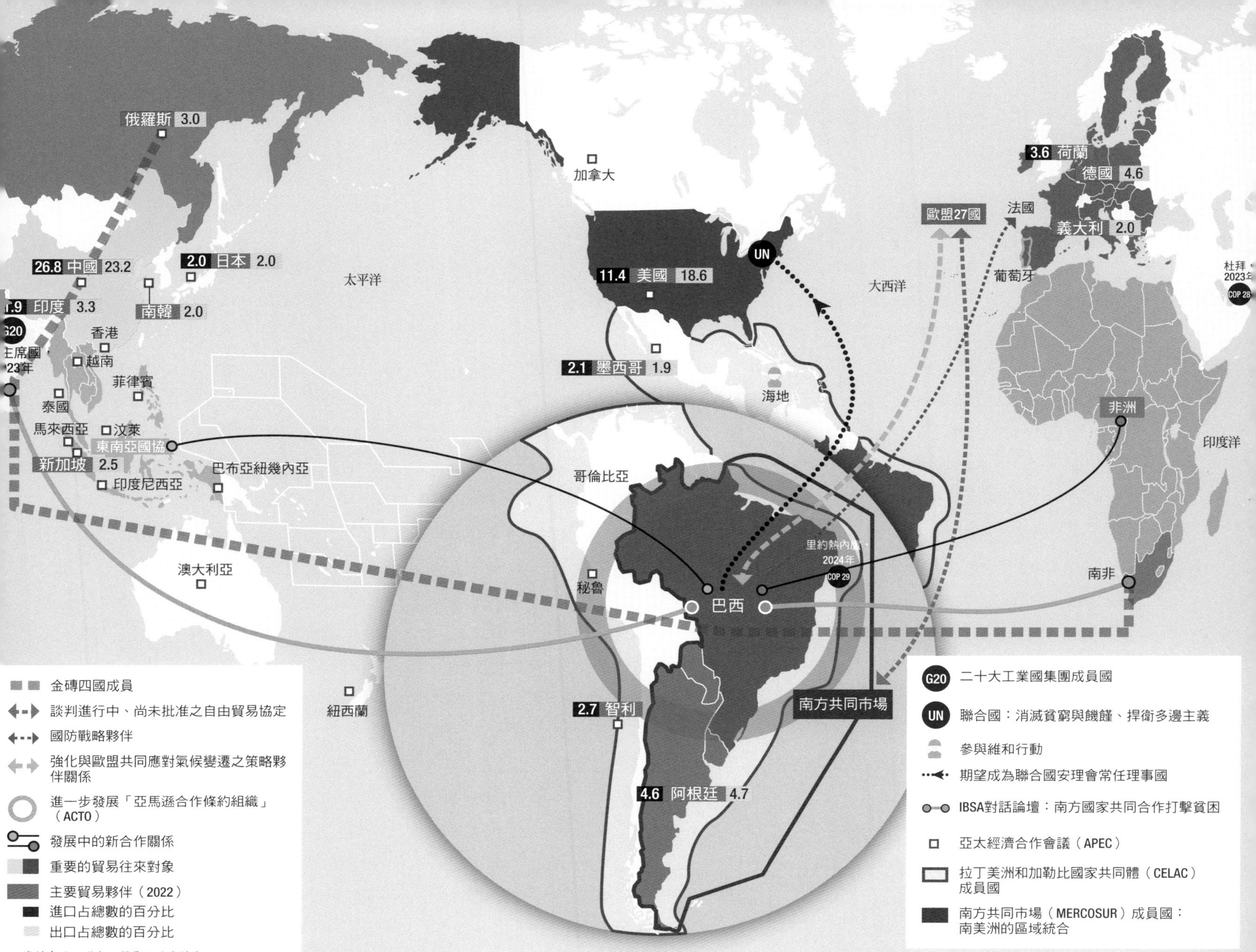

資料來源：聯合國貿易統計資料庫，2023

從俄羅斯角度看世界

從歷史角度而言，斯拉夫國家的建立雖可溯及 9 世紀基輔公國（基輔羅斯）的建立，但今日龐大的俄羅斯之所以形成，主要是來自於 1340 年莫斯科大公國成立後的不斷擴張。在這個過程中，俄羅斯雖然經歷了國內政治情勢的紛擾與外國勢力的侵略，最終仍形成了橫跨兩大洲、世界上面積最大的國家。過去，拿破崙雖然曾經攻進莫斯科，卻未能戰勝俄羅斯嚴酷的寒冬以及當地人民的游擊戰。於是，在 1815 年的維也納會議中，俄羅斯正式躋身歐洲列強之一。

在 1917 年的布爾什維克革命（十月革命）後，為了保全其革命政權，列寧決定放棄部分領土，並承認俄國境內各種民族（約占俄羅斯人口總數的一半以上）的獨立，但這些民族的獨立只持續了很短暫的時間。

第二次世界大戰時，德軍眼看就要攻入莫斯科，卻在史達林格勒被擋了下來，成為扭轉戰局的契機。戰後，蘇聯無視於雅爾達密約的承諾，宣稱「為了保護國家今後不再受到侵略」，逕自在歐洲東部建立了「緩衝區」（glacis），正式揭開冷戰的序幕。

然而，打著「人民民主主義」的大旗，將共黨獨裁政體強行加諸於各盟國的行為，難免使其他國家認為蘇聯正進行意識形態的擴張，企圖以帝國主義的行徑征服世界。為了「圍堵」蘇聯的擴張，美國應歐洲國家的要求而與其共同成立了「北大西洋公約組織」（NATO）；然而這樣的策略，讓蘇聯產生了遭到敵意包圍的複雜感受。但擁有核武以及大量常規軍火的蘇聯，對其他國家而言確實充滿威脅性。

蘇聯政權雖然建立於對國民的嚴格限制與管控之上，但在冷戰時期作為一個足以與美國分庭抗禮的國家，卻也成為俄國人民族自豪感的重要根源。在其全盛時期，位於莫斯科的蘇聯中樞統治著極為廣大的領土，同時控制著東歐地區，更擁有位於世界各地的盟國與戰略要衝。

1985 年，戈巴契夫決定不再繼續派兵至東歐維護當地的共產政權。他雖有改革蘇聯的想法，但在國內政經環境紊亂、對阿富汗戰爭面臨重大失敗、政治信用破產等負面因素下，蘇聯的國祚無可避免地迎來終結。1991 年 12 月，蘇聯解體，俄羅斯不僅失去對東歐國家的控制與在第三世界國家的影響力，同時也失去從二戰時期，甚至更早以前所獲得的領土（如烏克蘭）。一時之間，全球約有 2500 萬的俄語人口被劃出了俄羅斯的統治範圍之外。

共產主義政權的垮臺，導致俄羅斯國力與聲望重挫。市場經濟體制，則是在少數寡頭資本家或集團操控的狀況下，以最粗暴、不受控管的方式被導入俄羅斯。在政治體制上，如今的俄羅斯雖已不再奉行集體主義，但仍是一個權威主義國家。

當代的俄羅斯即使已不再夢想能夠

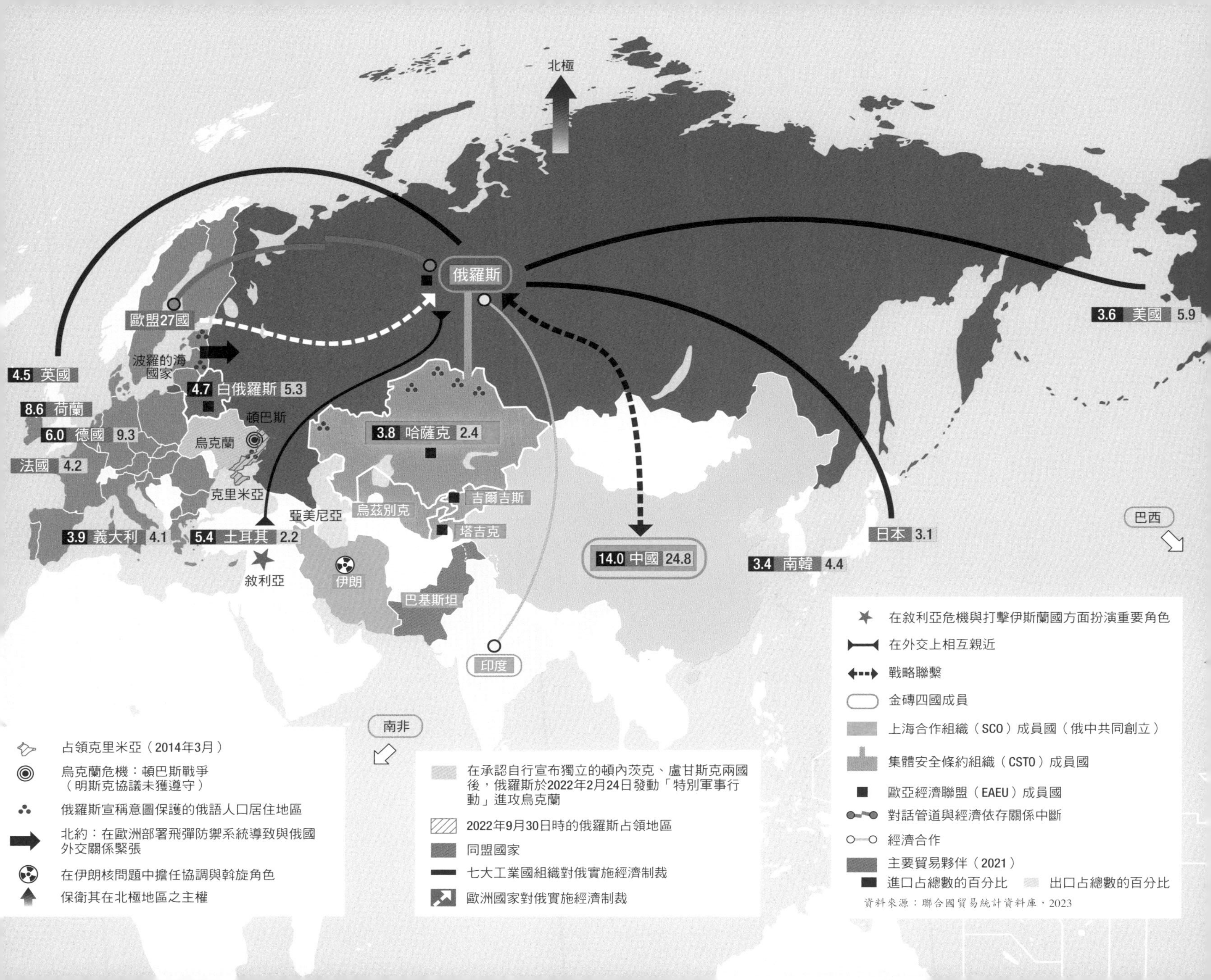
北極
俄羅斯
歐盟27國
波羅的海國家
4.5 英國
8.6 荷蘭
6.0 德國 9.3
法國 4.2
3.9 義大利 4.1
4.7 白俄羅斯 5.3
頓巴斯
烏克蘭
克里米亞
5.4 土耳其 2.2
敘利亞
亞美尼亞
3.8 哈薩克 2.4
烏茲別克
吉爾吉斯
塔吉克
伊朗
巴基斯坦
印度
14.0 中國 24.8
3.4 南韓 4.4
日本 3.1
3.6 美國 5.9
巴西
南非
占領克里米亞（2014年3月）
烏克蘭危機：頓巴斯戰爭（明斯克協議未獲遵守）
俄羅斯宣稱意圖保護的俄語人口居住地區
北約：在歐洲部署飛彈防禦系統導致與俄國外交關係緊張
在伊朗核問題中擔任協調與斡旋角色
保衛其在北極地區之主權
在承認自行宣布獨立的頓內茨克、盧甘斯克兩國後，俄羅斯於2022年2月24日發動「特別軍事行動」進攻烏克蘭
2022年9月30日時的俄羅斯占領地區
同盟國家
七大工業國組織對俄實施經濟制裁
歐洲國家對俄實施經濟制裁
在敘利亞危機與打擊伊斯蘭國方面扮演重要角色
在外交上相互親近
戰略聯繫
金磚四國成員
上海合作組織（SCO）成員國（俄中共同創立）
集體安全條約組織（CSTO）成員國
歐亞經濟聯盟（EAEU）成員國
對話管道與經濟依存關係中斷
經濟合作
主要貿易夥伴（2021）
進口占總數的百分比
出口占總數的百分比
資料來源：聯合國貿易統計資料庫，2023

重返世界第二大國的地位，但仍希望能夠捍衛自身利益，並在國際舞臺上獲得尊重。另外，由於坐擁豐富的石油與天然氣資源，如今世界各國已無法再像 1990 年代時一樣對俄羅斯採取忽視的態度。

美國的軍事力量始終讓俄羅斯備感威脅，在面對逐步擴張的北約與歐盟時，更讓俄國有遭到圍堵的感受。在另一方面，俄羅斯認為中國的崛起或將分散自身所承受的風險，但也意識到自身在人口規模與經濟實力上遜於中國的事實。

自 2000 年開始長期掌控俄羅斯的普丁，希望能重整俄羅斯軍隊，並聯合東正教教會，共同宣傳、鼓動一種「斯拉夫派」(Slavophilia）的民族主義。2020 年俄羅斯的修憲，為普丁再次參選總統，並持續掌權至 2036 年的可能性打開了大門。

2014 年 2 月，由於親俄的烏克蘭總統亞努科維奇拒絕了烏國與歐盟之間的協議，因而在基輔革命中遭到推翻。烏克蘭因此陷入動盪，俄羅斯也趁機吞併了克里米亞地區。烏克蘭東部親俄的分離派人士在莫斯科的支持下宣布自治，並與烏克蘭軍隊發生衝突。西方各國雖對此祭出制裁，但情勢仍陷入膠著。2015 年，德國總理梅克爾（Angela Merkel）與法國總統歐蘭德（François Hollande）嘗試透過《明斯克協議》尋求各方之間達成妥協的可能性。這場衝突看似並不劇烈，但仍在 2014 至 2021 的幾年之間造成約 1 萬 3000 人的死亡。2019 年，澤倫斯基（Volodymyr Zelenskyy）當選烏克蘭總統，雖然他上任後因與俄方進行換俘而一度給予各界情勢即將緩和的希望，但這一期待旋即破滅。

另一方面，俄羅斯曾一度被認為已經退出了國際競逐的賽局，但在敘利亞內戰期間，俄國卻協助阿塞德（Bashar al-Assad）政權贏得戰爭。這一干預不但保全了俄國在敘利亞的布局，更讓其成為在近東地區唯一能與各方勢力進行交涉、對話的強國。在非洲，俄羅斯更是應中非共和國、利比亞、薩赫爾地區各國等對西方國家抱持反感的政府的要求而強勢回歸。雖然目前的俄羅斯因國力有限（其 GDP 約僅與南韓相當）而未能握有太多籌碼及手段，但俄國確實是重新在全球戰略布局的舞臺上扮演起了重要角色。

2022 年 2 月 24 日，普丁發起了對烏克蘭的「特別軍事行動」，打算透過武力在基輔建立一個親俄的政權。但在烏克蘭的抵抗與西方國家的援助之下，這一行動可說是已經失敗。在這場戰爭中，普丁幾乎已將其政治資本揮霍殆盡——他想牢牢控制烏克蘭，但現在的烏克蘭已經變得徹底反俄；西方國家更在美國的帶領之下，重新武裝並在北約的框架下重新團結起來。近來，俄羅斯軍隊戰力的低落可謂一覽無遺，而國際制裁和人才流失更是削弱了俄羅斯的國力。但為了使國內的反戰人士噤聲，普京採取了大規模鎮壓措施。直到現在，俄國的局勢與其前景仍難預測。

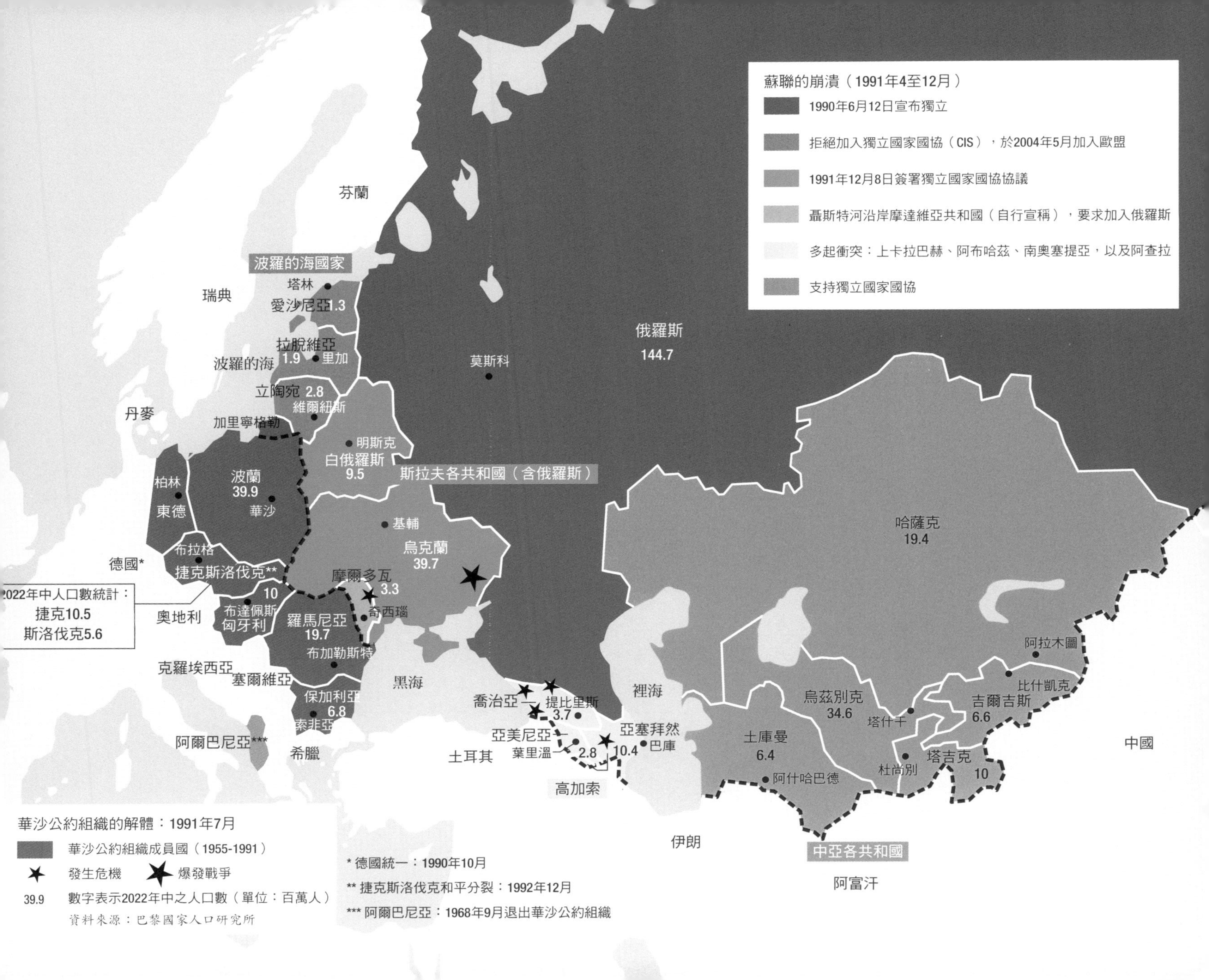
蘇聯的崩潰（1991年4至12月）
1990年6月12日宣布獨立
拒絕加入獨立國家國協（CIS），於2004年5月加入歐盟
1991年12月8日簽署獨立國家國協協議
聶斯特河沿岸摩達維亞共和國（自行宣稱），要求加入俄羅斯
多起衝突：上卡拉巴赫、阿布哈茲、南奧塞提亞，以及阿查拉
支持獨立國家國協
芬蘭
瑞典
丹麥
波羅的海國家
塔林
愛沙尼亞1.3
拉脫維亞
1.9
里加
波羅的海
立陶宛 2.8
維爾紐斯
加里寧格勒
莫斯科
俄羅斯
144.7
明斯克
白俄羅斯
9.5
斯拉夫各共和國（含俄羅斯）
柏林
東德
波蘭
39.9
華沙
德國*
布拉格
捷克斯洛伐克**
10
2022年中人口數統計：
捷克10.5
斯洛伐克5.6
奧地利
布達佩斯
匈牙利
基輔
烏克蘭
39.7
摩爾多瓦
3.3
奇西瑙
羅馬尼亞
19.7
布加勒斯特
克羅埃西亞
塞爾維亞
保加利亞
6.8
索非亞
黑海
阿爾巴尼亞***
希臘
土耳其
喬治亞
提比里斯
3.7
亞美尼亞
葉里溫
2.8
亞塞拜然
10.4
巴庫
高加索
裡海
伊朗
哈薩克
19.4
烏茲別克
34.6
塔什干
土庫曼
6.4
阿什哈巴德
杜尚別
塔吉克
10
吉爾吉斯
6.6
比什凱克
阿拉木圖
中國
中亞各共和國
阿富汗
華沙公約組織的解體：1991年7月
華沙公約組織成員國（1955-1991）
發生危機
爆發戰爭
39.9 數字表示2022年中之人口數（單位：百萬人）
資料來源：巴黎國家人口研究所
* 德國統一：1990年10月
** 捷克斯洛伐克和平分裂：1992年12月
*** 阿爾巴尼亞：1968年9月退出華沙公約組織

從印度角度看世界

冷戰期間，印度在不結盟國家中居於領導地位。因此，儘管當時印度的經濟實力不強，但在世界的外交舞臺上仍舉足輕重。然而，即便印度過去奉行不結盟主義路線，但與蘇聯之間仍締結有軍事協定。

在甘地的影響下，印度乃是世界上最大的民主國家，並十分強調其和平主義、人道主義、普遍主義等傳統。對外則採取不干涉內政、尊重主權、縮減軍備等措施，並希望能成為南方國家的象徵與代言人。不過對於印度當局來說，上述價值理念與持有核武、競逐區域霸權之間並不相悖。

印度主要的競爭對手有二。第一個是巴基斯坦。印度內部部分的國族主義者至今仍無法接受巴基斯坦獨立的事實，這一立場更導致了印度對巴基斯坦發動了三次戰爭（分別於 1948 年、1962 年與 1971 年），然而這幾場戰事最後卻反而成為孟加拉獨立的導火線。印度的第二個勁敵則是中國。1962 年，印度在與中國的軍事衝突中遭到嚴重打擊，此一挫敗至今仍讓印度耿耿於懷。隨著時間的推移，印度不論在經濟力、技術力，或是軍事力量，都逐漸超越巴基斯坦。印巴兩國僅在持有核武這一方面上具有相當的對等性，而這一前提也迫使雙方在行動上必須保持一定的謹慎。相對於此，中國經濟的快速崛起更讓印度深感憂慮。同時，印度也認為西方世界對於中國的過度關注，對印度本身而言相當不利。

在東西陣營間的冷戰結束後，印度被迫重新建構外交策略。蘇聯的瓦解使得印度失去在軍事方面的主要合作夥伴。於是，為了找尋一個對應巴基斯坦的外交槓桿，以及能夠對抗中國的潛在盟友，印度開始向美國靠攏。雖然此一策略受到印度國內的穆斯林與左翼人士抵制，但是目前的印度當局仍期望藉由與美國間的合作關係更快獲得世界大國的地位。

雖然印度至今仍強調甘地與其所揭櫫的思想、原則，但印度的國族主義勢力也正在逐漸抬頭。自 1998 年的一連串核彈試爆之後，之前印度一直深藏不露的核武實力終於浮上檯面。印度也正朝著成為世界第六大國和聯合國安理會常任理事國的目標努力。與此同時，印度認為其國際地位並未獲得各國的充分承認，且世界對印度也存在著諸多誤解。印度政府最為憂心者，則應首推中國在亞洲與印度洋地區勢力不斷增強的這一趨勢。

2014 年，印度人民黨（BJP）在大選中贏得勝利。選民普遍認同該黨所標舉的印度國族主義修辭與肯定印度強大國力的論述，並讓衰敗又因貪腐飽受批評的印度國民大會黨（INC）下臺。而自稱民族主義者的莫迪（Narendra Modi）則就任為印度總理。莫迪於 2019 年獲得連任，並在處理如喀什米爾或國內少數穆斯林人口的問題上，展現出愈來愈強硬的「印度教本位」政策。印度國內對莫迪的施政並非毫無異議，但目前卻尚無足以挑戰其權勢的人物出現。

俄烏戰爭爆發後，印度拒絕譴責俄國，主因在於俄羅斯乃是印度主要的軍事裝備供應國。印度也打算推動「多重結盟」的新策略，作為新的不結盟形式。

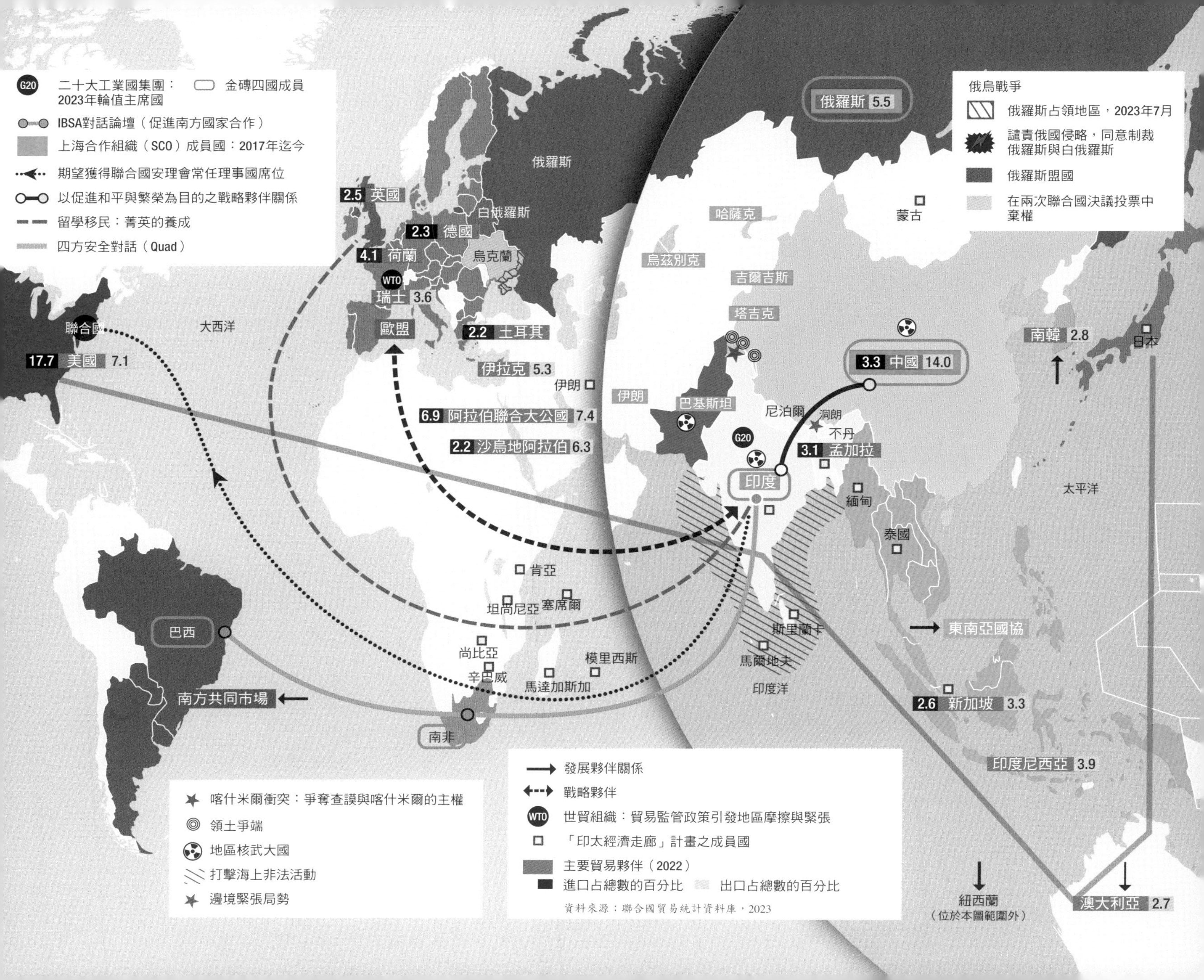
G20 二十大工業國集團：2023年輪值主席國
金磚四國成員
IBSA對話論壇（促進南方國家合作）
上海合作組織（SCO）成員國：2017年迄今
期望獲得聯合國安理會常任理事國席位
以促進和平與繁榮為目的之戰略夥伴關係
留學移民：菁英的養成
四方安全對話（Quad）
俄烏戰爭
俄羅斯占領地區，2023年7月
譴責俄國侵略，同意制裁俄羅斯與白俄羅斯
俄羅斯盟國
在兩次聯合國決議投票中棄權
喀什米爾衝突：爭奪查謨與喀什米爾的主權
領土爭端
地區核武大國
打擊海上非法活動
邊境緊張局勢
發展夥伴關係
戰略夥伴
世貿組織：貿易監管政策引發地區摩擦與緊張
「印太經濟走廊」計畫之成員國
主要貿易夥伴（2022）
進口占總數的百分比
出口占總數的百分比
資料來源：聯合國貿易統計資料庫，2023
俄羅斯 5.5
俄羅斯
白俄羅斯
烏克蘭
2.5 英國
2.3 德國
4.1 荷蘭
WTO
瑞士 3.6
歐盟
2.2 土耳其
伊拉克 5.3
伊朗
6.9 阿拉伯聯合大公國 7.4
2.2 沙烏地阿拉伯 6.3
聯合國
17.7 美國 7.1
大西洋
巴西
南方共同市場
南非
肯亞
坦尚尼亞
塞席爾
尚比亞
辛巴威
馬達加斯加
模里西斯
哈薩克
烏茲別克
吉爾吉斯
塔吉克
巴基斯坦
尼泊爾
洞朗
不丹
3.1 孟加拉
3.3 中國 14.0
蒙古
G20
印度
緬甸
泰國
斯里蘭卡
馬爾地夫
印度洋
東南亞國協
2.6 新加坡 3.3
印度尼西亞 3.9
南韓 2.8
日本
太平洋
紐西蘭
（位於本圖範圍外）
澳大利亞 2.7

從中國角度看世界

擁有數千年歷史的中國，至 19 世紀為止仍以「位於世界中心的帝國」自居。在世界尚未進入全球化階段的時代，中國的國民生產毛額（GNP）幾乎占全世界約 30%，這也使得中國認為並沒有與世界其他地區建立緊密聯繫的必要性。自鴉片戰爭後，一直到 19 世紀的下半葉，中國因內部發生的種種衝突而陷入衰弱，這也給予了歐洲國家干預中國、從中獲利的機會。在此情形下，中國不但簽訂了對外國的「不平等條約」，歐洲強國更以劃分勢力範圍的方式，變相地削弱了中國對領土的控制。同時，在中國境內也建立了多個不受中國主權控管的外國租界。作為第二次世界大戰的序幕，日本在 1937 年對中國發動的軍事侵略行動，更進一步加深了中國人對於外部勢力干預本國所引發的屈辱感。

1949 年，共產黨人毛澤東一方面藉著貧苦農民的支持，另一方面透過操弄中國人的民族主義情緒，打敗了與之纏鬥多年的對手，成功建立政權。以民族主義者自居、反對共產黨的國民黨領導人，在內戰失敗後則逃往福爾摩沙島（即臺灣），建立起一個受到美國保護的政權。

1961 年，毛澤東以中國的民族主義為後盾和蘇聯決裂——這也意味著，就算蘇聯沒有直接控制中國，但北京方面仍拒絕接受莫斯科以共產集團領導者的身分對中國進行支配或影響。自 1978 年毛澤東死後，鄧小平接棒擔任中國領導人，開始推行所謂的「社會主義市場經濟」政策——即一種融合了共產黨政治控制與「野蠻資本主義」（capitalisme sauvage）的路線，並向世界打開了市場的大門。在香港和澳門先後被交還中國後，今日的中國便以併合臺灣，或至少能夠阻止世界承認臺灣的獨立性為其目標之一。

中國擁有高達 14 億的龐大人口（但在 2023 年已被印度超越）和廣大的領土，其經濟大約從 40 年前起便不斷成長。今日的中國已成為一個經濟大國，以及新興國家的榜樣（雖然它已脫離「新興國家」之列）。在其發展於 2011 年超越日本後，一般認為它也將會超越美國——至少到 2022 年之前，人們普遍如此認為。這是因為中國高度融入全球化的發展，並從對其相對有利的匯率、社會與其他種種條件中獲取利益，但中國卻完全不遵守全球化世界的運作規則。

歷史造成的傷痕，特別是在 1937 至 1945 年間日本對中國犯下的戰爭罪行所留下的創傷，至今仍未完全癒合，這也讓日本與中國之間的關係顯得格外複雜。對美國而言，不論是民主黨或是共和黨，雙方皆將中國視為戰略對手——美國無法接受將世界第一強國的地位拱手讓人的可能性。美中貿易逆差每年高達 3500 億美金的結構性問題並不是美國對中方發起貿易戰的唯一原因，這一行動的背後，實際上反映的是一個更廣泛、龐大的全球戰略競爭態勢。但中國對此選擇正面對抗，因為中國認為自己在各個領域上的發展均已超越美國，因此無需退讓。

中國目前正積極將觸角伸向與其不具歷史淵源、無殖民包袱的非洲，以及能夠提供其本身所欠缺的能源與原料的拉丁美洲。然而，為了不引起周遭國家的警戒，中國始終將其行動描述為「和平崛起」。2023 年，在北京主導下，伊朗與沙烏地阿拉伯達成和解，這也讓中國在中東地區成功插旗，成為戰略賽局中的行動者。

習近平自 2013 年掌權後，即十分快速地強化了他個人對黨與國家的控制。北京以亞洲地區為出發點，嘗試在國際舞臺上進一步展現實力，其中最重要的行動即是「一帶一路」的倡議。此外，中國也開始公然宣稱自身為「全球第一強國」。這些舉措都讓其周邊的鄰國感到十分憂心。然而，從香港爆發人民激烈抗爭到鎮壓新疆維吾爾族人的醜聞，這些負面訊息都讓中國共產黨執政 70 週年的種種慶祝活動黯然失色。在中國國內，共黨政權雖然採取高壓而專制的手段進行統治，但在經濟發展良好、民族主義情緒獲得滿足的條件下，中國人民似乎並未對其政府抱有太多異議。但在 Covid-19 期間，中國政府的「清零」政策引發了部分人民的抵制。

在 2001 年時，中國的國內生產毛額（GDP）僅約美國的 10%，然而今日已爬升到了 75%。中國的發展看似一帆風順，但其前途仍存有許多變數。俄羅斯對烏克蘭的侵略行動讓中國感到憂心，一方面是因為這場戰爭打亂了全球經濟的發展步調、拉高了進口成本，更讓西方國家重新團結起來；另一方面，中國卻又希望俄羅斯能避免走向戰敗的結果。

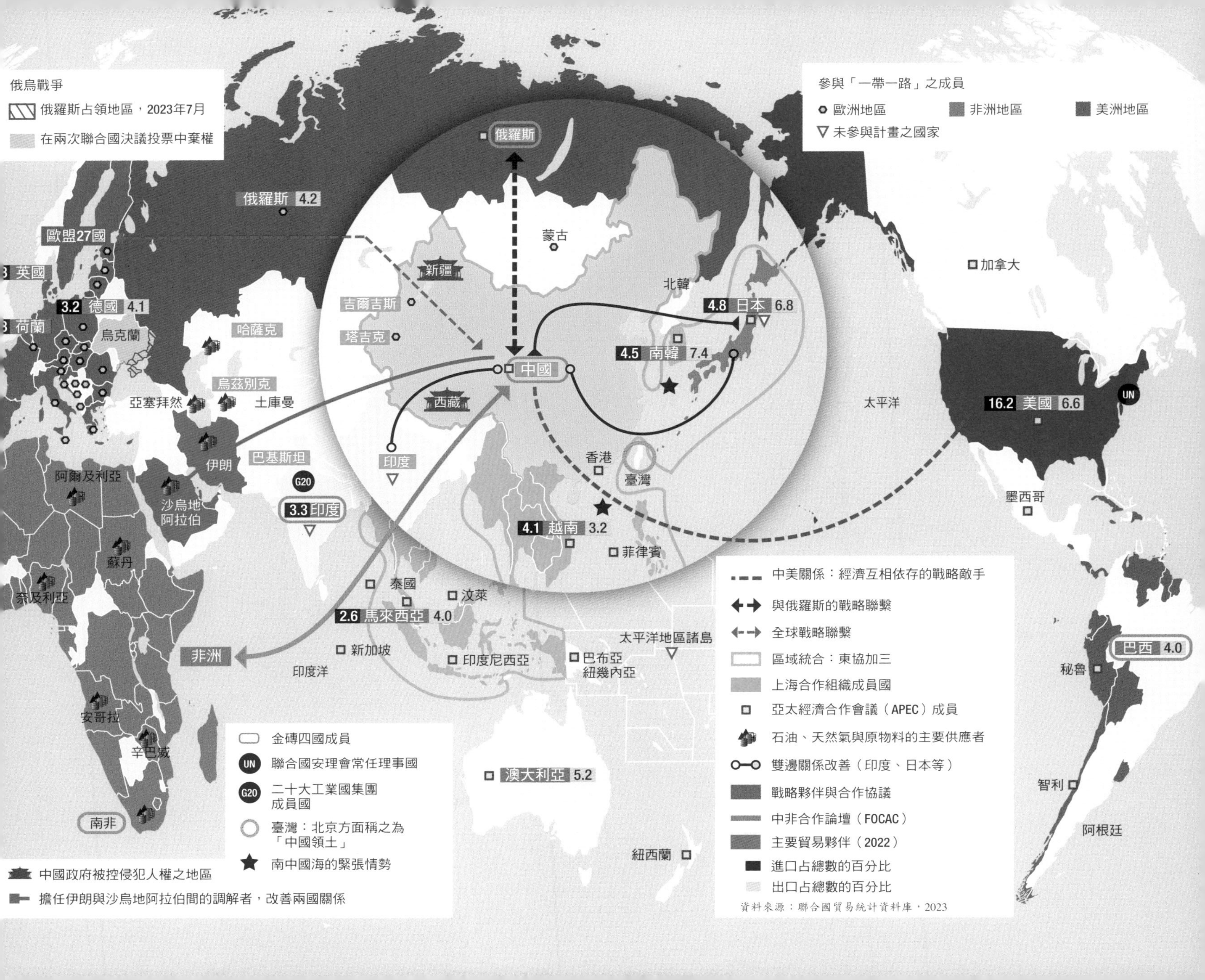
俄烏戰爭
俄羅斯占領地區，2023年7月
在兩次聯合國決議投票中棄權
參與「一帶一路」之成員
歐洲地區
非洲地區
美洲地區
未參與計畫之國家
俄羅斯
俄羅斯 4.2
蒙古
歐盟27國
英國
3.2 德國 4.1
荷蘭
烏克蘭
新疆
吉爾吉斯
塔吉克
哈薩克
烏茲別克
亞塞拜然
土庫曼
西藏
中國
北韓
4.8 日本 6.8
4.5 南韓 7.4
加拿大
太平洋
16.2 美國 6.6
伊朗
巴基斯坦
印度
3.3 印度
香港
臺灣
阿爾及利亞
沙烏地阿拉伯
4.1 越南 3.2
菲律賓
墨西哥
蘇丹
奈及利亞
泰國
汶萊
2.6 馬來西亞 4.0
非洲
新加坡
印度洋
印度尼西亞
巴布亞紐幾內亞
太平洋地區諸島
巴西 4.0
秘魯
安哥拉
辛巴威
澳大利亞 5.2
智利
阿根廷
南非
紐西蘭
金磚四國成員
聯合國安理會常任理事國
二十大工業國集團成員國
臺灣：北京方面稱之為「中國領土」
南中國海的緊張情勢
中國政府被控侵犯人權之地區
擔任伊朗與沙烏地阿拉伯間的調解者，改善兩國關係
中美關係：經濟互相依存的戰略敵手
與俄羅斯的戰略聯繫
全球戰略聯繫
區域統合：東協加三
上海合作組織成員國
亞太經濟合作會議（APEC）成員
石油、天然氣與原物料的主要供應者
雙邊關係改善（印度、日本等）
戰略夥伴與合作協議
中非合作論壇（FOCAC）
主要貿易夥伴（2022）
進口占總數的百分比
出口占總數的百分比
資料來源：聯合國貿易統計資料庫，2023

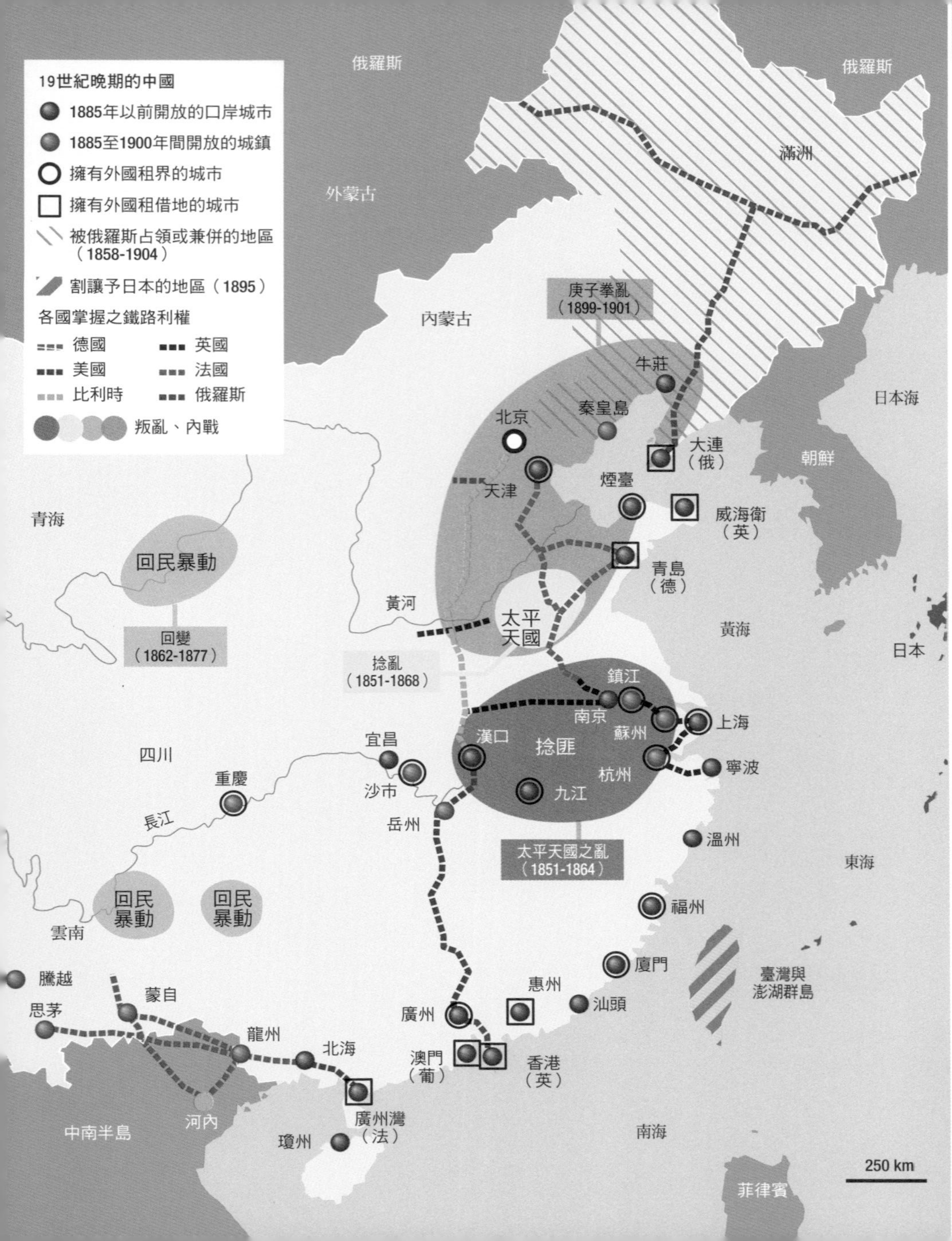
19世紀晚期的中國
1885年以前開放的口岸城市
1885至1900年間開放的城鎮
擁有外國租界的城市
擁有外國租借地的城市
被俄羅斯占領或兼併的地區（1858-1904）
割讓予日本的地區（1895）
各國掌握之鐵路利權
德國
英國
美國
法國
比利時
俄羅斯
叛亂、內戰
俄羅斯
外蒙古
滿洲
內蒙古
庚子拳亂（1899-1901）
牛莊
秦皇島
北京
大連（俄）
天津
煙臺
威海衛（英）
青島（德）
朝鮮
日本海
青海
回民暴動
回變（1862-1877）
黃河
太平天國
黃海
日本
捻亂（1851-1868）
鎮江
南京
上海
蘇州
漢口
捻匪
寧波
杭州
九江
四川
宜昌
重慶
沙市
長江
岳州
太平天國之亂（1851-1864）
溫州
東海
回民暴動
回民暴動
雲南
福州
廈門
臺灣與澎湖群島
騰越
蒙自
惠州
汕頭
思茅
龍州
北海
廣州
澳門（葡）
香港（英）
廣州灣（法）
河內
中南半島
瓊州
南海
250 km
菲律賓

共黨「長征」與中日戰爭（1934-1944年）
中國共產黨「長征」的兩條主要路線（1934年10月至1935年10月）
陝北蘇區
日本控制地區
日本兼併地區或日本保護國
1944年日軍占領區之界線
游擊戰據點
日軍名義上控制地區內之游擊隊活動
日軍「一號作戰」
俄羅斯
蒙古
北京
黃河
延安
陝西
南京
長江
上海
重慶
武漢
江西
瑞金
昆明
柳州
廣州
臺灣
500 km

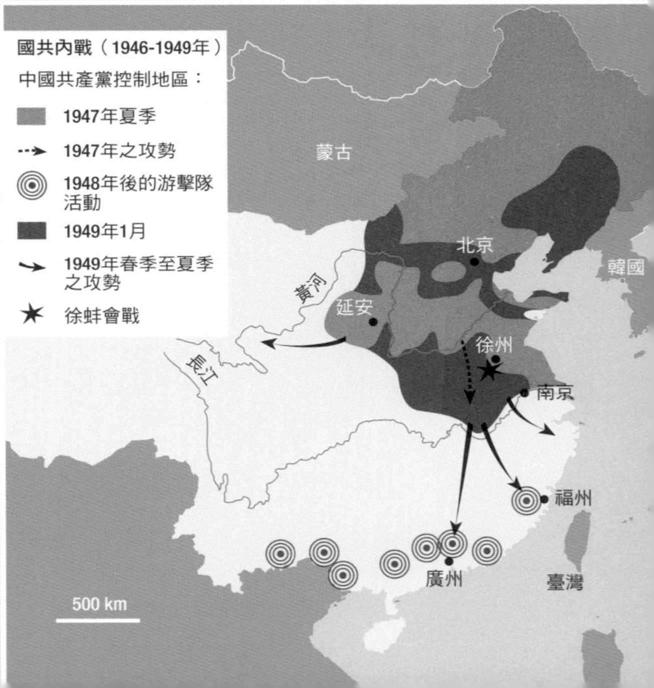
國共內戰（1946-1949年）
中國共產黨控制地區：
1947年夏季
1947年之攻勢
1948年後的游擊隊活動
1949年1月
1949年春季至夏季之攻勢
徐蚌會戰
蒙古
北京
韓國
黃河
延安
徐州
長江
南京
福州
廣州
臺灣
500 km

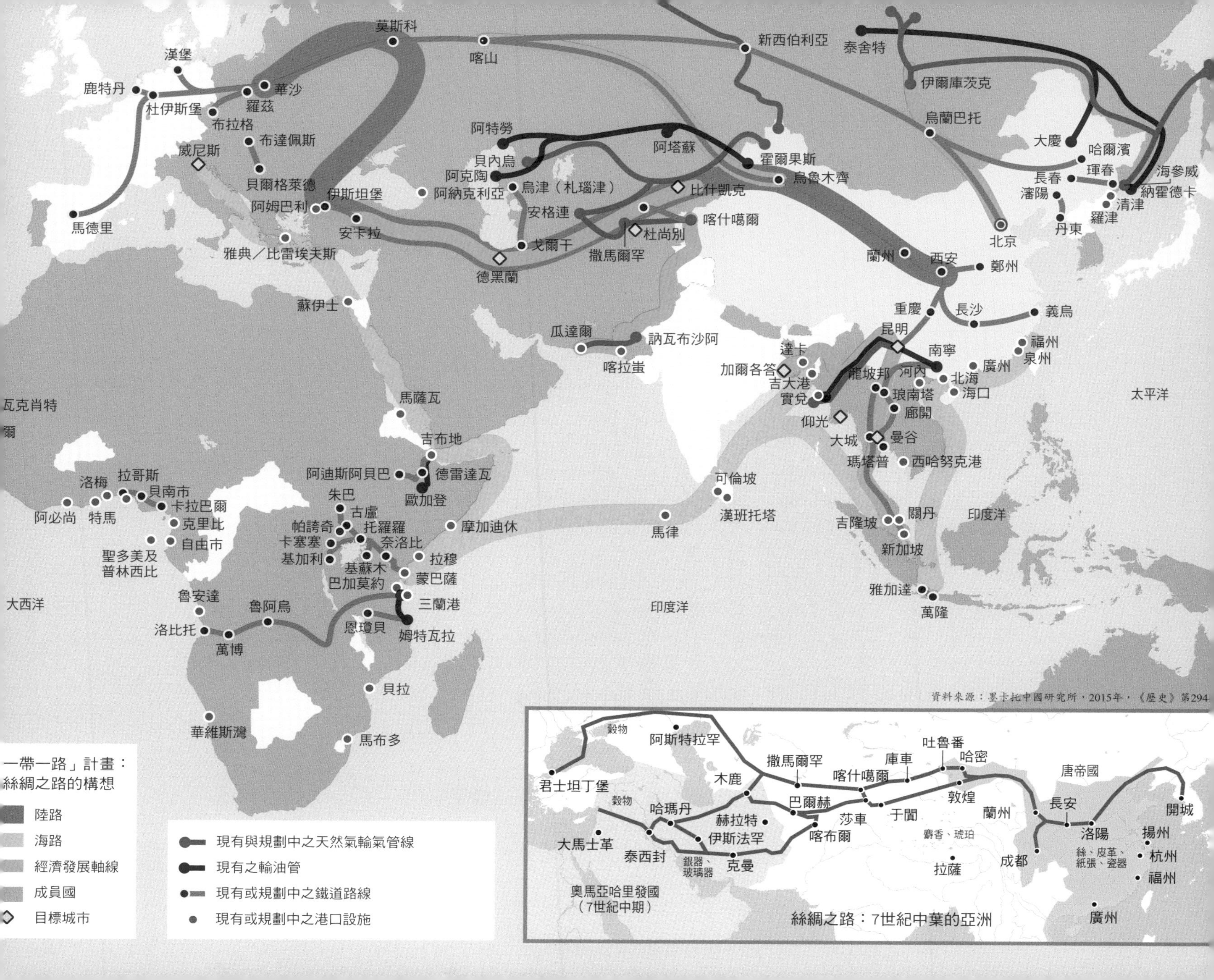

莫斯科
喀山
新西伯利亞
泰舍特
伊爾庫茨克
烏蘭巴托
大慶
哈爾濱
琿春
海參威
納霍德卡
長春
瀋陽
清津
羅津
丹東
北京
漢堡
鹿特丹
杜伊斯堡
華沙
羅茲
布拉格
布達佩斯
威尼斯
貝爾格萊德
阿姆巴利
伊斯坦堡
安卡拉
雅典／比雷埃夫斯
阿特勞
貝內烏
阿克陶
阿納克利亞
烏津（札瑙津）
安格連
戈爾干
德黑蘭
阿塔蘇
霍爾果斯
烏魯木齊
比什凱克
杜尚別
撒馬爾罕
喀什噶爾
蘭州
西安
鄭州
重慶
長沙
義烏
昆明
南寧
福州
泉州
廣州
北海
海口
河內
龍坡邦
琅南塔
廊開
達卡
加爾各答
吉大港
實兌
仰光
大城
曼谷
瑪塔普
西哈努克港
吉隆坡
關丹
新加坡
雅加達
萬隆
太平洋
印度洋
蘇伊士
瓜達爾
喀拉蚩
訥瓦布沙阿
可倫坡
漢班托塔
馬律
馬薩瓦
吉布地
阿迪斯阿貝巴
德雷達瓦
歐加登
摩加迪休
拉穆
蒙巴薩
三蘭港
姆特瓦拉
恩瓊貝
巴加莫約
基蘇木
奈洛比
托羅羅
古盧
朱巴
帕諾奇
卡塞塞
基加利
魯阿烏
魯安達
洛比托
萬博
華維斯灣
貝拉
馬布多
瓦克肖特
爾
洛梅
拉哥斯
貝南市
卡拉巴爾
克里比
自由市
聖多美及普林西比
阿必尚
特馬
大西洋
馬德里
「一帶一路」計畫：絲綢之路的構想
陸路
海路
經濟發展軸線
成員國
目標城市
現有與規劃中之天然氣輸氣管線
現有之輸油管
現有或規劃中之鐵道路線
現有或規劃中之港口設施
資料來源：墨卡托中國研究所，2015年，《歷史》第294
穀物
阿斯特拉罕
君士坦丁堡
木鹿
撒馬爾罕
喀什噶爾
庫車
吐魯番
哈密
唐帝國
開城
哈瑪丹
巴爾赫
赫拉特
伊斯法罕
大馬士革
泰西封
銀器、玻璃器
克曼
喀布爾
莎車
于闐
敦煌
蘭州
麝香、琥珀
拉薩
長安
洛陽
成都
揚州
杭州
福州
廣州
絲、皮革、紙張、瓷器
奧馬亞哈里發國（7世紀中期）
絲綢之路：7世紀中葉的亞洲

從日本角度看世界

1864 年，美國海軍准將培理（Matthew Perry）率領的美國艦隊迫使日本放棄長期以來實施的鎖國體制，開放與外國通商。在懷抱著「嚮明而治」的期待下展開的明治時代（1868-1912 年），日本開始以西方世界為學習對象，邁開近代化的腳步。1905 年，日本擊敗俄羅斯，這是「白人」國家在幾個世紀以來首次在對其他民族的戰爭中嚐到敗績。

接著，日本在 20 世紀上半葉開始在亞洲進行擴張，分別於 1910 年兼併韓國、1931 年入侵滿洲（之後成立滿洲國）、1938 年進攻中國，更在 1941 年 12 月襲擊屬於美國的珍珠港，並占領太平洋地區。在東南亞，日本以對抗歐洲殖民者為藉口支配了當地社會，並以無情的壓迫手段進行管制。

在 1945 年的 8 月 6 日與 9 日，日本在廣島與長崎分別遭到原子彈轟炸的狀況下被迫投降，第二次世界大戰至此結束。戰後，美國決定讓日本保留天皇制度，但日本天皇將僅作為國家象徵而不具實權。儘管當時就太平洋戰區的戰爭罪行召開了「東京大審」（Tokyo Trial），但盟軍方面並未像對德國那樣，強迫日本對戰爭期間的罪行進行檢視與反省。緊接而來的韓戰（1950-1953 年）則讓日本變成美國在面對蘇聯和中國等共產大國時無可取代的重要軍事據點。

由於上述歷史因素，日本與採取資本主義路線的南韓、奉行共產主義的中國之間始終關係相當敏感。儘管東亞各國彼此經貿往來密切，然而亞洲國家仍普遍擔憂日本軍國主義有可能再次復甦。

自 1950 年代起，日本的經濟開始高速成長。在 1980 年代前半，日本的國內生產毛額（GDP）在全世界所占比例從原本的 3% 大幅上升到 13%。自此，日本不但成為全球第二大經濟體，更是世界最大的債權國。即便在政治層面上受到諸多限制，但日本無疑是一個經濟上的強權，同時也被認為是「未來的第三大強國」。

1980 年代開始，美國既期望日本能夠進一步參與其共同防衛體系，但又深怕此舉會喚醒日本對權力的渴望，因而總是顯得猶豫而搖擺不定。與此同時，日本自身對於是否應該在既有的經濟、金融實力之外同步加強戰略實力，以及此一舉措可能帶來的利弊得失等問題充滿懷疑。2000 年以後，日本開始向聯合國申請成為安理會的常任理事國。

冷戰的結束並未消弭亞洲國家間的緊張態勢。例如中日之間在經濟上雖具有相互依存的關係，日本對中國的威脅性依舊十分在意（尤其中國的 GDP 在 2011 年已超越日本）。同時，北韓的行動也經常使日本感到不安，但其威脅似乎較有被控制的可能。此外，長期懸而未決的北方領土問題，也影響著日本與俄羅斯之間的關係。基於上述理由，日本在國家安全的確高度依賴美國，這同時也讓日方在面對美國時的外交空間極為受限。

當前日本面臨的難題，在於如何從中國的崛起和俄羅斯的威脅下保衛自身的核心利益（包括能源安全）。2012 至 2020 年在任的日本首相安倍晉三，在執政期間強化了日本的軍事實力，並透過修憲，讓日本獲得動用軍隊協助保衛同盟國家的權力。但這一發展也讓中日關係日趨緊張，而日本的國家安全也變得比過去更為仰賴美國。俄烏戰爭的爆發，促使日本大幅度地調升軍事支出，其軍費開支從原本 GDP 的 1% 提高到了 2%。

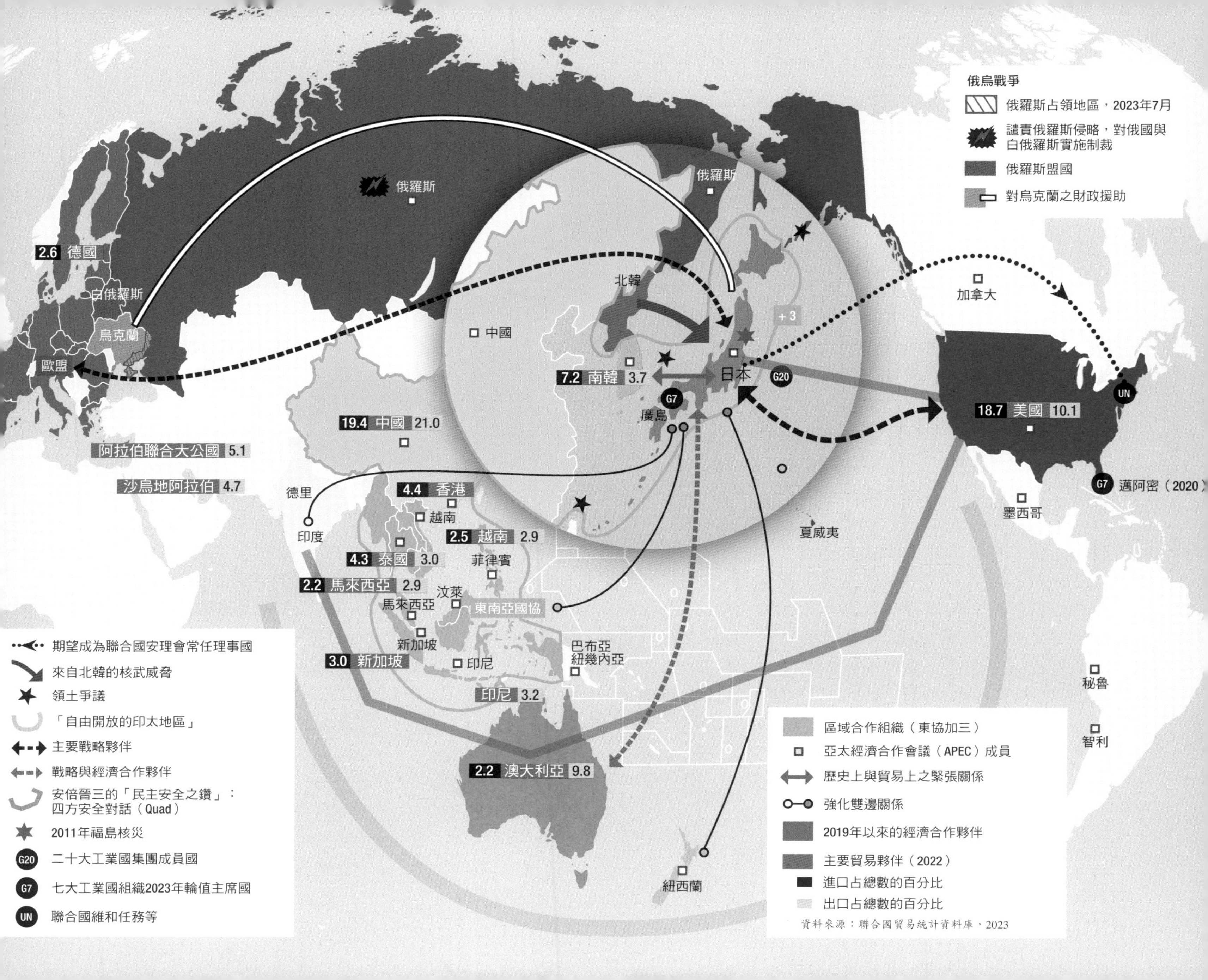

俄烏戰爭
俄羅斯占領地區，2023年7月
譴責俄羅斯侵略，對俄國與白俄羅斯實施制裁
俄羅斯盟國
對烏克蘭之財政援助
俄羅斯
俄羅斯
2.6 德國
白俄羅斯
烏克蘭
歐盟
北韓
中國
+3
7.2 南韓 3.7
日本
G20
G7
廣島
加拿大
18.7 美國 10.1
UN
G7 邁阿密（2020）
墨西哥
19.4 中國 21.0
阿拉伯聯合大公國 5.1
沙烏地阿拉伯 4.7
德里
印度
4.4 香港
越南
2.5 越南 2.9
4.3 泰國 3.0
菲律賓
2.2 馬來西亞 2.9
汶萊
馬來西亞
東南亞國協
新加坡
3.0 新加坡
印尼
巴布亞紐幾內亞
印尼 3.2
夏威夷
秘魯
智利
2.2 澳大利亞 9.8
紐西蘭
期望成為聯合國安理會常任理事國
來自北韓的核武威脅
領土爭議
「自由開放的印太地區」
主要戰略夥伴
戰略與經濟合作夥伴
安倍晉三的「民主安全之鑽」：四方安全對話（Quad）
2011年福島核災
G20 二十大工業國集團成員國
G7 七大工業國組織2023年輪值主席國
UN 聯合國維和任務等
區域合作組織（東協加三）
亞太經濟合作會議（APEC）成員
歷史上與貿易上之緊張關係
強化雙邊關係
2019年以來的經濟合作夥伴
主要貿易夥伴（2022）
進口占總數的百分比
出口占總數的百分比
資料來源：聯合國貿易統計資料庫，2023

從南韓角度看世界

對南韓而言，讓分裂為二的朝鮮半島重歸統一是國家的重要目標。第二次世界大戰後，朝鮮半島被北緯 38 度線劃分為南北兩部分，並分別遭到蘇聯與美國占領。1950 年，北韓以蘇聯和中國為後盾，對美國所支持的南韓發動戰爭。這場冷戰期間死傷最為慘重的一戰，最終以朝鮮半島維持現狀收場。韓戰結束後，由於朝鮮半島依然籠罩在戰爭陰影下，採取資本主義路線的南韓與奉行共產主義的北韓因而各自建立了獨裁政權。但南韓隨後藉由工業化、發展教育與資本主義迎來了經濟的急速成長，北韓則走上完全相反的路線，與南韓的距離愈來愈遠。1980 年代，南韓開始邁向民主化，逐漸形塑出一個具備發達的社會團體與政治組織的公民社會。

1990 年代之後，南韓開始對北韓採取較先前更為溫和的態度，主因在於南韓認為兩韓人民乃是擁有共同文化、語言，以及千年歷史的單一民族，而這個特質足以超越政治分裂所帶來的對立。另外，南韓方面雖然對於南北敵對的情形抱持憂慮，但同樣擔心北韓的政治體制發生崩潰。因為北韓政權一旦崩潰，南北韓勢必提前統一，在南韓擁有 5000 萬人而北韓亦有 2500 萬人的規模下，雙方之間存在的巨大發展落差將衍生出極高的經濟、社會成本，而這將遠超過南韓所能夠負擔的程度。

在遭到日本入侵、兼併之前，中國曾支配朝鮮半島長達數個世紀，然而首爾與北京間的關係卻堪稱良好。南韓不僅將中國視為經濟夥伴，同時也認為中國能夠扮演制衡北韓的角色。相對地，日本在 1895 至 1945 年間不但將朝鮮半島當作其向亞洲大陸進行擴張的橋頭堡，更對當地的物質與人力資源進行搾取和剝削。戰後日本對於這段歷史所表示的歉意被韓方認為來得太晚且不夠誠懇，這也成為兩國之間相互理解的障礙。但歷經 1988 年主辦漢城奧運、2002 年與日本合辦世界盃足球賽之後，韓國向世界展現了其國族主義的發展並未脫離和平路線。

韓國與日本同樣受到美國保護。然而，由於韓國對中國的警惕不如日本那般強烈，因此他們更希望能夠在維繫與美國同盟關係的前提下，進一步擺脫華府的影響與支配。因此，韓國的年輕世代和前幾代相比，對美國的觀感經常較為負面。此外，美韓之間的貿易摩擦，以及韓方認為美國將其作為戰略布局中的棋子的感受，在在使得兩國間的關係趨於複雜化。

2017 年當選韓國總統的文在寅，試圖緩解南北韓間的緊張關係。在 2018 年舉辦的平昌冬季奧運會上，兩韓代表隊共同入場正是此一路線的具體表徵。北韓與美國之間則在多次互相威脅後，作為國家元首的川普與金正恩分別在 2018、2019 年舉行了高峰會。但北韓方面始終拒絕放棄核武，因為這是保障其統治權力穩固的重要工具。南韓則認為兩韓統一的成本過高，反倒更希望北韓保持情勢安定，至於對北韓的政治體制是否有可能發生變化則不抱任何幻想。身為二十大工業國（G20）成員之一，南韓希望能在世界局勢上發揮更多的影響力，同時積極倡導多邊主義。2022 年，保守派的候選人尹錫悅當選為新任總統後，南韓對平壤方面的態度又再次趨於強硬。

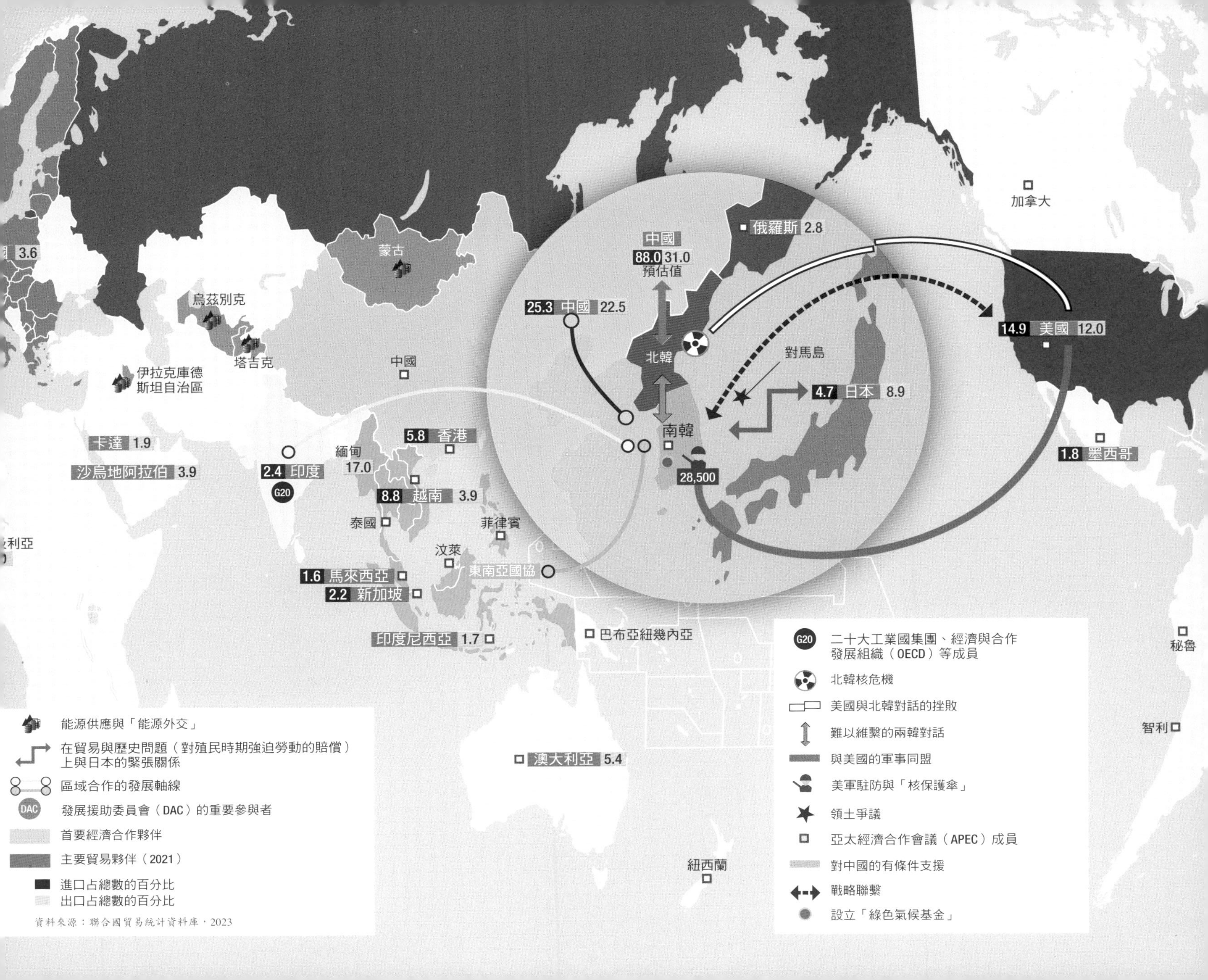

加拿大
俄羅斯 2.8
中國
88.0 31.0
預估值
25.3 中國 22.5
北韓
南韓
28,500
對馬島
4.7 日本 8.9
14.9 美國 12.0
1.8 墨西哥
蒙古
烏茲別克
塔吉克
伊拉克庫德斯坦自治區
中國
3.6
卡達 1.9
沙烏地阿拉伯 3.9
2.4 印度
G20
緬甸
17.0
5.8 香港
8.8 越南 3.9
泰國
菲律賓
汶萊
東南亞國協
1.6 馬來西亞
2.2 新加坡
印度尼西亞 1.7
巴布亞紐幾內亞
澳大利亞 5.4
紐西蘭
秘魯
智利
利亞
能源供應與「能源外交」
在貿易與歷史問題（對殖民時期強迫勞動的賠償）上與日本的緊張關係
區域合作的發展軸線
DAC
發展援助委員會（DAC）的重要參與者
首要經濟合作夥伴
主要貿易夥伴（2021）
進口占總數的百分比
出口占總數的百分比
資料來源：聯合國貿易統計資料庫，2023
G20
二十大工業國集團、經濟與合作發展組織（OECD）等成員
北韓核危機
美國與北韓對話的挫敗
難以維繫的兩韓對話
與美國的軍事同盟
美軍駐防與「核保護傘」
領土爭議
亞太經濟合作會議（APEC）成員
對中國的有條件支援
戰略聯繫
設立「綠色氣候基金」

從印尼角度看世界

印尼是一個由1萬3466個島嶼所組成的大型海島國家，其國民組成包含了約300個不同的民族。過去被荷蘭殖民，殖民政府花了將近200年才將其勢力拓展到今日的邊界，並打造出一個單一的「印度尼西亞」。

第二次世界大戰結束時，印尼發表了獨立宣言，正式脫離殖民統治。1965年，軍事強人蘇哈托將軍憑藉著美國在反共戰略框架下所給予他的支援而發動政變，推翻了較具進步派色彩的蘇卡諾政權。這場政變後隨之而來的鎮壓與清洗，造成了將近50萬人死亡。此後，印尼為了與美國結盟，不再於第三世界國家當中扮演積極的領導者角色。1998年的經濟危機，在印尼國內引發了激烈的暴亂。這場大規模的社會動盪最後在印尼建立民主政治體制的結果下逐步獲得平息。自此，印尼始終遵循著民主國家的政治路線前進。

同時，為了重拾1955年萬隆會議所宣示的第三世界國家精神，印尼期望能成為南方國家的代言人之一。這個年輕的民主國家更透過其自身的成功，以及尊重各國獨立性、強調民族自決、不干涉他國內政等政治原則樹立了良好的典範。

印尼是東南亞最大的經濟體，人口在世界排名第四，更是世界上最大的穆斯林國家（至2022年，全國共有2.75億的穆斯林人口）。橫越印尼諸島之間的麻六甲海峽，是世界最重要的航運路線之一。而在一段時間的混亂與衝突後，蘇哈托政權於1975年以武力吞併的東帝汶，終於在1999年獲得印尼官方承認其獨立地位。

印尼是東南亞國家協會（ASEAN）的發起國之一，同時也是該組織中最重要的會員國。除此之外，印尼影響力所及者，還包括設立於1989年的亞太經濟合作會議（APEC）。同時，也是伊斯蘭合作組織（OIC）的成員。

印尼和美國間保持著緊密的軍事戰略夥伴關係，但在1990年之後也以敦親睦鄰政策的名目與中國發展進一步的互動。到了2008年，印尼以「新興國家」的身分加入二十大工業國（G20），並於俄烏戰爭持續進行的背景下，於2022年主辦了G20峰會。

2014年佐科·維多多（Joko Widodo）當選為印尼總統，並於2019年獲得連任。由此可見民主制度確實已在這個國家穩固扎根。今後，印尼可望在新興國家中扮演更重要的角色，而印尼在這方面的企圖心也正在逐步顯現。

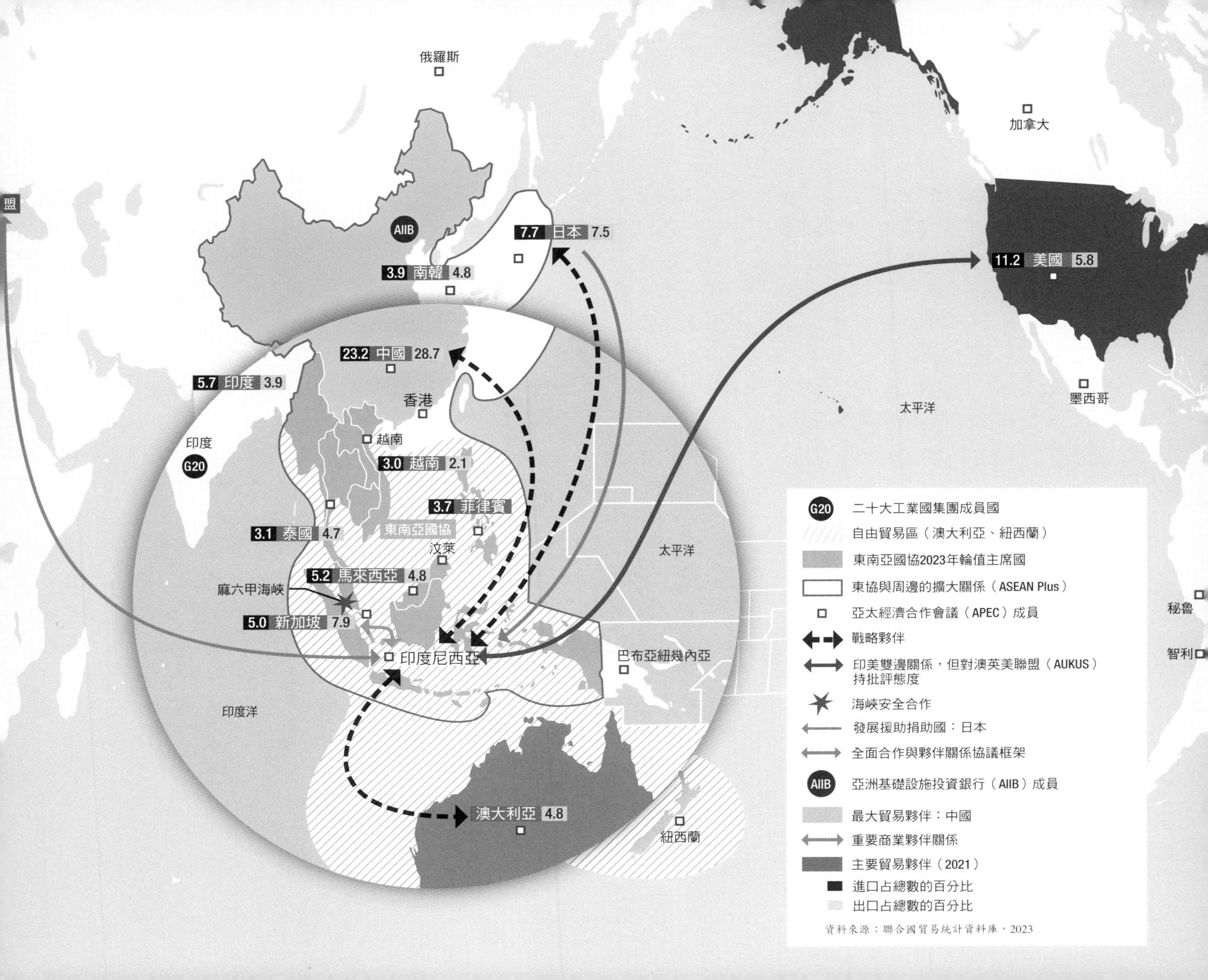
俄羅斯
盟
AIIB
3.9 南韓 4.8
7.7 日本 7.5
11.2 美國 5.8
加拿大
墨西哥
太平洋
23.2 中國 28.7
5.7 印度 3.9
香港
越南
印度
G20
3.0 越南 2.1
3.7 菲律賓
3.1 泰國 4.7
東南亞國協
汶萊
5.2 馬來西亞 4.8
麻六甲海峽
5.0 新加坡 7.9
印度尼西亞
巴布亞紐幾內亞
太平洋
印度洋
澳大利亞 4.8
紐西蘭
秘魯
智利
G20 二十大工業國集團成員國
自由貿易區（澳大利亞、紐西蘭）
東南亞國協2023年輪值主席國
東協與周邊的擴大關係（ASEAN Plus）
亞太經濟合作會議（APEC）成員
戰略夥伴
印美雙邊關係，但對澳英美聯盟（AUKUS）持批評態度
海峽安全合作
發展援助捐助國：日本
全面合作與夥伴關係協議框架
AIIB 亞洲基礎設施投資銀行（AIIB）成員
最大貿易夥伴：中國
重要商業夥伴關係
主要貿易夥伴（2021）
進口占總數的百分比
出口占總數的百分比
資料來源：聯合國貿易統計資料庫，2023

從澳大利亞角度看世界

18 世紀末，英國開始殖民澳大利亞。這片大陸最初被當作用來流放罪犯的土地，而本地原住民的土地與社會權利則完全不在殖民當局的考量範圍內，其命運和其他歐洲國家殖民地的住民並無二致。

後來，澳大利亞於 1901 年正式獨立，且在兩次世界大戰中都與盟國並肩作戰。

土地遼闊的澳大利亞，人口密度極低。它的面積是法國的 14 倍，但人口卻只有法國的 3 分之 1。此外，澳大利亞不僅是農業大國，更擁有豐富的礦產和能源。

澳大利亞的對外政策起初追隨英國，後來則改奉美國路線為圭臬。冷戰期間，澳大利亞於 1951 年與美國、紐西蘭簽署《太平洋安全保障條約》（ANZUS），更為堅定地表達了與西方國家同盟的姿態。但 1970 年代中期，澳大利亞曾對法國於太平洋地區進行的核試驗表達激烈反對的立場。至於 2001 年之後的反恐戰爭與伊拉克戰爭，澳方則表態支持美國布希政府的政策。

即使如此親近西方世界，澳大利亞對於本身屬於太平洋地區國家一事同樣有所自覺，並認為其有必要與亞洲近鄰各國建立更加良好的關係，澳大利亞也因此在亞太經濟合作會議（APEC）中同樣占有一席之地。

今日的澳洲社會，雖然主要由歐洲裔移民的後代組成，並以西方白人的文化為主流，然而其建國的基礎卻建立於對本地原住民的掠奪歷史上，這一背景也讓澳大利亞長期處於一個充滿潛在敵意的環境之中。即便如此，澳大利亞仍期望能夠在亞太地區成為西方價值觀的代言人。同時，地廣人稀的澳大利亞也十分擔心會在亞洲人口急速增長的情形下，逐漸喪失其原有的地位與利益。

儘管地理位置相對孤立，現今澳大利亞仍積極參與國際事務，並參與許多維和任務。然而 1975 至 1998 年間印尼以武力併吞東帝汶一事，澳大利亞的立場則顯得保守而克制，並對作為侵略方的印尼頗多遷就。

在亞太經濟合作會議的框架中，澳大利亞希望能夠調和與其具有相同文化根源的國家（即同樣源於盎格魯．薩克遜的美國和加拿大）與屬於太平洋區域的各個成員的利益，並與中國進行必要的對話。今日的澳大利亞同樣也是二十大工業國（G20）的一員。

2013 年秋，保守派的艾伯特（Tony Abbott）當選為澳洲總理，並在政治上採取新保守主義路線。2018 年接任總理的莫里森（Scott Morrison）則服膺氣候變遷懷疑論的觀點，但他卻因為在 2020 年冬季澳大利亞發生森林大火期間的行為與處置失當而飽受批評。2022 年，由工黨政治人物艾班尼斯（Anthony Albanese）接任總理一職，並提出如保障弱勢族群權益、對抗全球暖化等具有進步主義色彩的政策。

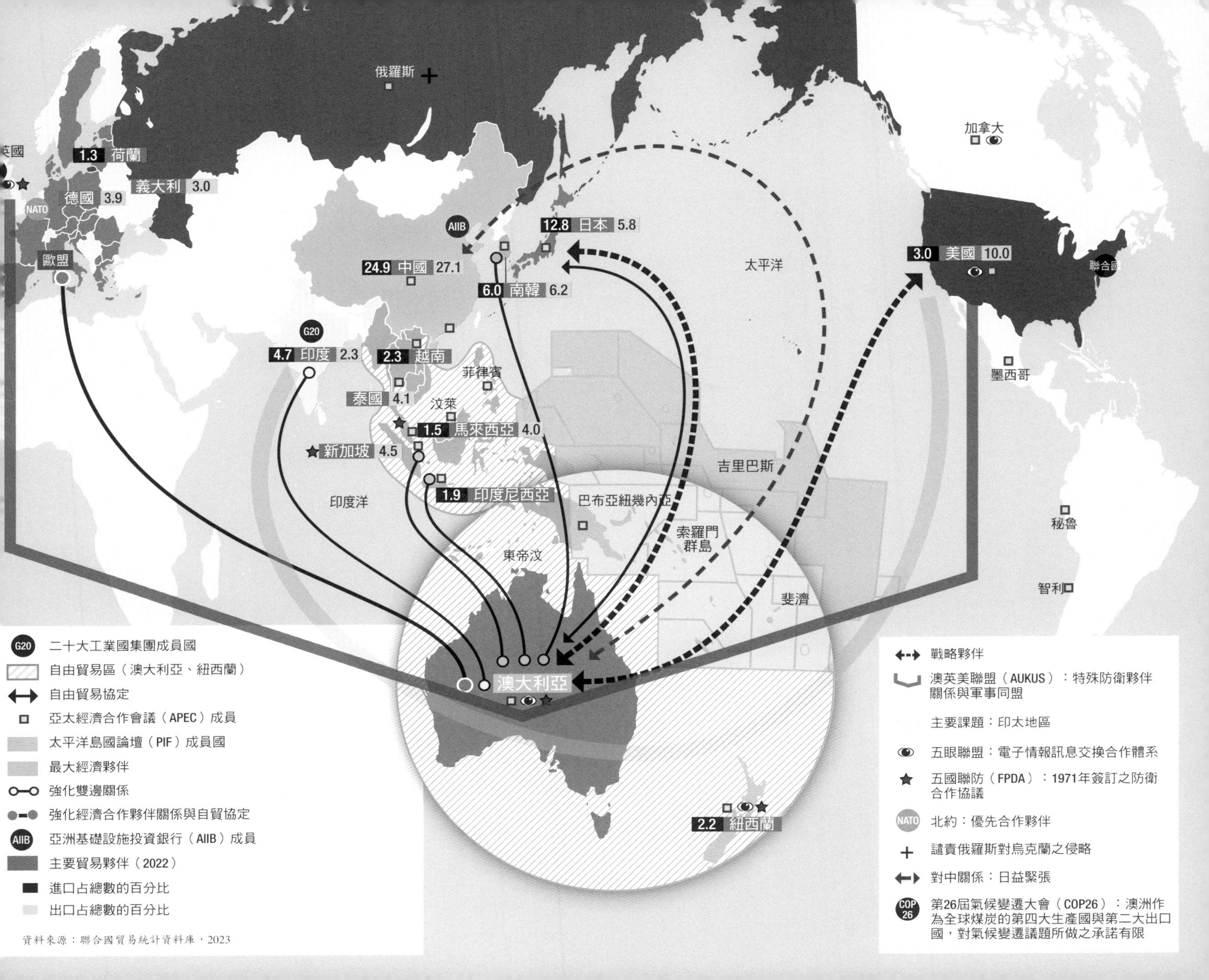
俄羅斯
加拿大
荷蘭 1.3
義大利 3.0
德國 3.9
歐盟
12.8 日本 5.8
24.9 中國 27.1
6.0 南韓 6.2
3.0 美國 10.0
聯合國
太平洋
4.7 印度 2.3
2.3 越南
菲律賓
泰國 4.1
汶萊
1.5 馬來西亞 4.0
新加坡 4.5
吉里巴斯
印度洋
1.9 印度尼西亞
巴布亞紐幾內亞
墨西哥
索羅門群島
秘魯
東帝汶
智利
斐濟
澳大利亞
2.2 紐西蘭
二十大工業國集團成員國
自由貿易區（澳大利亞、紐西蘭）
自由貿易協定
亞太經濟合作會議（APEC）成員
太平洋島國論壇（PIF）成員國
最大經濟夥伴
強化雙邊關係
強化經濟合作夥伴關係與自貿協定
亞洲基礎設施投資銀行（AIIB）成員
主要貿易夥伴（2022）
進口占總數的百分比
出口占總數的百分比
資料來源：聯合國貿易統計資料庫，2023
戰略夥伴
澳英美聯盟（AUKUS）：特殊防衛夥伴關係與軍事同盟
主要課題：印太地區
五眼聯盟：電子情報訊息交換合作體系
五國聯防（FPDA）：1971年簽訂之防衛合作協議
北約：優先合作夥伴
譴責俄羅斯對烏克蘭之侵略
對中關係：日益緊張
第26屆氣候變遷大會（COP26）：澳洲作為全球煤炭的第四大生產國與第二大出口國，對氣候變遷議題所做之承諾有限

從以色列角度看世界

西元 1-2 世紀期間，猶太人遭受羅馬帝國迫害被迫流散各地。針對猶太族群的迫害行動，在其後的幾個世紀中仍多次發生。在西班牙，信奉天主教的女王伊莎貝拉一世於 1492 年下令將猶太人逐出境；而在法國，猶太人的權利直到 1789 年法國大革命後才獲得共和政府的承認。19 世紀時，猶太人在俄羅斯帝國受到的歧視尤為嚴重，俄國境內更多次爆發「反猶騷亂」（Pogrom）。在歐洲其他國家，猶太人也屢屢成為反猶主義暴力活動下的犧牲品。

為了反抗種族主義勢力，赫茨爾（Theodor Herzl）於 1896 年出版了《猶太國》（*The Jewish State*）。該書中所提倡的「錫安主義」（Zionism，又稱「猶太復國主義」）精神，主張世界應承認猶太民族存在的事實，其思想與 19 世紀歐洲各國盛行的國族主義運動一脈相承，並以建立一個庇護猶太人並免受迫害的國家為目標。1917 年，在「給沒有國家的人民一個沒有人民的國家」這句口號下，英國外交大臣貝爾福勳爵（Lord Arthur Balfour）表態贊成在巴勒斯坦建立一個猶太人居住地，然而這卻和英國原先承諾支持阿拉伯人脫離鄂圖曼帝國建立獨立民族國家的約定互相矛盾。實際上，這世界上即使有「沒有國家的人民」，也不存在著「沒有人民的國家」。

在兩次世界大戰之間，歐洲的反猶太主義愈見高漲，許多猶太人移民至巴勒斯坦，也使當地的社會氛圍更為緊張。二戰結束後，由於納粹對猶太人實施的種族滅絕行動引發各方同情，使過去曾經提出的「建立一個猶太人國家」的倡議再次浮上檯面。於是，當時約僅有 50 個左右會員國的聯合國，提出了將英國託管的巴勒斯坦地區分割給猶太人（55%）與巴勒斯坦阿拉伯人（45%）的方案。然而，鄰近的各阿拉伯國家拒絕了這個解決方案，並發動了第一次以阿戰爭。戰爭最後是以阿拉伯諸國戰敗收場，新生的以色列自此則掌控了巴勒斯坦託管地 78% 的土地。

儘管以色列不被周遭的阿拉伯國家承認，但在種族滅絕的記憶猶新、各國反猶太主義傳統仍未消亡的狀況下，許多猶太人仍舊認為以色列是一個可供避難的國度。長期遭到迫害的歷史經驗，讓以色列一直都對國家的存在遭到威脅這件事保持高度警覺。

在 1967 年的六日戰爭中，以色列占領了剩下的 22% 巴勒斯坦領土以及東耶路撒冷。這塊區域，本應是日後巴勒斯坦建國時的核心領土範圍。法國總統戴高樂因此譴責了以色列這次的侵略行動，這使法國和以色列之間的戰略聯盟關係決裂，以色列於是轉而與美國建立同盟關係。

以色列人認為自己的國家乃是中東地區的西方式民主國家，也是西方勢力在東西方競爭格局當中的前哨站。冷戰結束後，以美兩國之間仍維持著穩固的聯盟關係。自 2001 年美國展開「反恐作戰」之後，雙邊關係又更加親密。

雖然擁有足以保衛領土的核武、壓倒性的軍力優勢、戰略上的保障、來自美國的各種援助以及阿拉伯國家多次的和平倡議——即使有這麼多令人安心的條件，以色列依舊生活在國族滅亡的憂懼之中。

在今日的以色列，支持與巴勒斯坦磋商和平解決方案的人已經淪為極端少數。由於川普擔任美國總統期間對以色列大力支持（將美國大使館遷至耶路薩冷，並承認以國對東耶路薩冷的兼併行為）、沙烏地阿拉伯與阿拉伯聯合大公國在面對伊朗威脅下的關係急速升溫、透過亞伯拉罕協議達成的外交勝利，以及國際上並未對其施加壓力等原因，以色列並沒有在政策綠線上做出改變的跡象。加以拜登繼任總統後，並未推翻川普政府所做的外交決定，此一區域的情勢就更無改變的機會。以色列與巴勒斯坦各自建立國家的解決方案，目前看來並無實現的可能性。

2023 年，以色列組成了該國歷史上最為右傾的政府，仇恨與暴力的循環將日趨激烈化。

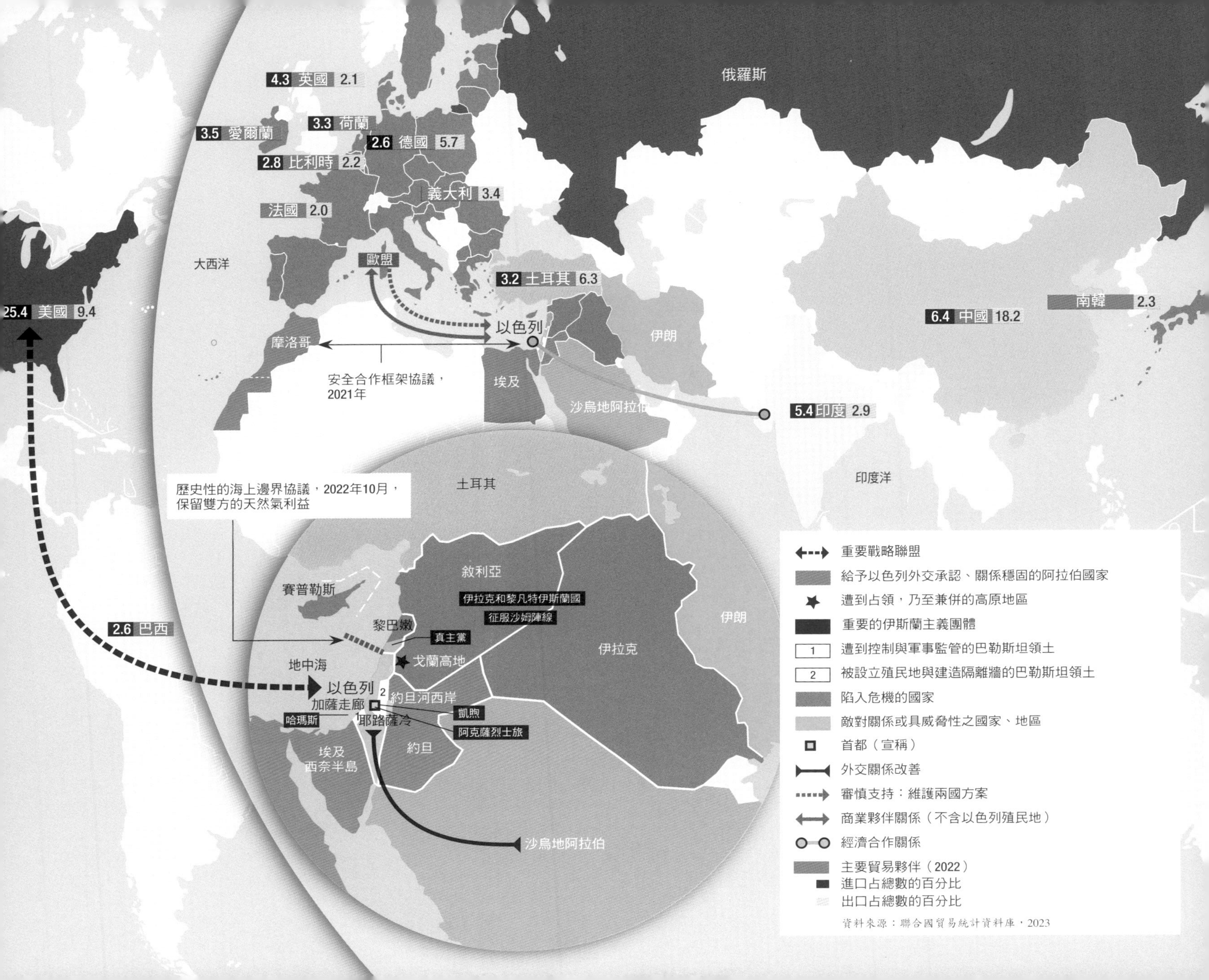
俄羅斯
4.3 英國 2.1
3.5 愛爾蘭
3.3 荷蘭
2.6 德國 5.7
2.8 比利時 2.2
義大利 3.4
法國 2.0
大西洋
歐盟
3.2 土耳其 6.3
25.4 美國 9.4
以色列
摩洛哥
伊朗
6.4 中國 18.2
南韓 2.3
安全合作框架協議，2021年
埃及
沙烏地阿拉伯
5.4 印度 2.9
印度洋
歷史性的海上邊界協議，2022年10月，保留雙方的天然氣利益
土耳其
敘利亞
伊拉克和黎凡特伊斯蘭國
征服沙姆陣線
賽普勒斯
黎巴嫩
真主黨
伊朗
伊拉克
2.6 巴西
戈蘭高地
地中海
以色列
約旦河西岸
加薩走廊
哈瑪斯
耶路薩冷
凱煦
阿克薩烈士旅
約旦
埃及 西奈半島
沙烏地阿拉伯
重要戰略聯盟
給予以色列外交承認、關係穩固的阿拉伯國家
遭到占領，乃至兼併的高原地區
重要的伊斯蘭主義團體
遭到控制與軍事監管的巴勒斯坦領土
被設立殖民地與建造隔離牆的巴勒斯坦領土
陷入危機的國家
敵對關係或具威脅性之國家、地區
首都（宣稱）
外交關係改善
審慎支持：維護兩國方案
商業夥伴關係（不含以色列殖民地）
經濟合作關係
主要貿易夥伴（2022）
進口占總數的百分比
出口占總數的百分比
資料來源：聯合國貿易統計資料庫，2023

從阿拉伯世界角度看世界

發源自 7 世紀，至 8 世紀時勢力已橫跨三大洲的阿拉伯文明，在中世紀時，比起競爭對手基督教文明要來得更活躍、更具影響力。據信，當時世界上只有中國文明能夠與阿拉伯文明匹敵。

然而，在 15 世紀時，阿拉伯人被趕出了歐洲。到了 16 世紀，中東地區則落入鄂圖曼帝國的統治。阿拉伯人雖仍保有部分自治權，但是此後的 400 年均生活在鄂圖曼人的支配之下。

19 至 20 世紀間，法國、英國和義大利殖民北非。在第一次世界大戰中，由於鄂圖曼帝國加入德國為首的同盟國一方，因此大部分的阿拉伯人便選擇向協約國靠攏，以謀求在戰後可以獲得獨立。但這樣的期盼並未隨著戰爭的勝利而實現。一戰後，根據賽克斯—皮科協定（Sykes-Picot Agreement），法國和英國瓜分了原本鄂圖曼帝國轄下的中東地區，並各自建立其「保護國」，形同在當地劃分勢力範圍。其後英國又於 1917 年發布《貝爾福宣言》，在巴勒斯坦地區為設立猶太人的「民族家園」鋪路。因此。阿拉伯地區可說是從鄂圖曼帝國的手中轉而落入歐洲勢力的掌控。這不但讓阿拉伯人覺得遭到背叛，更感到被羞辱。

第二次世界大戰後，以色列的成立給阿拉伯世界帶來新的衝擊，同時也讓阿拉伯人產生一種歐洲人將其戰爭罪行必須付出的代價轉嫁到自己身上的感受。接著，由於在對抗以色列建國的第一次以阿戰爭中落敗（1948-1949 年），阿拉伯世界的人們再次有了被羞辱的感受。自此，泛阿拉伯主義運動中也開始加入反西方或反以色列的修辭。

1956 年，埃及總統納瑟（Gamal Abdel Nasser）宣布將蘇伊士運河國有化後，引發法國和英國出兵中東。但英法軍隊在美國的強硬要求下被迫撤退。此一過程被阿拉伯世界認為是對西方世界的一次成功報復。然而，在 1967 年的六日戰爭中，阿拉伯軍隊於戰場上迅速潰敗，讓阿拉伯民族主義開始走向衰微。在此局面下，面對社會與身分的認同危機，以及對那些與美國妥協的菁英階級的嚴詞譴責，伊斯蘭基本教義派運動開始在這個基礎上逐步發展。

直到今天為止，該地區大部分的人民所追求的仍是阿拉伯國家的統合，而非所有穆斯林的統一。由於阿拉伯世界內部激烈的競爭與敵對關係，該地區在政治上呈現極為分裂的情況。除此之外，此區域還存在著另外一個矛盾——因為美國對於以色列（以及其對巴勒斯坦領土的占領及殖民政策）提供政治、軍事與財政方面的援助，更是伊拉克戰爭的發動國，因此阿拉伯社會普遍瀰漫著反美的氛圍；但阿拉伯各國，卻又幾乎都與美國簽訂安全保障條約。

整體而言，持續不斷的以巴衝突與巴勒斯坦遲遲未能建國一事，雖然經常遭到阿拉伯世界各方輿論的抨擊，但該區域各國的政府對此卻未必有劇烈的反應—— 2020 年，阿拉伯聯合大公國、巴林、蘇丹與摩洛哥等國相繼承認以色列的地位，並與其建立外交關係。但這樣的政策轉向，一方面有可能被某些政權用來當作轉移人們對於該國內部民主失敗、社會問題叢生的注意力的煙幕彈，另一方面也有可能被伊斯蘭主義者當作煽動社會憤怒情緒、製造紛爭的工具。而伊拉克戰爭，則更加深了阿拉伯世界的沮喪情緒與極端化傾向。

經過多年的經驗已經證明，想要透過所謂的「民主外送」方式，由外界將民主制度強加於阿拉伯世界的作法，若非難以達成，也至少是極具風險的行動。今日的阿拉伯世界，已經陷入了更嚴重的分裂與衰弱之中。

此外，一度風起雲湧的「阿拉伯之春」運動，整體而言迎來的是快速的失敗，甚至是災難性的結果——伊拉克、敘利亞、利比亞、葉門、埃及等國暴力橫行，國力大幅衰退。而突尼西亞也正面臨威權主義復辟的情境。

阿拉伯國家在戰略上的衰退會是長期的還是一時的？在伊斯蘭主義日趨激烈化的條件下，公民社會能夠再次取得優勢嗎？獨裁體制是否會再次遍地開花？這些都是當代阿拉伯世界面對的重大挑戰。

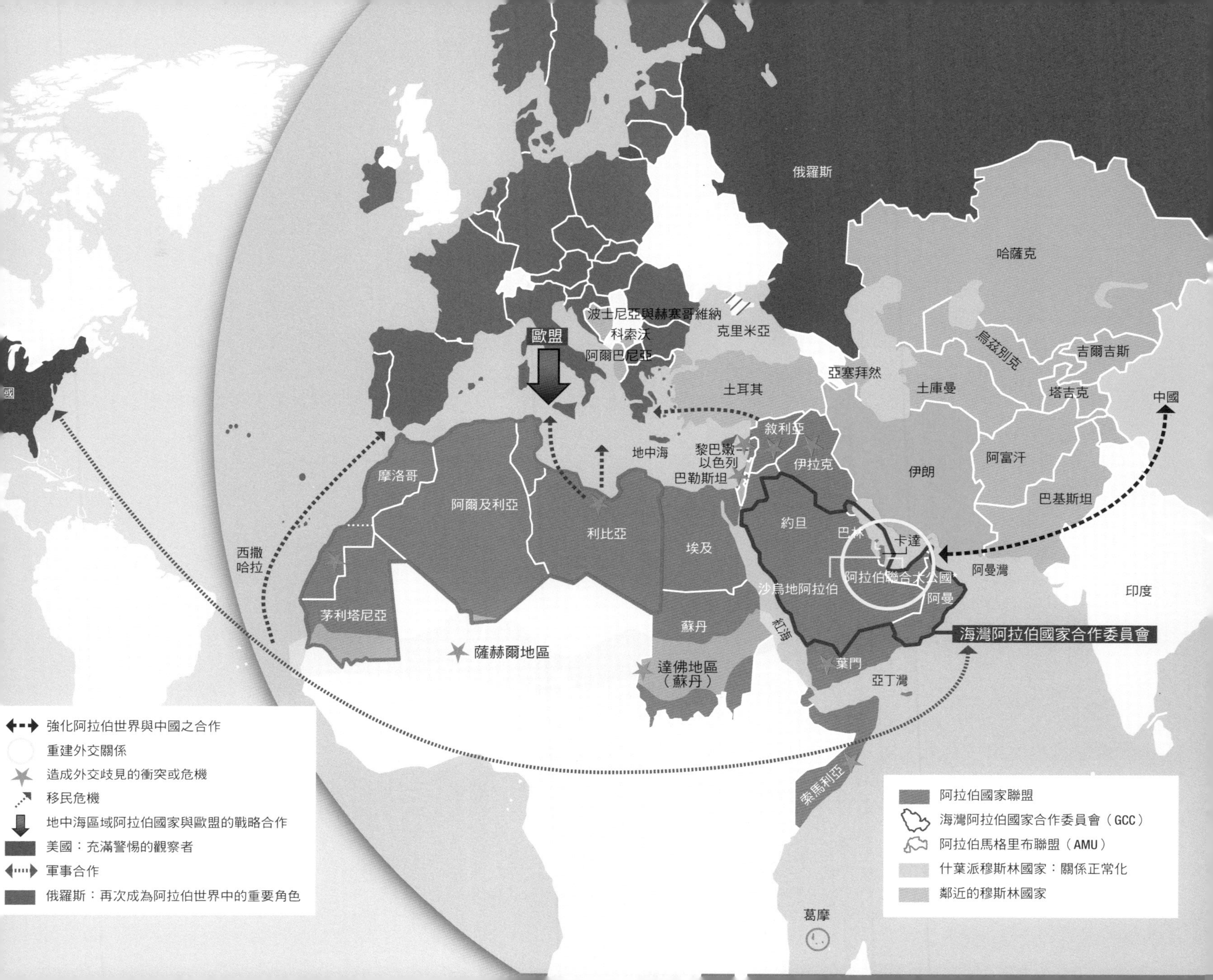

俄羅斯
哈薩克
烏茲別克
吉爾吉斯
塔吉克
土庫曼
中國
阿富汗
巴基斯坦
伊朗
印度
阿曼灣
亞塞拜然
土耳其
克里米亞
波士尼亞與赫塞哥維納
科索沃
阿爾巴尼亞
歐盟
敘利亞
伊拉克
黎巴嫩
以色列
巴勒斯坦
地中海
約旦
巴林
卡達
阿拉伯聯合大公國
沙烏地阿拉伯
阿曼
海灣阿拉伯國家合作委員會
紅海
葉門
亞丁灣
索馬利亞
葛摩
摩洛哥
阿爾及利亞
利比亞
埃及
蘇丹
達佛地區（蘇丹）
薩赫爾地區
西撒哈拉
茅利塔尼亞
國
強化阿拉伯世界與中國之合作
重建外交關係
造成外交歧見的衝突或危機
移民危機
地中海區域阿拉伯國家與歐盟的戰略合作
美國：充滿警惕的觀察者
軍事合作
俄羅斯：再次成為阿拉伯世界中的重要角色
阿拉伯國家聯盟
海灣阿拉伯國家合作委員會（GCC）
阿拉伯馬格里布聯盟（AMU）
什葉派穆斯林國家：關係正常化
鄰近的穆斯林國家

從馬格里布角度看世界

馬格里布一詞來自阿拉伯語的「Al-Maghrib」，亦即「日落之處」或「西方」。北非在 7 世紀被阿拉伯人占領後，於 16 世紀時被鄂圖曼土耳其帝國吞併（摩洛哥除外），之後則成為法國的殖民地（阿爾及利亞於 1830 年、突尼西亞於 1880 年，而摩洛哥則於 1912 年）。在 1956 至 1962 年間，馬格里布三國紛紛獲得獨立，並加入阿拉伯國家聯盟。

由於同屬柏柏語（berber）仍十分活躍並有大量使用人口的國家，馬格里布三國之間存在著共通而強大的阿拉伯—穆斯林身分認同，但這三個國家在獨立後，於內政、外交等各方面的發展卻顯得大相徑庭。雖然有「阿拉伯馬格里布聯盟」的建立，該組織卻並未成為成員國制定共同政策的平臺。

獨立後，阿爾及利亞採取進步主義、第三世界主義的路線，摩洛哥則建立了親西方的君主政體。然而，由於阿爾及利亞對於否認摩洛哥在撒哈拉地區主權的西撒哈拉人民解放陣線（Polisario Front）給予支持，兩國之間的關係目前仍處於僵局，國境也依然關閉。至於突尼西亞，在布吉巴（Habib Bourguiba）以及班．阿里（Zine El Abidine Ben Ali）兩任總統的帶領下，有較為穩定的發展。

在馬格里布三國的區域內貿易，僅占其國內生產毛額（GDP）的 3%。與此相較，其與歐盟間的貿易占 60%、東南亞國協（ASEAN）占 22%、南方共同市場（MERCOSUR）則占 20%。整體而言，在獨立後的半世紀以來，馬格里布各國在經濟、人力的交流上都是以歐洲為主要對象。

即便如此，三國在外交上卻採取不同的政策。原本跟蘇聯維持著長久良好關係的阿爾及利亞，在反恐行動的框架下中開始與布希執政的美國建立了親密的交情；摩洛哥和法國、美國均有長期的戰略夥伴關係，但其於 2020 年給予以色列外交承認的舉動，則加深了和阿爾及利亞的緊張關係。至今摩洛哥與阿爾及利亞兩國仍然彼此敵對，特別是在西撒哈拉問題上充滿摩擦。但共同的是，該地區人民對於巴勒斯坦問題十分敏感，並且譴責美國和以色列站在同一陣線的立場，其政府則採取了與此種觀點迥異的「大西洋主義」（Atlanticism）姿態。

透過對「阿拉伯之春」運動的觀察可以理解到，國際關係的大框架仍是由國家層級的事件與行動所決定。突尼西亞在歷經種種動盪之後，雖然靠著公民社會的力量逐步朝向民主化發展，但近來則面臨了威權主義死灰復燃的危機。在摩洛哥，擁有穩固地位的國王，已經接受了人民對民主化的部分要求。阿爾及利亞人民對 1990 年代內戰的創傷記憶，以及在該國政府的有力控制，壓抑了人民對改變的渴望。但在 2019 年，連任四屆總統的包特夫里卡（Abdelaziz Bouteflika）在健康情形堪慮的狀況下，其親信仍使其出面競選連任。這不但引發阿爾及利亞社會的大規模反對，後更演變為一場反政府的和平抗爭運動，並導致包特夫里卡的辭職下臺。隨後，在 2019 年 12 月 9 日的大選中，塔布納（Abdelmadjid Tebboune）於投票率不高的情況下勝選，成為新任阿爾及利亞總統。

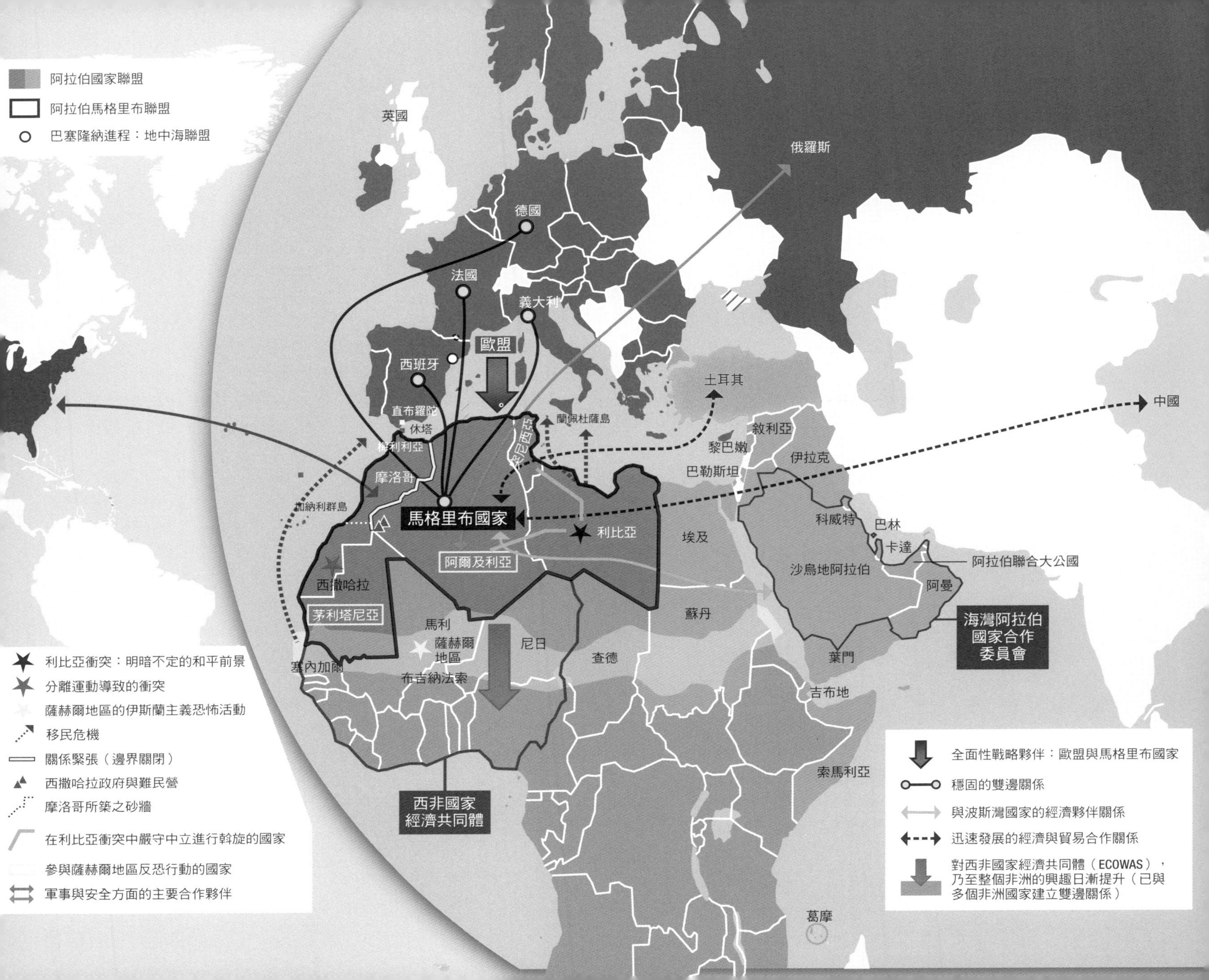
阿拉伯國家聯盟
阿拉伯馬格里布聯盟
巴塞隆納進程：地中海聯盟
英國
俄羅斯
德國
法國
義大利
歐盟
西班牙
土耳其
中國
直布羅陀
休塔
梅利利亞
蘭佩杜薩島
突尼西亞
敘利亞
黎巴嫩
伊拉克
巴勒斯坦
摩洛哥
加納利群島
馬格里布國家
利比亞
埃及
科威特
巴林
卡達
阿拉伯聯合大公國
沙烏地阿拉伯
阿曼
阿爾及利亞
西撒哈拉
茅利塔尼亞
馬利
薩赫爾地區
尼日
查德
蘇丹
葉門
海灣阿拉伯國家合作委員會
塞內加爾
布吉納法索
吉布地
索馬利亞
西非國家經濟共同體
葛摩
利比亞衝突：明暗不定的和平前景
分離運動導致的衝突
薩赫爾地區的伊斯蘭主義恐怖活動
移民危機
關係緊張（邊界關閉）
西撒哈拉政府與難民營
摩洛哥所築之砂牆
在利比亞衝突中嚴守中立進行斡旋的國家
參與薩赫爾地區反恐行動的國家
軍事與安全方面的主要合作夥伴
全面性戰略夥伴：歐盟與馬格里布國家
穩固的雙邊關係
與波斯灣國家的經濟夥伴關係
迅速發展的經濟與貿易合作關係
對西非國家經濟共同體（ECOWAS），乃至整個非洲的興趣日漸提升（已與多個非洲國家建立雙邊關係）

從伊朗角度看世界

伊朗人的記憶一直徘徊於往昔波斯帝國的繁盛強大、外國勢力的虎視眈眈，與周遭環境的危機四伏之間，這樣的歷史背景，導致了極端民族主義的興起，而激進的伊斯蘭主義也從中吸取養分而日漸茁壯。伊朗固然對世界充滿畏懼，但世界也同樣害怕伊朗。

自 16 世紀以來，伊斯蘭教的什葉派（Shia Islam）就一直是波斯帝國境內的主力教派，並且和以遜尼派（Sunni Islam）為主的鄂圖曼帝國互相對立。從 19 世紀至 20 世紀上半葉，伊朗因俄羅斯與英國的帝國主義擴張而備感壓力。1951 年成功完成石油國有化的首相摩薩臺（Mohammad Mosaddegh）一度建立起伊朗的民主政權，但其政府在 1953 年一場背後由美方支持的武裝政變中被推翻。之後，華盛頓扶植的伊朗「沙阿」（Shah，為波斯語中的君主頭銜）一方面推行現代化政策，同時也在國內實行高壓統治。當時，美國計畫將沙阿治下的伊朗培植成「波斯灣的憲兵」。

1979 年，伊朗王權遭到國內發生的宗教、社會革命推翻，改由具備「大阿亞圖拉」（Ayatollah）頭銜的宗教領袖何梅尼（Ruhollah Khomeini）掌權。在波斯灣地區有部分國家境內居住著大量的什葉派信徒，因此伊朗的革命也讓伊斯蘭國家憂心伊朗的政治、宗教情勢會產生外溢效應，並對自身國家造成影響。革命後的伊朗，採取反美路線（稱美國為「大撒旦」），更無視國際公約，挾持位於德黑蘭的美國使館中的外交官員與平民做為人質以要挾美國。這也使得美國與伊朗之間的外交、軍事、貿易往來完全斷絕。

1980 年，海珊（Saddam Hussein）執政下的伊拉克抱著能夠快速取勝的幻想，對伊朗發動了攻擊。即使伊拉克擁有部分西方與阿拉伯國家的奧援，也對伊朗動用了化學武器，但這場持續了 8 年，造成約 100 萬人死亡的戰爭，最後仍在戰況陷入膠著、雙方皆無法取勝的狀態下宣告終結。

伊朗在 1990 至 1991 年的波斯灣戰爭中雖保持中立，但也沒有就此與美國達成和解。伊朗一直有很強烈的孤立感，認為自身面臨著多種形式的威脅，且處於遭到敵國（包括阿拉伯國家、塔利班的阿富汗、以色列、巴基斯坦、土耳其和美國）四面包圍的狀態。美國布希總統在 2002 年 1 月點名的「邪惡軸心」當中，除了伊拉克、北韓外，亦包括伊朗，此舉更加深了伊朗的危機意識。至於伊拉克戰爭的開打，雖然讓大批美軍隨之進駐伊朗邊境，然而同時也削弱了其敵手伊拉克的力量。

此後，由於伊朗總統阿赫瑪迪內賈德（Mahmoud Ahmadinejad）對以色列採取更強硬的政策，加以各國懷疑伊朗正祕密發展核武，全世界對於伊朗的行動愈發感到不安，尤以西方各國和鄰近的阿拉伯國家為甚。2013 年，溫和派的羅哈尼（Hassan Rouhani）當選總統，並與德國和五個聯合國安理會常任理事國（5+1 集團）展開新一輪談判，共商伊朗核問題的解決方案，並希望各國解除對伊朗的制裁、讓伊朗重返國際社會。伊朗社會正渴望改變。雖然談判過程中遭遇許多困難，但各方仍在 2015 年 7 月達成了協議。

然而在不久後，美國總統川普於 2018 年宣布退出該協議，同時再次對伊朗實施經濟封鎖，甚至威脅將制裁持續與伊朗進行貿易的國家。此一政策的主要目的在於藉此讓伊朗的溫和派政府信譽破產、遭到社會抵制，從而顛覆其政權。2021 年，伊朗再次由鷹派執政。次年，伊朗人民（特別是女性群體）在政治高壓、經濟不穩的局勢下發動了對政府的反抗運動。然而，當政權本身的存續面臨危機時，其應對方式往往只會是更為嚴酷的鎮壓。

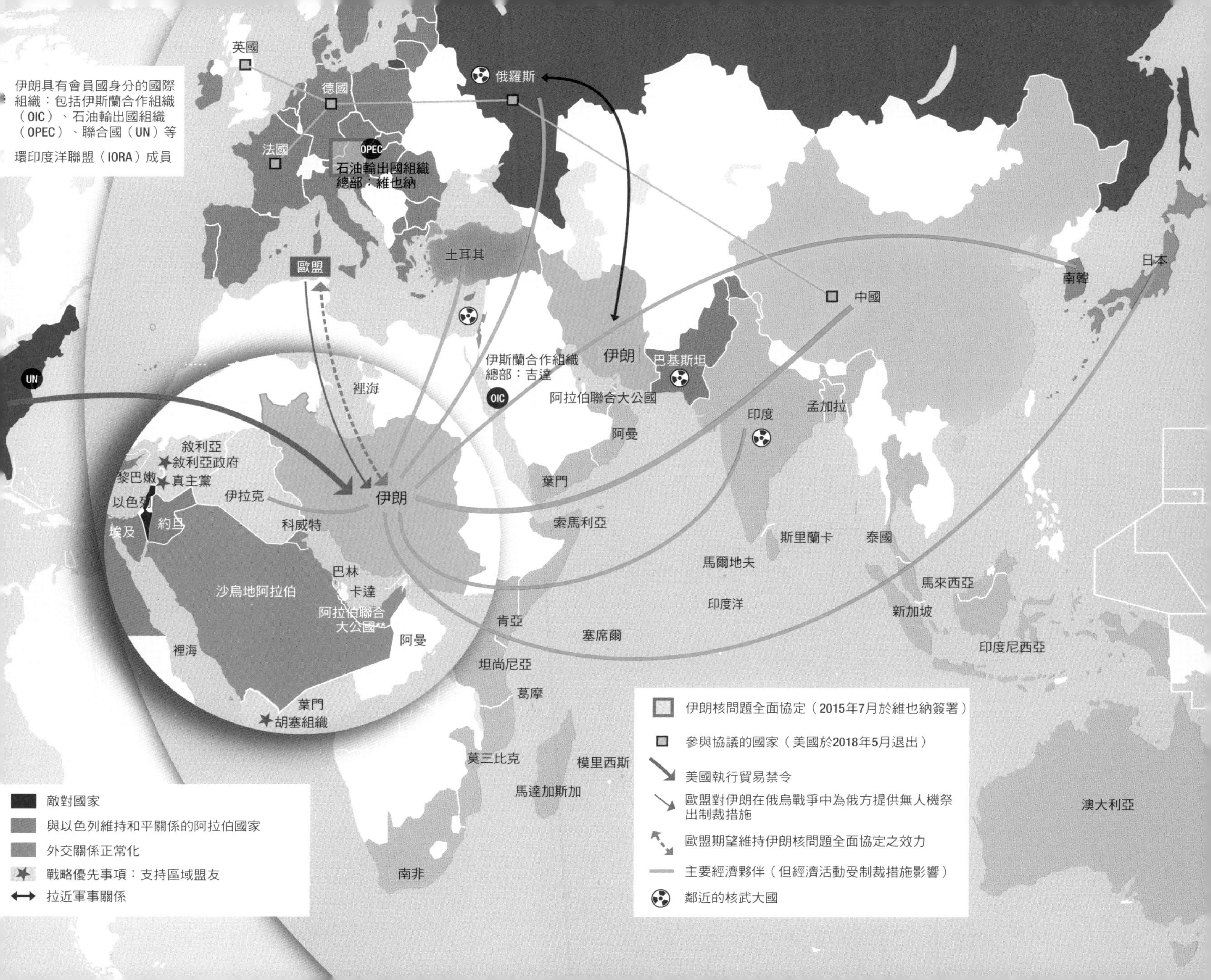
伊朗具有會員國身分的國際組織：包括伊斯蘭合作組織（OIC）、石油輸出國組織（OPEC）、聯合國（UN）等
環印度洋聯盟（IORA）成員
英國
德國
法國
俄羅斯
OPEC
石油輸出國組織
總部：維也納
歐盟
土耳其
UN
裡海
伊斯蘭合作組織
總部：吉達
OIC
伊朗
巴基斯坦
阿拉伯聯合大公國
阿曼
中國
南韓
日本
孟加拉
印度
敘利亞
敘利亞政府
黎巴嫩
真主黨
以色列
伊拉克
約旦
埃及
科威特
葉門
索馬利亞
斯里蘭卡
泰國
馬爾地夫
馬來西亞
巴林
卡達
沙烏地阿拉伯
阿拉伯聯合大公國**
印度洋
新加坡
肯亞
塞席爾
阿曼
裡海
印度尼西亞
坦尚尼亞
葛摩
葉門
胡塞組織
莫三比克
模里西斯
馬達加斯加
南非
澳大利亞
伊朗核問題全面協定（2015年7月於維也納簽署）
參與協議的國家（美國於2018年5月退出）
美國執行貿易禁令
歐盟對伊朗在俄烏戰爭中為俄方提供無人機祭出制裁措施
歐盟期望維持伊朗核問題全面協定之效力
主要經濟夥伴（但經濟活動受制裁措施影響）
鄰近的核武大國
敵對國家
與以色列維持和平關係的阿拉伯國家
外交關係正常化
戰略優先事項：支持區域盟友
拉近軍事關係

從非洲國家角度看世界

對許多西方國家而言，非洲是一片充滿著悲劇（如索馬利亞、達佛、盧安達、剛果民主共和國等地的衝突）、流行病（瘧疾、愛滋病、伊波拉病毒）、軍事政變、選舉舞弊、饑荒問題與恐怖主義（如薩赫爾地區）的大陸。

出於對過往歷史的愧疚與慷慨的互助精神，歐洲國家認為其有義務同情非洲的處境，並藉由政府開發援助（Official Development Assistance, ODA）與非政府組織等管道對其提供援助。

然而，在非洲地區，已經至少有一部分的國家不再抱持此種看法。自21世紀初以來，即使有一些「失敗國家」(Failed state）的存在，但非洲的整體年經濟成長率達到了5%。「非洲樂觀論」可說已經取代了「非洲悲觀論」。非洲經濟得以有如此的發展，主因是全世界對原物料需求的快速成長拉抬了其價格水準。此外，非洲國家普遍也認為自身不需再被侷限於其與殖民時代宗主國之間的關係框架內（不論是英國、法國、比利時或葡萄牙），能夠更直接地與世界各國進行交流往來。

對於一些特別貧困的所謂「最低度開發國家」(Least developed countries）而言，其當務之急仍是持續向國際尋求協助（如ODA與債務減免）。這些國家對於諸如「國際共同體」、多邊組織、歐盟（非洲的主要援助者）和聯合國的體系抱有很大的期待，畢竟這是他們少數能夠體現自身國家影響力的場域。但與此同時，他們也抗議西方世界以及其主導的國際組織，在對非洲國家提供援助時開始伴隨著日益嚴格的經濟、政治要求或條件。

基於上述背景，當中國對非洲原物料表現出高度興趣，日本、巴西、土耳其、阿拉伯聯合大公國等也開始關注非洲，美國的關注目光再次移回這片大陸，或是俄羅斯決定在此重新插旗，這些國際動向都獲得非洲國家的熱烈歡迎。今日的非洲，已在全球化浪潮中站穩腳步，並成為各方關注的焦點之一。大多數的非洲國家都希望在不放棄各種支援政策的好處、維持與歐洲各國舊有關係的前提下融入全球市場經濟體系。他們不願受到歐洲國家嚴格的政治條件與要求所限制，但也希望可以保有讓最積極、有活力的非洲年輕世代前往歐洲尋求機會與運氣的可能性。

承襲了非洲統一組織（Organization of African Unity, OAU）任務的非洲聯盟（African Union, AU），便是正試圖協調上述矛盾願望的一個國際政治框架，該組織也已提出了組建共同市場的計畫。一般認為，非洲將是今後人口增長最快速的大陸，而這也可能會對其發展構成阻礙。這一障礙來自於經濟成長現象中的不均值、不平等現象，但這也是經濟成長初期常見的狀況。即使如此，非洲潛在的可能性還是愈來愈受矚目，而這個優勢可能也會是一把雙面刃。非洲是一片廣袤而複雜的大陸，各地發展必然會有極大落差。此外，目前的非洲經濟對於原物料出口的依賴仍然太深，為其隱憂之所在。在對外事務上，非洲國家正努力跳脫過往與西方國家間的連結所帶來的限制，並積極發展多樣化的關係。

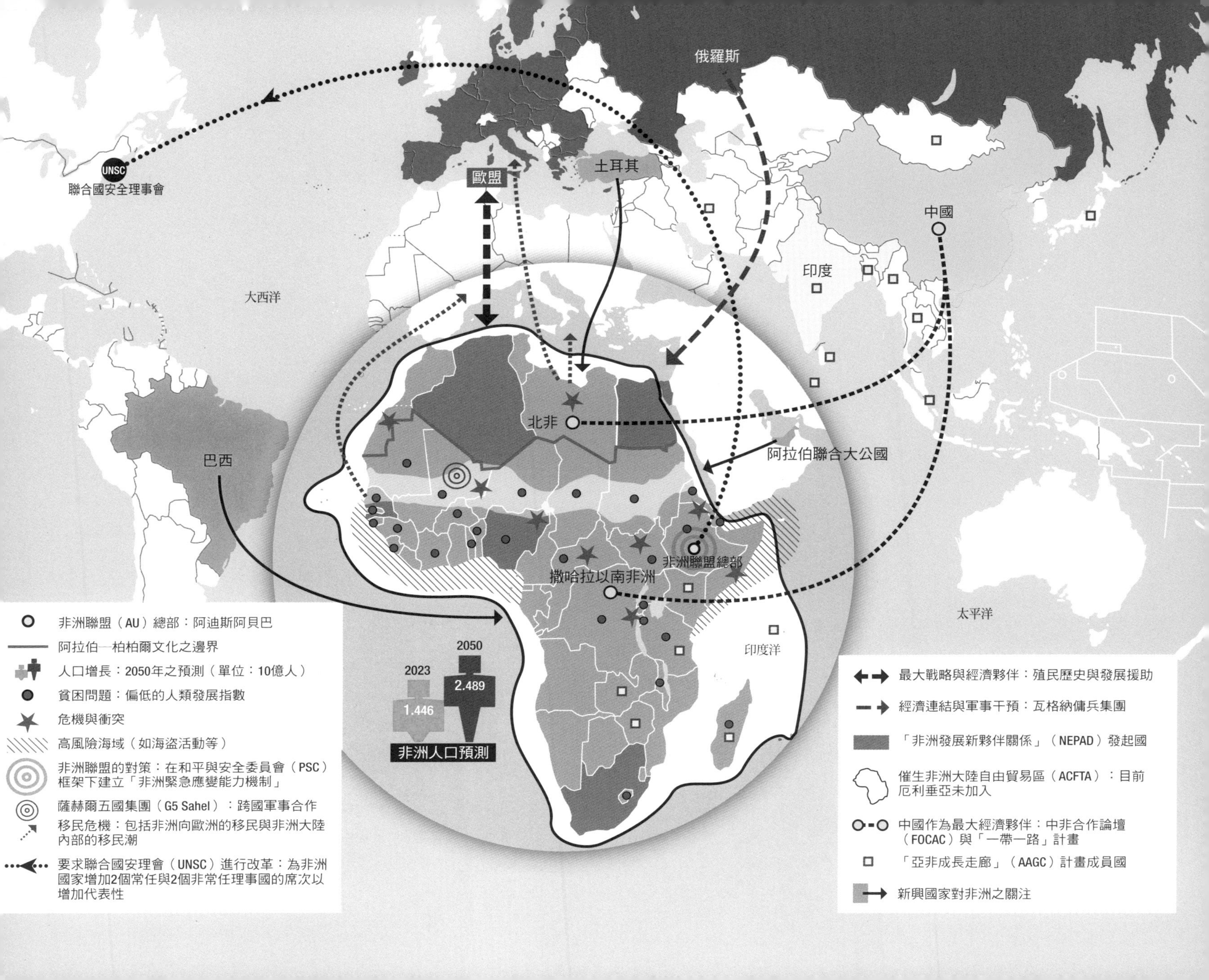

聯合國安全理事會
UNSC
俄羅斯
歐盟
土耳其
中國
印度
大西洋
巴西
北非
阿拉伯聯合大公國
非洲聯盟總部
撒哈拉以南非洲
太平洋
印度洋
2023
1.446
2050
2.489
非洲人口預測
非洲聯盟（AU）總部：阿迪斯阿貝巴
阿拉伯—柏柏爾文化之邊界
人口增長：2050年之預測（單位：10億人）
貧困問題：偏低的人類發展指數
危機與衝突
高風險海域（如海盜活動等）
非洲聯盟的對策：在和平與安全委員會（PSC）框架下建立「非洲緊急應變能力機制」
薩赫爾五國集團（G5 Sahel）：跨國軍事合作
移民危機：包括非洲向歐洲的移民與非洲大陸內部的移民潮
要求聯合國安理會（UNSC）進行改革：為非洲國家增加2個常任與2個非常任理事國的席次以增加代表性
最大戰略與經濟夥伴：殖民歷史與發展援助
經濟連結與軍事干預：瓦格納傭兵集團
「非洲發展新夥伴關係」（NEPAD）發起國
催生非洲大陸自由貿易區（ACFTA）：目前厄利垂亞未加入
中國作為最大經濟夥伴：中非合作論壇（FOCAC）與「一帶一路」計畫
「亞非成長走廊」（AAGC）計畫成員國
新興國家對非洲之關注

迦太基
地中海
馬林蘇丹國
古埃及
古實（麥羅埃）
王國
塔克魯爾王國
迦納帝國
沃洛夫帝國
馬利帝國
桑海帝國
加奈姆－
博努爾帝國
達佛王國
阿克蘇姆王國
豐吉蘇丹國
衣索比亞帝國
約魯巴諸國
巴吉爾米王國
阿散蒂王國
科羅羅法聯邦
卡法王國
基塔拉帝國
盧安達王國
大西洋
印度洋
庫巴聯邦
剛果王國
隆達王國
盧巴王國
恩戈尼
王國
洛齊王國
基爾瓦蘇丹國
韋姆尼・馬塔帕王國
伊默里納王國
祖魯王國
非洲歷史上的主要
王國或帝國

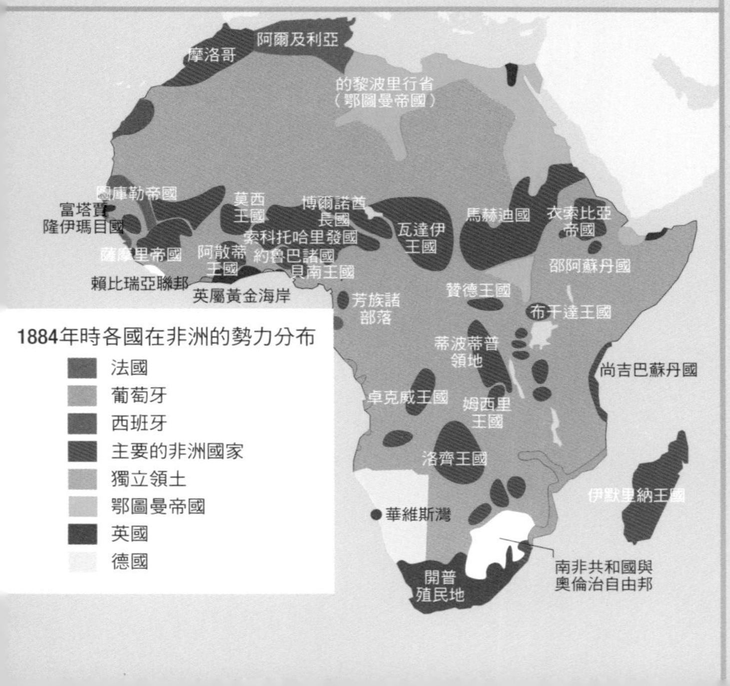
阿爾及利亞
摩洛哥
的黎波里行省
（鄂圖曼帝國）
富塔賈
隆伊瑪目國
莫西
王國
博爾諾首
長國
瓦達伊
王國
馬赫迪國
衣索比亞
帝國
索科托哈里發國
薩摩里帝國
阿散蒂
王國
約魯巴諸國
貝南王國
邵阿蘇丹國
賴比瑞亞聯邦
英屬黃金海岸
芳族諸
部落
贊德王國
布干達王國
蒂波蒂普
領地
尚吉巴蘇丹國
卓克威王國
姆西里
王國
洛齊王國
伊默里納王國
華維斯灣
開普
殖民地
南非共和國與
奧倫治自由邦
1884年時各國在非洲的勢力分布
法國
葡萄牙
西班牙
主要的非洲國家
獨立領土
鄂圖曼帝國
英國
德國

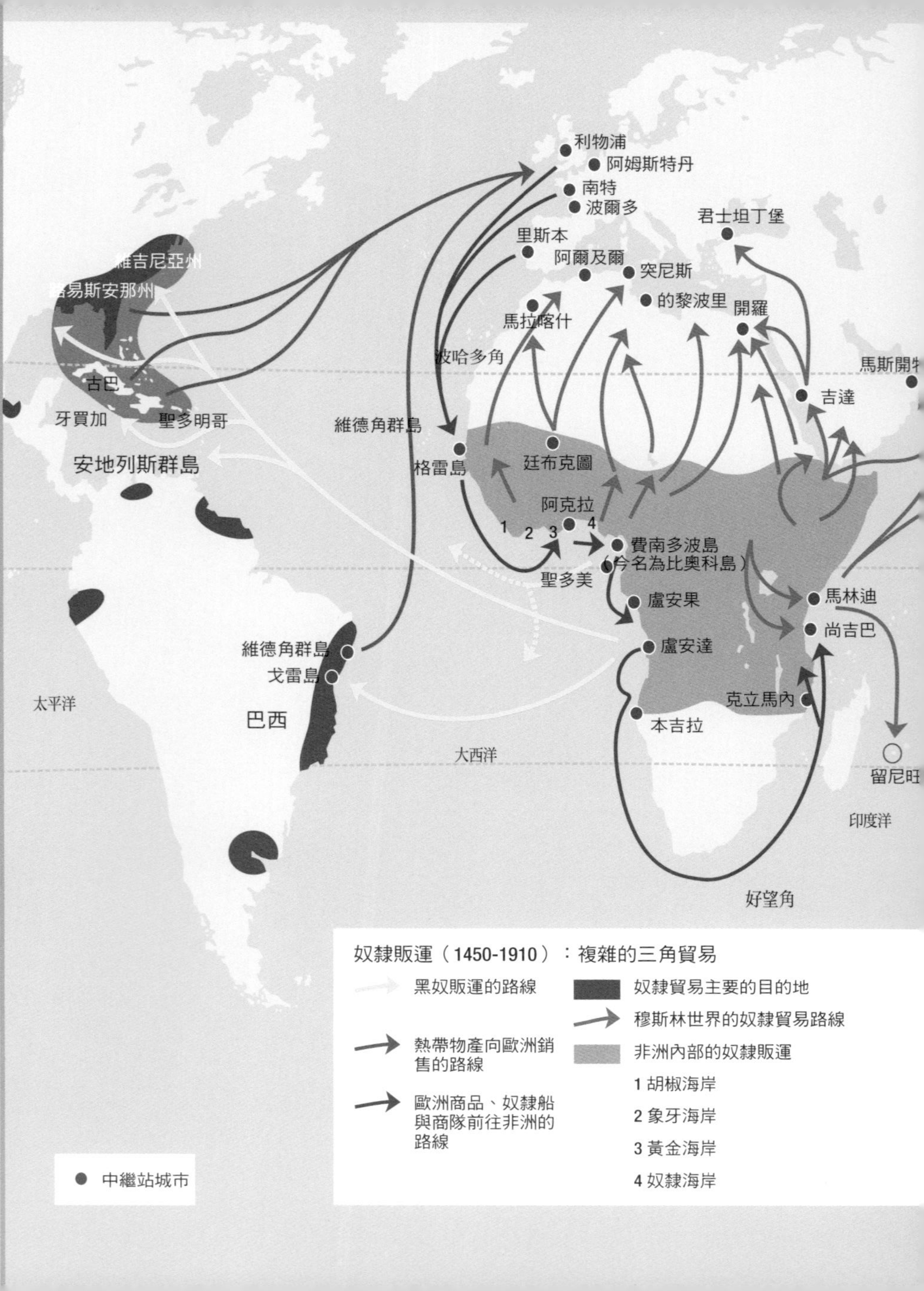
利物浦
阿姆斯特丹
南特
波爾多
君士坦丁堡
里斯本
阿爾及爾
突尼斯
維吉尼亞州
路易斯安那州
的黎波里
開羅
馬拉喀什
波哈多角
吉達
馬斯開特
古巴
牙買加
聖多明哥
維德角群島
格雷島
廷布克圖
安地列斯群島
阿克拉
1
2
3
4
費南多波島
（今名為比奧科島）
聖多美
馬林迪
盧安果
尚吉巴
盧安達
維德角群島
戈雷島
太平洋
巴西
克立馬內
本吉拉
大西洋
留尼旺
印度洋
好望角
奴隸販運（1450-1910）：複雜的三角貿易
黑奴販運的路線
奴隸貿易主要的目的地
穆斯林世界的奴隸貿易路線
熱帶物產向歐洲銷
售的路線
非洲內部的奴隸販運
1 胡椒海岸
2 象牙海岸
3 黃金海岸
4 奴隸海岸
歐洲商品、奴隸船
與商隊前往非洲的
路線
中繼站城市

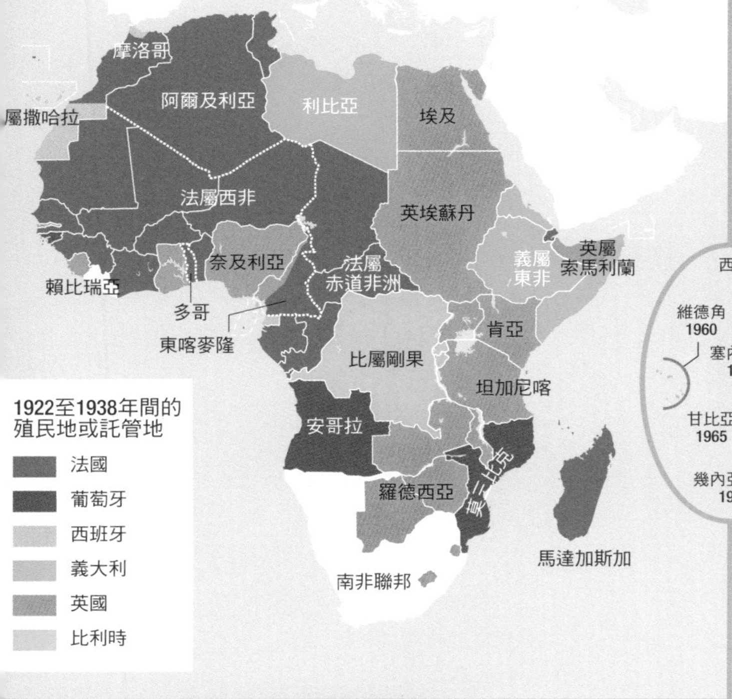
1922至1938年間的殖民地或託管地
法國
葡萄牙
西班牙
義大利
英國
比利時
摩洛哥
屬撒哈拉
阿爾及利亞
利比亞
埃及
法屬西非
英埃蘇丹
奈及利亞
法屬赤道非洲
義屬東非
英屬索馬利蘭
賴比瑞亞
多哥
東喀麥隆
比屬剛果
肯亞
坦加尼喀
安哥拉
莫三比克
羅德西亞
馬達加斯加
南非聯邦

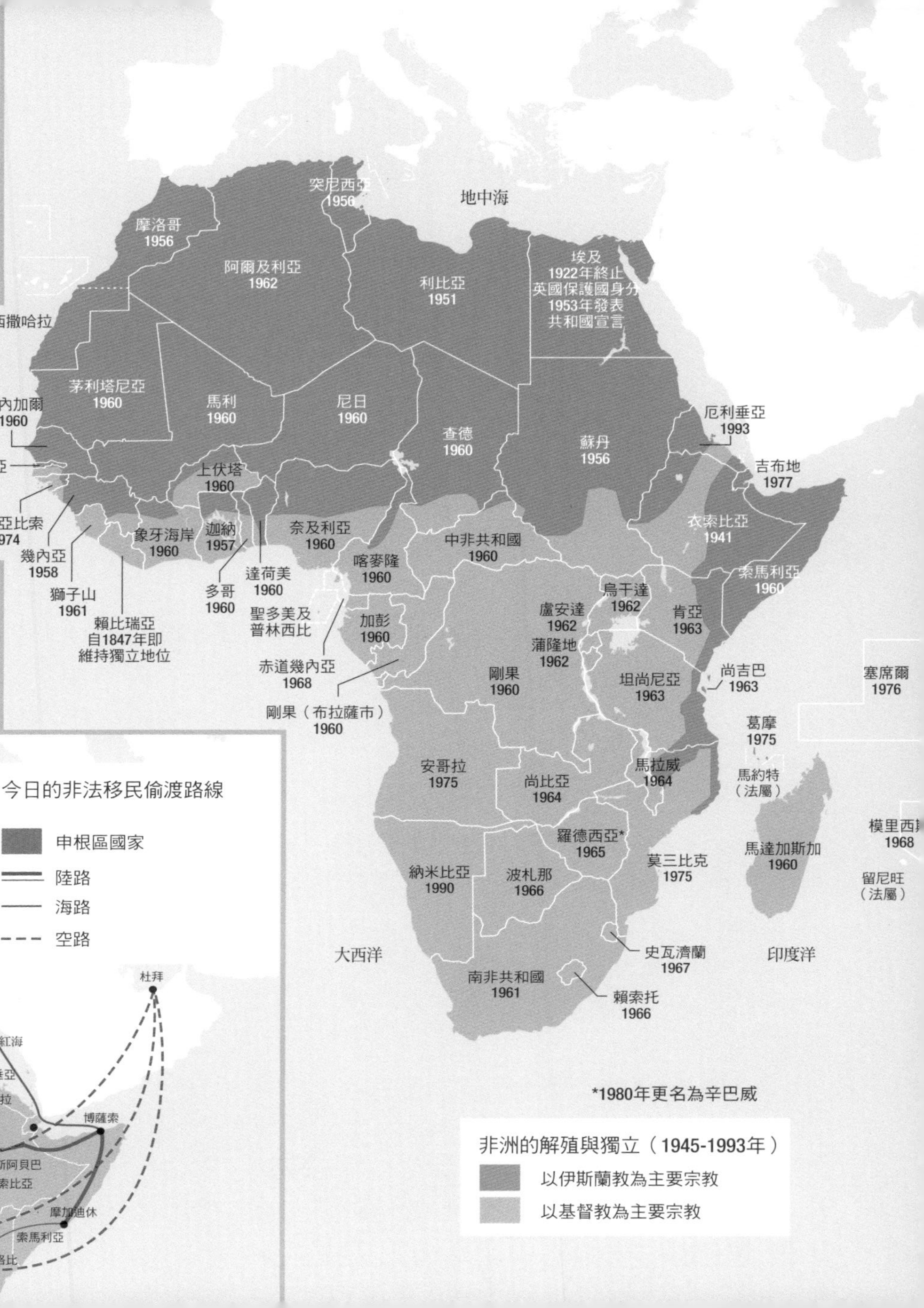
非洲的解殖與獨立（1945-1993年）
以伊斯蘭教為主要宗教
以基督教為主要宗教
*1980年更名為辛巴威
地中海
大西洋
印度洋
摩洛哥 1956
突尼西亞 1956
阿爾及利亞 1962
利比亞 1951
埃及 1922年終止英國保護國身分 1953年發表共和國宣言
西撒哈拉
維德角 1960
塞內加爾 1960
甘比亞 1965
幾內亞比索 1974
幾內亞 1958
獅子山 1961
賴比瑞亞 自1847年即維持獨立地位
茅利塔尼亞 1960
馬利 1960
尼日 1960
查德 1960
蘇丹 1956
厄利垂亞 1993
吉布地 1977
上伏塔 1960
象牙海岸 1960
迦納 1957
多哥 1960
達荷美 1960
奈及利亞 1960
聖多美及普林西比
喀麥隆 1960
中非共和國 1960
衣索比亞 1941
索馬利亞 1960
赤道幾內亞 1968
加彭 1960
剛果（布拉薩市） 1960
剛果 1960
烏干達 1962
肯亞 1963
盧安達 1962
蒲隆地 1962
坦尚尼亞 1963
尚吉巴 1963
塞席爾 1976
葛摩 1975
馬約特（法屬）
安哥拉 1975
尚比亞 1964
馬拉威 1964
羅德西亞* 1965
莫三比克 1975
馬達加斯加 1960
模里西斯 1968
留尼旺（法屬）
納米比亞 1990
波札那 1966
史瓦濟蘭 1967
南非共和國 1961
賴索托 1966

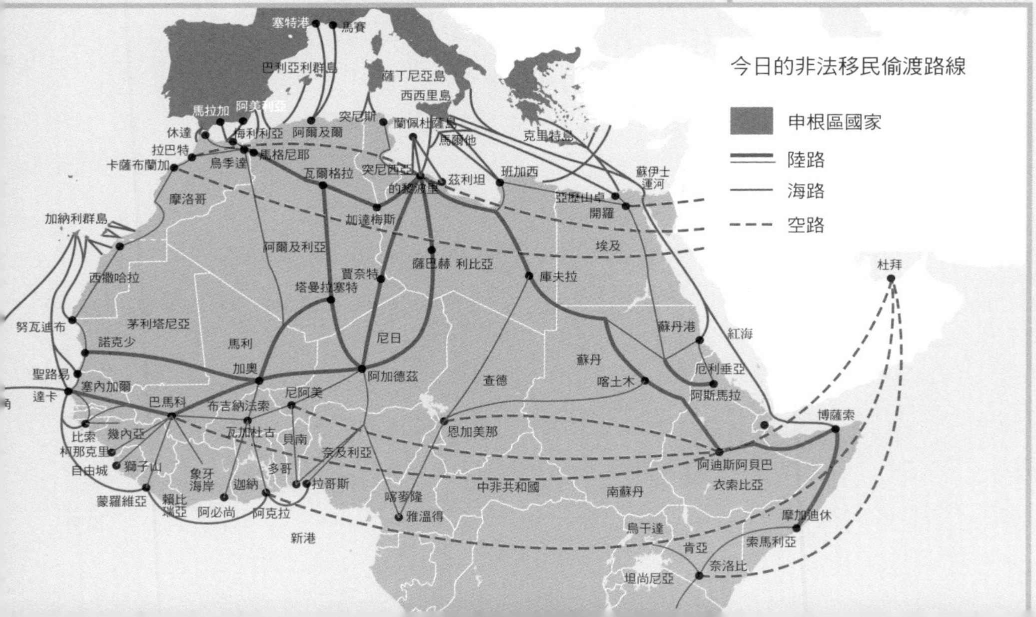
今日的非法移民偷渡路線
申根區國家
陸路
海路
空路
塞特港
馬賽
巴利亞利群島
薩丁尼亞島
西西里島
馬拉加
阿美利亞
休達
梅利亞
馬格尼耶
阿爾及爾
突尼斯
蘭佩杜薩島
馬爾他
克里特島
拉巴特
烏季達
瓦爾格拉
突尼西亞
的黎波里
茲利坦
班加西
蘇伊士運河
亞歷山卓
開羅
卡薩布蘭加
摩洛哥
加達梅斯
加納利群島
阿爾及利亞
薩巴赫
利比亞
埃及
西撒哈拉
晉奈特
塔曼拉塞特
庫夫拉
杜拜
努瓦迪布
茅利塔尼亞
諾克少
馬利
尼日
蘇丹港
紅海
蘇丹
聖路易
達卡
塞內加爾
加奧
阿加德茲
查德
喀土木
厄利垂亞
阿斯馬拉
巴馬科
尼阿美
布吉納法索
恩加美那
博薩索
比索
幾內亞
柯那克里
瓦加杜古
貝南
奈及利亞
阿迪斯阿貝巴
衣索比亞
自由城
獅子山
象牙海岸
迦納
多哥
拉哥斯
喀麥隆
中非共和國
南蘇丹
蒙羅維亞
賴比瑞亞
阿必尚
阿克拉
雅溫得
摩加迪休
烏干達
索馬利亞
新港
肯亞
奈洛比
坦尚尼亞

從塞內加爾角度看世界

1659 年，法國在聖路易（塞內加爾西北部城市）設置第一個貿易站。此後直到 19 世紀為止，塞內加爾乃是奴隸、象牙，以及黃金貿易的中樞，並因此盛極一時。同時，由於塞內加爾的戰略地位，法國在法屬西非（French West Africa）的殖民權力核心也選擇設立於此。

在 1960 年獨立後，塞內加爾共和國維持著穩定的國家體制與民主發展。和周遭國家不同，在桑哥（Léopold Sédar Senghor）以及迪烏夫（Abdou Diouf）兩位總統領導下，塞內加爾從未發生過政變或出現軍事政權、專制政府。而 2000 年社會黨敗選導致政權輪替後，也讓塞內加爾的民主政體更趨穩固。此外，不論是總統於在世時卸任（首任總統桑哥），或是因選舉敗選卸任（第二任總統迪烏夫），在非洲都是首開先例。

社會方面，由於 95% 的國內人口為穆斯林，因此在社群或民族之間並沒有明顯存在的緊張局勢，也不曾發生過內戰。雖然在卡薩芒斯（Casamance）地區因有分離主義運動而與塞內加爾政府發生過對抗，然而衝突的程度並不激烈。該地區頗為富裕，並擁有豐富的水資源與漁業潛力，居民主要為朱拉族（Diolas），而非在塞內加爾國民中占多數的沃羅斯族。

塞內加爾因其良好的國家形象，因此不論在非洲國家之間、或在聯合國與法語國家組織（OIF）中，都扮演重要的角色。在 2003 至 2014 年間，正是由塞國前總統迪烏夫擔任法語國家組織的秘書長。2003 年，塞內加爾總統瓦德（Abdoulaye Wade）與南非總統姆貝基（Thabo Mbeki），宣布將共同推動名為「非洲發展新夥伴關係」（NEPAD）的經濟發展計畫，這也是第一個由非洲領導人發起的國際計畫。

2012 年，總統瓦德雖意圖競選其第三任期以維繫權力，但最終仍由其對手薩爾（Macky Sall）獲得勝選。在非洲地區與西方世界均擁有良好形象的薩爾，在 2019 年的大選中也成功獲得連任。聯合國安理會今後預計為非洲地區增加常任理事國席位的考量中，塞內加爾即是候選國家之一。今日的塞內加爾，不僅和法國保持密切聯繫，同時也與美國、中國發展進一步關係。在海外約有 300 萬僑民的塞內加爾，是一個在國際上非常活躍，並在經濟上扮演重要角色的非洲國家。

塞內加爾是社會安定、愛好和平的民主國家，雖然經濟發展不佳，但在該國領導人長期的努力下，仍獲得了超乎其實質影響力以上的重要性。

2022 年，擔任非洲聯盟主席的塞國總統薩爾，期望在俄烏戰爭的雙方之間保持平衡。對他而言，俄羅斯與烏克蘭皆是世界的主要糧食生產國，而其首要任務則是維持非洲大陸的糧食供應無虞。2023 年，塞內加爾出現政治危機，特別是打算參選總統的索科（Ousmane Sonko）被判刑之後，局面更為緊張。然而，時任總統的薩爾仍於 2023 年 7 月，對外宣布他將不會違憲競選第三任期。

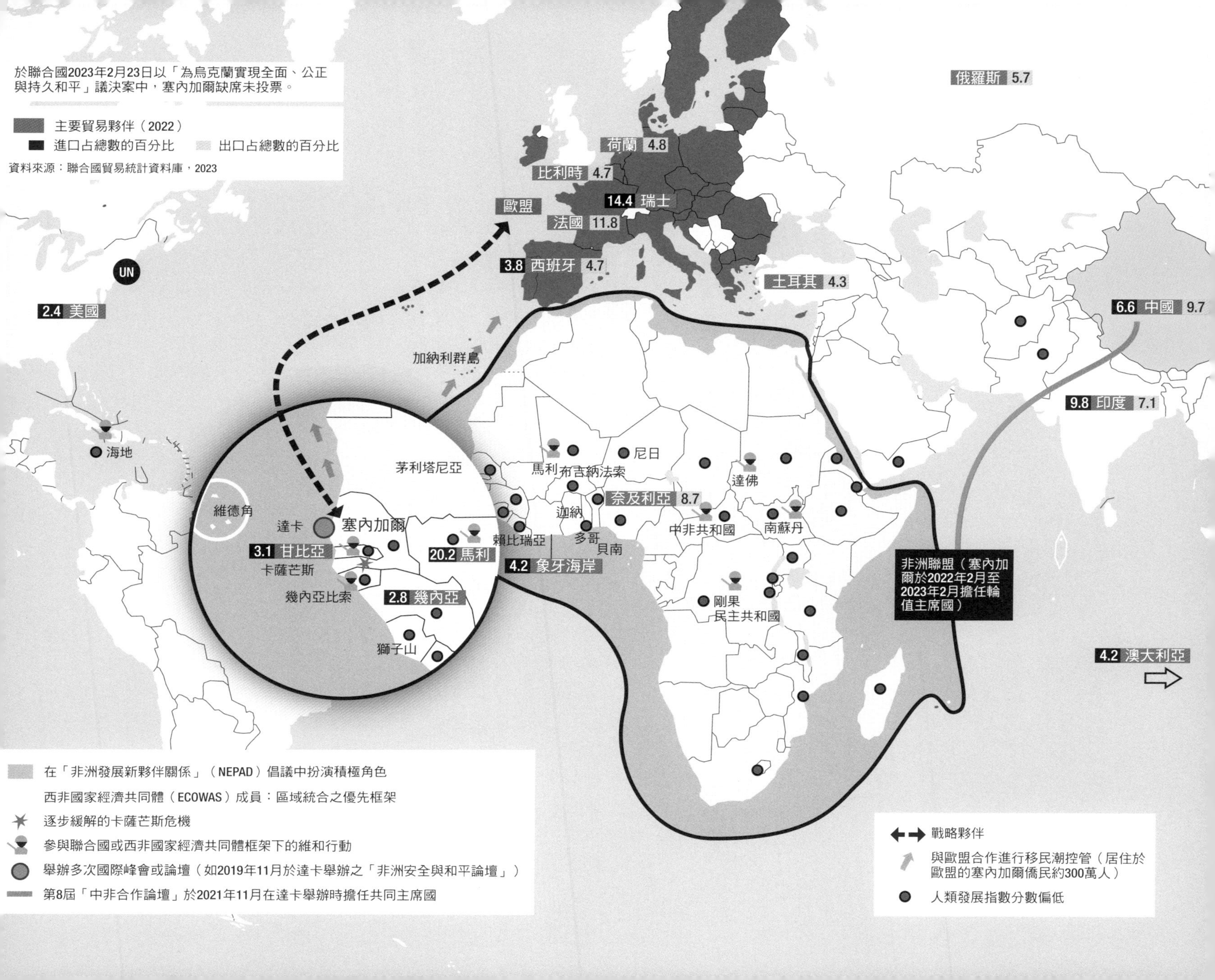
於聯合國2023年2月23日以「為烏克蘭實現全面、公正與持久和平」議決案中，塞內加爾缺席未投票。
主要貿易夥伴（2022）
進口占總數的百分比
出口占總數的百分比
資料來源：聯合國貿易統計資料庫，2023
荷蘭 4.8
比利時 4.7
14.4 瑞士
歐盟
法國 11.8
3.8 西班牙 4.7
土耳其 4.3
俄羅斯 5.7
UN
2.4 美國
6.6 中國 9.7
9.8 印度 7.1
加納利群島
海地
茅利塔尼亞
維德角
達卡
塞內加爾
3.1 甘比亞
卡薩芒斯
幾內亞比索
2.8 幾內亞
獅子山
20.2 馬利
馬利
布吉納法索
尼日
奈及利亞 8.7
迦納
多哥
貝南
賴比瑞亞
4.2 象牙海岸
達佛
中非共和國
南蘇丹
剛果民主共和國
非洲聯盟（塞內加爾於2022年2月至2023年2月擔任輪值主席國）
4.2 澳大利亞
在「非洲發展新夥伴關係」（NEPAD）倡議中扮演積極角色
西非國家經濟共同體（ECOWAS）成員：區域統合之優先框架
逐步緩解的卡薩芒斯危機
參與聯合國或西非國家經濟共同體框架下的維和行動
舉辦多次國際峰會或論壇（如2019年11月於達卡舉辦之「非洲安全與和平論壇」）
第8屆「中非合作論壇」於2021年11月在達卡舉辦時擔任共同主席國
戰略夥伴
與歐盟合作進行移民潮控管（居住於歐盟的塞內加爾僑民約300萬人）
人類發展指數分數偏低

從南非角度看世界

自 1948 年到 1991 年間，南非實行種族隔離（Apartheid），或所謂的「區隔發展」制度。在此制度下，黑人雖然是多數族群，但其權益遭到剝奪，只能接受少數白人統治，黑人與白人之間也禁止交流。

1960 年代，在非洲各國紛紛獨立、美國也廢除種族隔離之後，依然保留此制度的南非成了違逆世界歷史發展潮流、難為世人所接受的特異國家。

於是，南非在國際社會上日益孤立，甚至遭到世界的排斥與鄙視。1961 年，南非被逐出大英國協；1963 年起，南非代表團開始被拒絕於國際運動賽事門外；聯合國更在 1977 年之後對南非實施武器禁運。即便如此，美國依然將南非視為對抗共產主義的盟友。

但不久之後，美國在國內輿論（特別是來自黑人社群）對南非的批判力道日益增強之下，開始加強了對南非的制裁力度。到了冷戰結束，南非已經陷入只要種族隔離制度一天不廢止，國家前途便難以為繼的窘境。當時，南非國內的少數白人已對此有所體認，於是在總統戴克拉克（Frederik Willem de Klerk）領導之下，與關押在獄中的曼德拉（Nelson Mandela）所領導、仍被判定為非法組織的「非洲民族議會」（African National Congress, ANC）進行交涉以尋求解決之道。最終，南非的種族隔離制度於 1991 年 6 月正式廢除。

曼德拉不僅透過交涉和平地廢除了種族隔離制度，同時他以和解為優先，而非對抗與復仇。隨後，他在 1994 年獲選為總統，南非自此也在全世界範圍內贏得了道德主義的光環。2014 年過世的曼德拉，可能是世界上最受尊敬的政治家，甚至成為一個政治偶像。至此，南非終於得以發揮自身優勢，善加利用其豐富的礦產與工業基礎。但值得注意的是，雖然種族隔離制度已遭廢除，南非社會卻仍存在深刻的不平等問題。

對外事務方面，南非和奈及利亞（其 GDP 已超越前者）一樣，都是聯合國安理會增設常任理事國席位的候選國家。南非以非洲地區的領導者、世界的新興勢力自居，並在非洲進行各種維和與調停活動。然而，即使南非不願意讓任何外部勢力在戰略層次上介入非洲，但在情勢嚴峻的極端狀況下，南非仍願意就此作出妥協以維持非洲大陸的穩定。

南非希望自身可以成為非洲大陸的民主典範與推進經濟發展的原動力。作為金磚五國的成員，南非期望能夠成為重要的南方大國，並倡導多邊主義、民族自決，以及南方國家在經濟、戰略方面的崛起。

然而，在朱瑪（Jacob Zuma）擔任總統期間，南非政府的貪汙腐敗情形損害了該國的形象。2018 年繼任的拉瑪佛沙（Cyril Ramaphosa）雖然亟欲為南非找到廢除種族隔離制度之後的新定位，並對抗貪腐、重振經濟，但他的施政同樣飽受質疑，而已是合法政黨的「非洲民族議會」勢力似乎正在消退。

儘管經濟發展不佳，但金磚五國成員的身分仍然對南非的地位構成某種保障。俄烏戰爭爆發後，南非仍與俄羅斯保持密切往來，並拒絕對俄國作出譴責。

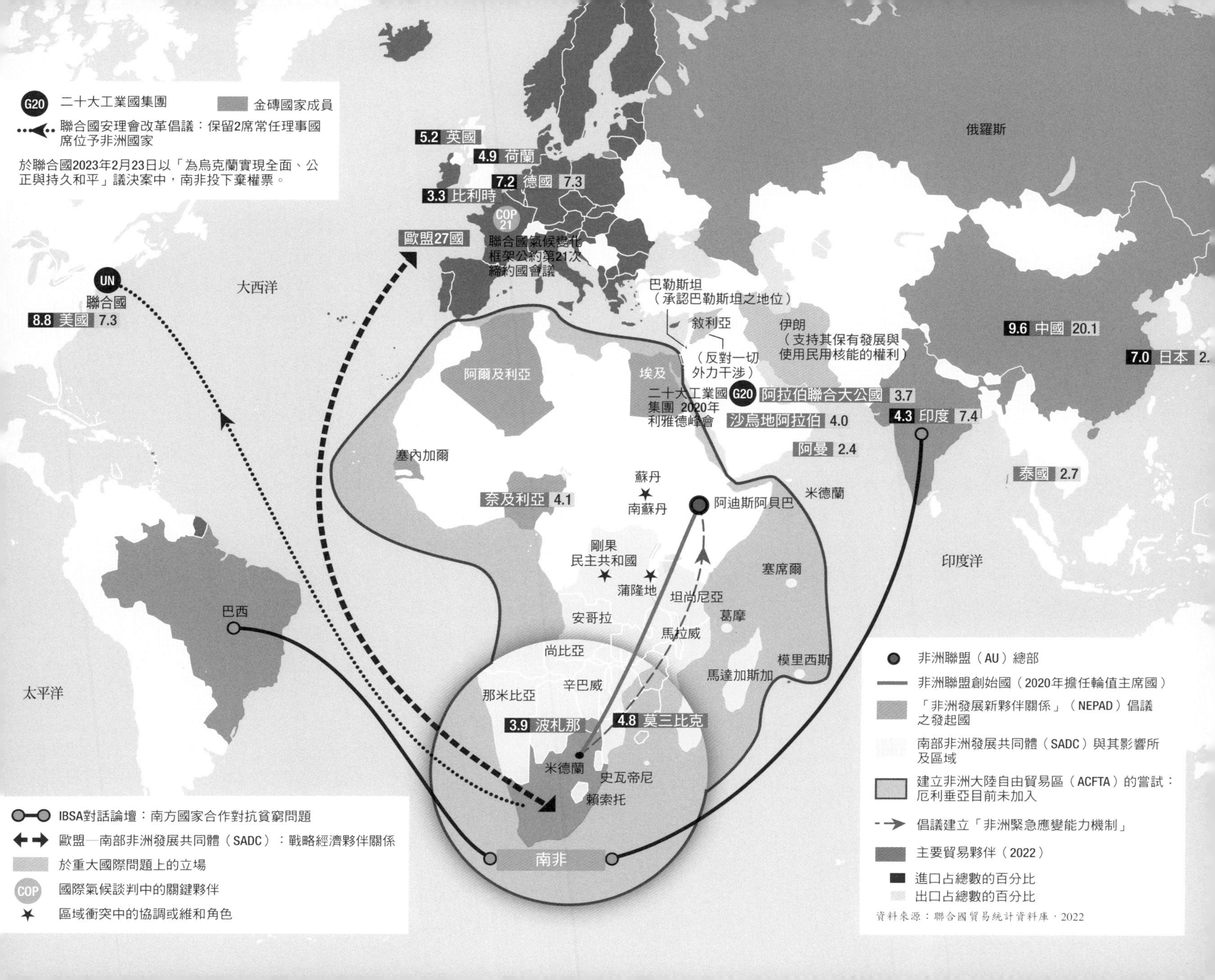
二十大工業國集團
金磚國家成員
聯合國安理會改革倡議：保留2席常任理事國席位予非洲國家
於聯合國2023年2月23日以「為烏克蘭實現全面、公正與持久和平」議決案中，南非投下棄權票。
5.2 英國
4.9 荷蘭
7.2 德國 7.3
3.3 比利時
COP 21
聯合國氣候變化框架公約第21次締約國會議
歐盟27國
UN
聯合國
8.8 美國 7.3
大西洋
俄羅斯
巴勒斯坦
（承認巴勒斯坦之地位）
敘利亞
（反對一切外力干涉）
伊朗
（支持其保有發展與使用民用核能的權利）
9.6 中國 20.1
7.0 日本 2.
埃及
二十大工業國集團 2020年利雅德峰會
G20
阿拉伯聯合大公國 3.7
沙烏地阿拉伯 4.0
4.3 印度 7.4
阿曼 2.4
泰國 2.7
阿爾及利亞
塞內加爾
奈及利亞 4.1
蘇丹
南蘇丹
阿迪斯阿貝巴
米德蘭
剛果民主共和國
蒲隆地
坦尚尼亞
塞席爾
葛摩
安哥拉
馬拉威
印度洋
巴西
太平洋
尚比亞
辛巴威
那米比亞
3.9 波札那
4.8 莫三比克
馬達加斯加
模里西斯
米德蘭
史瓦帝尼
賴索托
南非
IBSA對話論壇：南方國家合作對抗貧窮問題
歐盟—南部非洲發展共同體（SADC）：戰略經濟夥伴關係
於重大國際問題上的立場
國際氣候談判中的關鍵夥伴
區域衝突中的協調或維和角色
非洲聯盟（AU）總部
非洲聯盟創始國（2020年擔任輪值主席國）
「非洲發展新夥伴關係」（NEPAD）倡議之發起國
南部非洲發展共同體（SADC）與其影響所及區域
建立非洲大陸自由貿易區（ACFTA）的嘗試：厄利垂亞目前未加入
倡議建立「非洲緊急應變能力機制」
主要貿易夥伴（2022）
進口占總數的百分比
出口占總數的百分比
資料來源：聯合國貿易統計資料庫，2022

結語

自2022年以來，疫情的發展雖已大幅放緩，但影響仍未完全消失。這場前所未有的全球性災難，向所有人揭露了這個世界過去就已存在的脆弱，以及其運轉失靈的情況。這些令人擔憂的現象主要體現在以下幾個方面：全球化發展的失控與中產階級衰減造成的社會M型化；中國的強力崛起；「去工業化」的西方國家對於新興國家在各領域的過度依賴；世界各國之間前所未有的相互依存和相互連結；無國界主義意識形態的發展和對於消滅身分認同的虛幻願望；地球環境的日趨劣化，特別是在氣候變遷、森林消退方面的情形日益嚴重。

然而，正是在此一疫情趨緩，但經濟尚未完全復甦的情況下，俄羅斯總統普丁不顧美國、法國與德國仍對其釋出善意的姿態，於2022年2月出人意料地決定發動一場「特別軍事行動」入侵烏克蘭。在開戰之後至今，這場軍事行動仍在持續當中。從戰略角度來看，普丁的這一決定錯誤百出、毫無道理；從人道主義角度而言，這場戰爭帶來了大規模的苦難與悲劇。同時，這場戰爭的爆發，一方面讓西方國家再次團結起來，另一方面也顯露出今日世界的新裂痕（新南方崛起。譯注：跳脫了過往的東西對立，新興的南方國家扮演了更重要角色），這種發展趨勢也正在一定程度重新塑造世界格局與世界秩序。

愈來愈多人發現，長期以來被提倡的「國際共同體」理想，與日益陷入分裂的現實情況之間存在著驚人的差距。同樣地，歐洲國家過去始終相信多邊主義是解決國際問題的萬靈藥，但真實在世界舞臺上演的則是國族主義邏輯和實力至上觀點的回歸，以及新興強國抱持著機會主義心態的多重結盟行動。

由西方世界壟斷全球性權力的世界格局仍在持續衰微、消退，並遭到愈來愈多的質疑（以聯合國關於俄烏戰爭相關提案的投票為例，囊括世界三分之二人口的 40 個新興國家、南方國家、新不結盟主義國家等，他們雖然並不支持這場戰爭，但也未表態譴責俄羅斯），而一個愈來愈肆無忌憚的中國，則以更為魯莽傲慢的態度持續增強和對外展現其力量。除了對於地球未來而言至關重要的環境與生態問題仍有合作空間之外，中國與美國爭奪世界第一強國地位的激烈鬥爭，一時之間仍未看到停止的跡象。

至於國勢與活力已大不如前的歐洲，則深陷於普丁發動俄烏戰爭一事的震撼之中。時至今日，他們也發現歐洲本身的防禦體系已不可能脫離北約的框架，而歐洲大陸內部正經歷一場權力的再平衡過程，東歐地區如波蘭和波羅的海國家（很快會包括烏克蘭？）的重要性逐漸上升，這些國家也在華盛頓擁有比過往更大的影響力。

在民主國家中，政策制定者和危機管理者，往往會受到現行政治制度的影響而有政策方向不穩定，甚至路線混亂與錯誤的問題。而人民也開始對於代議制度表現出愈來愈強的不信任感，並傾向於支持一種更為常態化、抱持著懷疑論觀點的政治參與模式，這對於民主政治的發展可能具有相當的危險性。

直到現在，俄烏戰爭會在軍事上、政治上和外交上迎來何種結局仍難以確定。但無論最後結果如何，各國與俄羅斯之間的長期關係總有一天必須要被重新定義。歐洲人不僅要更向現實主義路線靠攏，同時也亟需重新思考自身所應採取的戰略。

最新世界情勢地圖：
從各國觀點出發，用地圖建構你的國際觀
ATLAS GÉOPOLITIQUE DU MONDE GLOBAL

作　　者——帕斯卡・博尼法斯（Pascal Boniface）、于貝爾・凡德林（Hubert Védrine）
譯　　者——李王瀚、粘耿嘉
封面設計——江孟達
內文設計——趙美惠
特約編輯——李王瀚、粘耿嘉、羅凡怡
責任編輯——劉文駿
行銷業務——王綬晨、邱紹溢、劉文雅
行銷企劃——黃羿潔
副總編輯——張海靜
總 編 輯——王思迅
發 行 人——蘇拾平
出　　版——如果出版
發　　行——大雁出版基地
地　　址——231030 新北市新店區北新路三段 207-3 號 5 樓
電　　話——02-8913-1005
傳　　真——02-8913-1056
讀者傳真服務——02-8913-1056
讀者服務 E-mail—— andbooks@andbooks.com.tw
劃撥帳號——19983379
戶　　名——大雁文化事業股份有限公司
出版日期——2024 年 9 月　三版
定　　價——600 元
I S B N——978-626-7498-25-5

Originally published in France as:
Atlas géopolitique du monde global . 100 cartes pour comprendre un monde chaotique 5ed
By Pascal BONIFACE and Hubert VEDRINE

Cartography: Jean-Pierre Magnier
ARMAND COLIN is a trademark of DUNOD Editeur – 11, rue Paul Bert - 92240 MALAKOFF,
Current Traditional Chinese language translation rights arranged through The Grayhawk Agency, Taiwan.

國家圖書館出版品預行編目 (CIP) 資料

最新世界情勢地圖：從各國觀點出發，用地圖建構你的國際觀 / 帕斯卡・博尼法斯（Pascal Boniface）、于貝爾・凡德林（Hubert Védrine）著；李王瀚、粘耿嘉譯 . – 三版 . – 新北市：如果出版：大雁出版基地發行 , 2024. 09
面；　公分
譯自：ATLAS GÉOPOLITIQUE DU MONDE GLOBAL
ISBN 978-626-7498-25-5 (平裝)

1. 世界觀 2. 政治地理學 3. 國際政治 4. 地緣政治

578　　113011638

如果